상명대학교 한일문화연구소 번역총서 07

고등소학독본 7

일러두기

1. 이 책은 문부성文部省 총무국総務局 도서과図書課 소장판『고등소학독본高等小學讀本』
   (1888, 문부성)을 완역한 것이다. 단, 누락된 페이지의 경우에는 문부성 편집국編
   集局 소장판을 저본으로 하였다.
2. 연구 자료로서의 가치를 높이기 위해 한국어 완역과 원문을 함께 실었다.
3. 국립국어원의 한글맞춤법과 외래어 표기법에 따랐다.
4. 일본어 문말 어미가 통일되어 있지 않은 경우, 문체의 일관성을 위해 한국어
   번역에서는 통일했다.
5. 일본의 인명, 지명, 서적명 등은 일본식 음독과 원서의 표기를 따랐으나 이미
   한국 내에서 통용 중인 용어는 한국식 표기를 따랐다.
   예) 도쿄東京, 아시아亜細亜州, 오사카성大坂城
6. 중국의 인명, 지명, 서적명 등은 한국식 음독으로 표기했다.
7. 자연스러운 한국어역을 위해 원문에 없는 문장부호를 사용하였다.
8. 한자표기는 원문에 따랐다.
9. 낙자, 오식 등은 교정하여 번역하였다.
10. 서명은 『 』, 글의 제목은 「 」로 표시했다.
11. 연호는 서기연도연호로 표기하였다.
12. 지명과 인명의 초출 한자는 매 과마다 한 번씩 제시했다. 일반 어휘 중에서는
    일본어 한자표기가 한국어 번역어와 차이가 있는 경우, 번역어라도 독자의 이해를
    위한 경우에는 한자어를 병기했다.
13. 원문의 매 과 말미에 제시되는 난독 한자와 어휘의 주해는 본문 안에 *로 표기하였
    으나 해설과 단어가 같은 경우에는 해설을 생략하였다.
14. 도량형은 원문대로 명기한 후 현대의 도량법으로 환산하였다.
    예) 5~6정町(545~654m)

상명대학교 한일문화연구소 번역총서 07

高等小學讀本

7

박효경
성윤아
권희주
이현진
옮김

경진출판

일본 문부성 『고등소학독본』

근대 일본은 메이지시대에 급격한 교육제도의 변화를 겪는다. 1872년 프랑스의 학구제를 모방해 지역을 나누어 교육기관을 설치하는 '학제(學制)'가 공포되자 적절한 교과서의 편찬은 급선무가 되었다. 당시에는 1860년대 미국의 초등교육 교재인 『Willson's Reader』를 번역하여[1] 교과서로 발행하는 등 서구의 교과서를 번역 출간하는 데 힘을 기울였고 당시의 지식인들에게도 서구의 지리나 근대과학을 소개하는 것이 계몽운동의 중요한 일 중 하나였기에 급속도로 번역교과서가 발행되었다. 그러나 1879년에 '학제'가 폐지되고 '교육령(敎育令)'이 공포되면서 교과서는 새로운 전기를 맞이한다. 문부성의 관리이자 이와쿠라(岩倉) 사절단의 일원인 다나카 후지마로(田中不二麻呂)가 미국을 다녀온 뒤 교육의 권한을 지방으로 위탁해야 한다고 주장한 것이다. 이에 '교육령' 공포로 인해 지방의 교육 권한이 대폭 강화되었다. 아직 성숙한 교육시스템이 정착되지 않았던

---

1) 한국의 『Willson's Reader』와 연관한 선행연구로는 『국민소학독본』의 과학사적 내용을 비교, 검토한 연구가 있다(박종석·김수정(2013), 「1895년에 발간된 『국민소학독본』의 과학교육사적 의의」, 『한국과학교육학회지』 33호). 1895년 5월 1일 외부대신 김윤식이 주일공사관 사무서리 한영원에게 일본의 심상사범학교와 고등사범학교의 교과서를 구득하여 보낼 것(舊韓國外交文書 3 日案 3623號 高宗 32年 5月 1日)을 지시한 것으로 미루어보아 『Willson's Reader』를 참고한 일본의 『고등소학독본』을 그 저본으로 삼은 것을 알 수 있다.

일본에서 오히려 이 교육령으로 인해 학제가 구축해놓은 질서가 붕괴되자 많은 비난이 일었다. 그러자 그 1년 뒤인 1880년 '개정교육령'이 공포되고, 그 해 3월에 문부성이 편집국을 설치하고 교과서로 부적당하다고 판단되는 것은 부현(府県)에 통지하여 사용을 금지했다. 1883년에는 교과서 인가제도가 시행되어 문부성의 인가를 얻어야만 교과서로 사용할 수 있게 되었다. 1885년에는 초대 문부대신 모리 아리노리(森有礼)가 취임하여 1886년 3월 제국대학령(帝國大學令), 4월 사범학교령(師範學校令), 소학교령(小學校令), 중학교령(中學校令)을 연이어 공포함으로써 근대학교제도의 기반을 확립했으며, 1887년부터 '교과용도서 검정규칙(教科用圖書檢定規則)'[2]을 시행함으로써 교과서의 검정제도가 시작되기에 이른다.

　1886년에 제1차 소학교령[3] 공포로 소학교를 심상소학교(尋常小學校)와 고등소학교(高等小學校)의 두 단계로 하여 각각 4년씩 총 8년의 초등교육을 시행하게 된다. 이 시기에 문부성에서 발간한 3가지 독본이 『독서입문(読書入門)』(1권), 『심상소학독본(尋常小學読本)』(7권), 『고등소학독본(高等小学読本)』(8권 예정, 7권 편찬)이다. 다른 교과서는 공모를 통해 출간하는 경우도 있었으나 이 세 독본은 문부성에서 직접 발간했는데, 이는 검정 시기 민간 교과서에 하나의 표준을 보여주기 위해 편찬한 것으로 독본의 출판을 통해 교과서의 개선을 도모하려고 한 것을 알 수 있다.

---

2) 1887년 5월 7일 관보를 살펴보면 검정규칙의 취지는 교과용 도서로 사용하는데 폐해가 없다는 것을 증명하는 데 있으며 문부성에서 교과용 도서에 대한 허가를 반드시 받아야 함을 명시하고 있다(第1條 教科用圖書ノ検定ハ止タ圖書ノ教科用タルニ弊害ナキコトヲ證明スルヲ旨トシ其教科用上ノ優劣ヲ問ハサルモノトス).

3) 1886년 4월 10일 관보(官報)의 '소학령'을 살펴보면 제1조에 심상소학, 고등소학 2단계 설치를 명시하고 있다(第1條 小學校ヲ分チテ高等尋常ノ二等トス). 그 이전에는 1881년 '소학교교칙강령(小學校教則綱領)'에 의해 초등, 중등, 고등의 3단계 교육을 실시하였다(第1條 小學科を分て初等中等高等の三等とす).

1888년에 일본 문부성에서 펴낸 『고등소학독본』은 1887년에 간행된 『심상소학독본』의 학습을 마친 뒤 연계하여 교육하는 교과서로 당초 총 8권을 발행할 예정이었으나, 1890년 10월 제2차 '소학교령(小学校令)'4)의 개정과 '교육칙어(敎育勅語)'5)의 공포로 인해 편집방침이 바뀌면서 1889년 10월 제7권의 간행을 마지막으로 중단되었다.6) 여기에는 '소학교의 학과 및 그 정도(小學校ノ學科及其程度)'7)에 따라 소학교 교과서에 이과(理科) 과목이 새롭게 실렸다. 또한, 검정제도를 구체화한 법규들이 공포된 뒤에 간행된 교과서로, 서양의 실용주의적 학문을 받아들이려 했던 당시의 교육 근대화 및 교육사를 연구하는 데 매우 중요하다고 할 수 있다.

〈표 1〉『고등소학독본』 편찬 시기 주요 사항

날짜	교육 관련 법규
1879년	'학제' 폐지, '교육령' 공포
1880년	'개정교육령' 공포
1880년 3월	문부성 편집국 설치, 교과서 편찬 착수
1881년	소학교교칙강령

---

4) 소학교의 교육 목적을 아동신체의 발달에 유의하여 도덕교육 및 국민 교육의 기초 그리고 그 생활에 필수가 되는 지식, 기능의 전수를 취지로 삼았으며, 의무교육인 심상소학교의 수업연한을 3년 또는 4년으로 했다. 고등소학교의 수업연한을 2~4년으로 했다.

5) '교육에 관한 칙어(교육칙어)'는 1890년 10월 30일 궁중에서 메이지(明治)천황이 야마가타 아리토모(山縣有朋) 내각총리대신과 요시카와 아키마사(芳川顕正) 문부대신에게 내린 칙어이다. 이는 메이지유신 이후 일본제국에서 수신, 도덕교육의 근본규범이 되었다.

6) 『고등소학독본』 서언에 '이 책은 본국(本局)에서 편찬한 심상소학독본에 이어 고등소학과 1학년 초부터 4학년 말까지의 아동들에게 독서를 가르칠 용도로 제공하기 위해 편찬한 것으로 모두 8권으로 이루어져있다.'라 명시하고 있다.

7) 수신, 독서, 작문, 습자, 지리, 역사, 이과의 학습 내용 및 학습 정도를 명기하고 있는데 그 이전에 공포되었던 '소학교교칙강령'과 비교해보면 이 중 이과는 신설된 것으로 그 이전까지는 물리, 화학, 박물, 생리로 나뉘어 있었다.

날짜	교육 관련 법규
1883년	문부성 교과서 인가제도
1885년	모리 아리노리 초대 문부대신 취임
1886년	교과서 검정제도
1886년 4월	소학교령(1차)
1886년 5월	'교과용도서검정조례', '소학교 학과 및 그 정도'
1887년 3월	공사립소학교 교과용도서 선정방법
1887년 5월	교과용도서검정규칙
1887년	『심상소학독본』 편찬
1888년	『고등소학독본』 편찬
1889년	'대일본제국헌법' 발포
1890년	소학교령(2차)

『고등소학독본』은 일본의 고등소학교용 국어독본이다. 고등소학(高等小學)은 1886년부터 1941년까지 설치된 교육기관으로 심상소학교(尋常小学校)를 졸업한 사람이 다녔던 학교 기관이다. 오늘날의 학제로 말하자면 초등학교 고학년에서 중학교에 해당되는 것이라 할 수 있다. 『고등소학독본』은 『심상소학독본』에 비해 수준이 높은 문장으로 쓰여 있으며 문어체 문장이 주류를 이룬다.[8] 표기는 대부분 한자와 가타가나(カタカナ)이며, 한시는 한문으로, 운문은 히라가나(平仮名)로 표기했다. 인쇄도 근대적인 명조체의 활자체로 통일되어 있다. 총7권으로, 다음 〈표 2~8〉[9]과 같이 1권 37과, 2권 34과,

---

8) 1886년 5월 제정 '소학교의 학과 및 그 정도' 제10조 '독서' 규정에 '심상소학과에서는 가나, 가나 단어, 단구(短句), 간소한 한자가 혼용된 단구 및 지리·역사·이과의 사항을 넣은 한자혼용문, 고등소학과에서는 다소 이것보다 높은 수준의 한자혼용문'으로 되어 있다(『官報』, 1886년 5월 25일, 1면).

9) 제재 분류는 가이 유이치로(甲斐雄一郎, 2006), 「제1기 국정국어교과서 편찬방침의 결정방침에 관한 조사연구(第一期国定国語教科書の編集方針の決定過程についての調査研究)」의 분류에 따라 지리교재(일본지리, 외국지리), 역사교재(고대, 중세, 근세, 근대), 이과교재(식물, 동물, 광석, 생리, 자연·천문, 물리), 실업교과 교재(농업, 상업, 공업, 무역), 국민교과 교재(황실, 군사, 제도 등), 기타(수신, 설화, 자연)로 나누어 작성하였다.

3권 36과, 4권 35과, 5권 37과, 6권 36과, 7권 36과로 총7권 251개과
로 구성되어 있다.

〈표 2〉『고등소학독본』권1 단원 구성

단원	단원명(원제)	단원명(한국어 번역)	제재
1	吾国	우리나라	지리(일본)
2	知識ヲ得ルノ方法	지식을 얻는 방법	기타(수신)
3	子鹿ノ話	아기사슴 이야기	기타(수신)
4	都会	도회	지리(일본)
5	東京	도쿄	지리(일본)
6	兄ノ親切	오빠의 친절	이과(식물)
7	吾家	우리 집	기타(수신)
8	日本古代ノ略説	일본 고대의 개요	역사(일본고대)
9	京都	교토	지리(일본)
10	日本武尊ノ武勇	야마토 다케루노미코토의 용맹	역사(일본고대)
11	一滴水ノ話	한 방울의 물 이야기	이과(자연)
12	閨の板戸	침실의 널문	기타(수신)
13	日本武尊ノ東夷征伐	야마토 다케루노미코토의 오랑캐 정벌	역사(일본고대)
14	木炭	목탄	실업
15	大江某ノ話	오에 아무개의 이야기	기타(수신)
16	商売及交易	상업 및 교역	국민
17	大阪	오사카	지리(일본)
18	上古ノ人民一	상고시대 사람들 1	역사(일본고대)
19	上古ノ人民二	상고시대 사람들 2	역사(일본고대)
20	栄行ク御代	번영해 가는 천황의 치세	기타(수신)
21	雞ノ話	닭 이야기	이과(동물)
22	海岸	해안	지리
23	横濱	요코하마	지리(일본)
24	菜豆	강낭콩	이과(식물)
25	三韓ノ降服	삼한의 항복	역사(일본고대)
26	時計	시계	이과(물리)
27	犬ノ話	개 이야기	이과(동물)
28	雲ト雨トノ話	구름과 비 이야기	이과(자연)

단원	단원명(원제)	단원명(한국어 번역)	제재
29	雲	구름	기타(자연)
30	文學ノ渡来	문학의 도래	역사(일본고대)
31	海中ノ花園	바닷속 화원	이과(동물)
32	長崎一	나가사키 1	지리(일본)
33	長崎二	나가사키 2	지리(일본)
34	長崎三	나가사키 3	지리(일본)
35	書籍	서적	기타(수신)
36	茶ノ話	차 이야기	이과(식물)
37	手ノ働	손의 기능	이과(생리)

〈표 3〉『고등소학독본』권2 단원 구성

단원	단원명(원제)	단원명(한국어 번역)	제재
1	皇統一系	황통일계	국민
2	神器國旗	신기와 국기	국민
3	兵庫神戸	효고와 고베	지리(일본)
4	火ノ話	불 이야기	이과(물리)
5	佛法ノ渡来	불법의 도래	역사(일본고대)
6	猫ノ話	고양이 이야기	이과(동물)
7	怨ニ報ユルニ德ヲ以テス	원수를 덕으로 갚다	기타(수신)
8	新潟	니가타	지리(일본)
9	氷ノ話	얼음 이야기	이과(물리)
10	藤原氏一	후지하라 가문 1	역사(일본고대)
11	藤原氏二	후지하라 가문 2	역사(일본고대)
12	虎ノ話	호랑이 이야기	이과(동물)
13	上毛野形名ノ妻	간즈케누노 가타나의 아내	역사(일본고대)
14	函館	하코다테	지리(일본)
15	木綿	목면	이과(식물)
16	後三條天皇	고산조 천황	역사
17	狼ノ話	늑대 이야기	이과(동물)
18	金澤 金沢	가나자와	지리(일본)
19	砂糖ノ製造	설탕의 제조	실업
20	根ノ話	뿌리 이야기	이과(식물)
21	遣唐使	견당사	역사(일본고대)

단원	단원명(원제)	단원명(한국어 번역)	제재
22	山卜河卜ノ話	산과 강 이야기	기타(수신)
23	象ノ話一	코끼리 이야기 1	이과(동물)
24	象ノ話二	코끼리 이야기 2	이과(동물)
25	名古屋	나고야	지리(일본)
26	植物ノ增殖 增殖	식물의 증식	이과(식물)
27	恩義ヲ知リタル罪人	은혜와 신의를 아는 죄인	기타(설화)
28	留學生	유학생	역사(일본고대)
29	仙臺 仙台	센다이	지리(일본)
30	葉ノ形狀	잎의 형상	이과(식물)
31	僧空海ノ傳	승려 구카이 전	역사(일본고대)
32	二ツノ息一	두 가지 숨 1	이과(생리)
33	二ツノ息二	두 가지 숨 2	이과(생리)
34	奇妙ナ菌	기묘한 버섯	이과(식물)

〈표 4〉『고등소학독본』권3 단원 구성

단원	단원명(원제)	단원명(한국어 번역)	제재
1	親切ノ返報	친절에 대한 보답	기타(설화)
2	中世ノ風俗一	중세의 풍속 1	역사(일본중세)
3	中世ノ風俗二	중세의 풍속 2	역사(일본중세)
4	獅子	사자	이과(동물)
5	植物ノ變化	식물의 변화	이과(식물)
6	保元平治ノ亂	호겐의 난, 헤이지의 난	역사(일본중세)
7	古代ノ戰爭一	고대의 전쟁 1	역사(일본중세)
8	古代ノ戰爭二	고대의 전쟁 2	역사(일본중세)
9	太平ノ曲	태평곡	국민
10	鯨獵	고래잡이	이과(동물)
11	廣島	히로시마	지리(일본)
12	鹿谷ノ軍評定	시시가타니의 군 작전회의	역사(일본중세)
13	空氣	공기	이과(물리)
14	植物ノ睡眠	식물의 수면	이과(식물)
15	源賴政兵ヲ起ス	미나모토노 요리마사의 거병	역사(일본중세)
16	渡邊競ノ話	와타나베 기오의 이야기	역사(일본중세)
17	水ノ作用	물의 작용	이과(물리)

단원	단원명(원제)	단원명(한국어 번역)	제재
18	和歌山	와카야마	지리(일본)
19	駱駝	낙타	이과(동물)
20	陶器ノ製法	도기의 제조법	실업
21	源賴朝ノ傳一	미나모토노 요리토모 전 1	역사(일본중세)
22	源賴朝ノ傳二	미나모토노 요리토모 전 2	역사(일본중세)
23	賴朝ヲ論ズ	요리토모를 논하다	역사(일본중세)
24	花ノ形狀	꽃의 형상	이과(식물)
25	鹿兒島	가고시마	지리(일본)
26	鳥ノ話	새 이야기	이과(동물)
27	兵權武門二歸ス	병권이 무가로 가게 되다	역사(일본중세)
28	鎌倉時代ノ概說一	가마쿠라시대 개설 1	역사(일본중세)
29	鎌倉時代ノ概說二	가마쿠라시대 개설 2	역사(일본중세)
30	果實ノ話	과실 이야기	이과(식물)
31	駝鳥	타조	이과(동물)
32	老農ノ談話	늙은 농부의 말	기타(수신)
33	小枝	잔가지	기타(수신)
34	氣管及食道	기관 및 식도	이과(생리)
35	風船ノ話	기구 이야기	이과(물리)
36	仲國勅使トシテ小督局ヲ訪フ	나카쿠니가 칙사로서 고고노 쓰보네를 방문하다	역사(일본중세)

〈표 5〉 『고등소학독본』 권4 단원 구성

단원	단원명(원제)	단원명(한국어 번역)	제재
1	狩野元信ノ話	가노 모토노부 이야기	기타(수신)
2	勉强	공부	기타(수신)
3	勸學の歌	권학의 노래	기타(수신)
4	北條泰時ノ傳一	호조 야스토키 전 1	역사(일본중세)
5	北條泰時ノ傳二	호조 야스토키 전 2	역사(일본중세)
6	氣候ノ話	기후 이야기	이과(자연)
7	條約國	조약국	지리(세계)
8	北京	베이징	지리(세계)
9	鰐魚	악어	이과(동물)
10	知識ノ話	지식 이야기	기타(수신)

단원	단원명(원제)	단원명(한국어 번역)	제재
11	北條時賴ノ行脚	호조 도키요리의 행각	역사(일본중세)
12	亞米利加發見一	아메리카 발견 1	지리(세계)
13	亞米利加發見二	아메리카 발견 2	지리(세계)
14	海狸	비버	이과(동물)
15	寒暖計	온도계	이과(물리)
16	桑方西斯哥	샌프란시스코	지리(세계)
17	油ノ種類	기름의 종류	이과(식물)
18	蒙古來寇	몽골 침입	역사(일본중세)
19	蒙古來	몽골군이 오다	역사(일본중세)
20	風ノ原因一	바람의 원인 1	이과(자연)
21	風ノ原因二	바람의 원인 2	이과(자연)
22	通氣	통기	이과(생리)
23	漆ノ話	옻 이야기	실업
24	大塔宮	다이토노미야	역사(일본중세)
25	節儉	검약	기타(수신)
26	泳氣鐘	영기종	이과(물리)
27	楠正成ノ忠戰	구스노키 마사시게의 충전忠戰	역사(일본중세)
28	皇國の民	황국의 백성	국민
29	紐約克	뉴욕	지리(세계)
30	北條氏ノ滅亡	호조 가문의 멸망	역사(일본중세)
31	安東聖秀ノ義氣	안도 쇼슈의 의기義氣	역사(일본중세)
32	動物ノ天性	동물의 천성	이과(동물)
33	楠正成ノ遺誡	구스노키 마사시게의 유훈	역사(일본중세)
34	俊基關東下向	도시모토, 간토로 내려가다	역사(일본중세)
35	佐野天德寺琵琶ヲ聽ク	사노 덴토쿠지가 비파를 듣다	역사(일본중세)
36	一塊ノ石	한 덩어리의 돌	이과(광물)

〈표 6〉『고등소학독본』권5 단원 구성

단원	단원명(원제)	단원명(한국어 번역)	제재
1	貨幣ノ必要	화폐의 필요	국민
2	貨幣ヲ論ズ	화폐를 논하다	국민
3	殊勝ナル小童ノ成長シテ殊勝ナル人ト爲リタル話一	뛰어난 아이가 성장해서 뛰어난 사람이 된 이야기 1	기타(설화)

단원	단원명(원제)	단원명(한국어 번역)	제재
4	殊勝ナル小童ノ成長シテ殊勝ナル人ト爲リタル話二	뛰어난 아이가 성장해서 뛰어난 사람이 된 이야기 2	기타(설화)
5	足利時代ノ槪說一	아시카가시대 개론 1	역사(일본중세)
6	足利時代ノ槪說二	아시카가시대 개론 2	역사(일본중세)
7	足利時代ノ槪說三	아시카가시대 개론 3	역사(일본중세)
8	コルクノ話	코르크 이야기	이과(식물)
9	波士敦	보스턴	지리(세계)
10	槓杆	지렛대	이과(물리)
11	苦學ノ結果一	고학의 결과 1	기타(설화)
12	苦學ノ結果二	고학의 결과 2	기타(설화)
13	潮汐	조석	이과(자연)
14	蜂房	벌집	이과(동물)
15	吸子	흡착기	이과(물리)
16	武人割據	무인 할거	역사(일본중세)
17	咏史二首	영사咏史 2수	역사(일본중세)
18	費拉特費	필라델피아	지리(세계)
19	子ヲ奪ハレタル話	아이를 빼앗긴 이야기	기타(설화)
20	貨幣ノ商品タルベキ價格	화폐의 상품으로서의 가격	국민
21	貨幣鑄造	화폐주조	국민
22	武田信玄	다케다 신겐	역사(일본중세)
23	貧人及富人一	가난한 사람과 부자 1	기타(수신)
24	貧人及富人二	가난한 사람과 부자 2	기타(수신)
25	日月ノ蝕	일식 월식	이과(자연)
26	ポンプ	펌프	이과(물리)
27	上杉謙信	우에스기 겐신	역사(일본중세)
28	咏史二首頼襄	영사咏史 2수	역사(일본중세)
29	合衆國ノ鑛業	합중국의 광업	지리(세계)
30	貨幣ハ勤勞ヲ交換スル媒介ナリ	화폐는 근로를 교환하는 매개이다	국민
31	元素	원소	이과(물리)
32	毛利元就	모리 모토나리	역사(일본중세)
33	瓦斯	가스	이과(물리)
34	時間ヲ守ル可シ	시간을 지켜야한다	기타(수신)
35	目ノ話	눈 이야기	이과(생리)

〈표 7〉『고등소학독본』권6 단원 구성

단원	단원명(원제)	단원명(한국어 번역)	제재
1	家僕ノ忠愛	하인의 충정	기타(설화)
2	洋流	해류	이과(자연)
3	織田豊臣時代ノ概説一	오다·도요토미시대 개설 1	역사(일본중세)
4	織田豊臣時代ノ概説二	오다·도요토미시대 개설 2	역사(일본중세)
5	織田豊臣時代ノ概説三	오다·도요토미시대 개설 3	역사(일본중세)
6	資本	자본	국민
7	熱	열	이과(물리)
8	倫敦 ロンドン	런던	지리(세계)
9	豊臣秀吉ノ傳一	도요토미 히데요시 전 1	역사(일본중세)
10	豊臣秀吉ノ傳二	도요토미 히데요시 전 2	역사(일본중세)
11	秀吉ヲ論ズ	히데요시를 논하다	역사(일본중세)
12	竿鞋奴	신발 신겨주는 노비	역사(일본중세)
13	蒸氣機關	증기기관	이과(물리)
14	ステブンソンノ傳一	스티븐슨 전1	역사(세계사)
15	ステブンソンノ傳二	스티븐슨 전2	역사(세계사)
16	價ノ高低	값의 고저	국민
17	英吉利ノ商業一	영국의 상업 1	지리(세계)
18	英吉利ノ商業二	영국의 상업 2	지리(세계)
19	關原ノ戰一	세키가하라 전투 1	역사(일본중세)
20	關原ノ戰二	세키가하라 전투 2	역사(일본중세)
21	巴黎	파리	지리(세계)
22	德川家康ノ傳一	도쿠가와 이에야스 전 1	역사(일본근세)
23	德川家康ノ傳二	도쿠가와 이에야스 전 2	역사(일본근세)
24	德川家康ノ行狀	도쿠가와 이에야스의 행장	역사(일본근세)
25	佛蘭西ノ工業	프랑스의 공업	지리(세계)
26	電気	전기	이과(물리)
27	電光	번개	이과(자연)
28	フランクリンノ傳	프랭클린 전	역사(세계사)
29	職業ノ選擇	직업의 선택	국민
30	石田三成ノ傳	이시다 미쓰나리 전	역사(일본중세)
31	伯林	베를린	지리(세계)
32	光線ノ屈折	광선의 굴절	이과(물리)
33	儉約ノ戒	검약의 훈계	기타(수신)

단원	단원명(원제)	단원명(한국어 번역)	제재
34	林羅山ノ傳	하야시 라잔 전	역사(일본근세)
35	太陽系	태양계	이과(천문)
36	理學上ノ昔話	이학의 옛이야기	이과(물리)
37	日射力及其事業	태양 빛과 그 작용	이과(자연)

〈표 8〉『고등소학독본』 권7 단원 구성

단원	단원명(원제)	단원명(한국어 번역)	제재
1	天然ノ利源	천연의 이로움	국민
2	德川氏ノ政治一	도쿠가와 가문의 정치 1	역사(일본근세)
3	德川氏ノ政治二	도쿠가와 가문의 정치 2	역사(일본근세)
4	月ノ話	달 이야기	이과(천문)
5	耶蘇敎ノ禁	예수교의 금지	역사(일본근세)
6	維也納	빈	지리(세계)
7	顯微鏡	현미경	이과(물리)
8	德川光圀ノ傳	도쿠가와 미쓰쿠니 전	역사(일본근세)
9	恆星ノ話	항성 이야기	이과(천문)
10	望遠鏡	망원경	이과(물리)
11	熊澤蕃山ノ傳	구마자와 반잔 전	역사(일본근세)
12	羅馬一	로마 1	지리(세계)
13	羅馬二	로마 2	지리(세계)
14	德川時代ノ風俗一	도쿠가와시대의 풍속 1	역사(일본근세)
15	德川時代ノ風俗二	도쿠가와시대의 풍속 2	역사(일본근세)
16	新井白石ノ傳	아라이 하쿠세키 전	역사(일본근세)
17	洋學興隆	양학의 융성	역사(일본근세)
18	聖彼得堡一	페테르부르크 1	지리(세계)
19	聖彼得堡二	페테르부르크 2	지리(세계)
20	流星ノ話	유성 이야기	이과(천문)
21	萬物ノ元素	만물의 원소	이과(물리)
22	世界ノ周航一	세계 항해 1	지리(세계)
23	世界ノ周航二	세계 항해 2	지리(세계)
24	外國交通一	외국 왕래 1	역사(일본근세)
25	外國交通二	외국 왕래 2	역사(일본근세)
26	伊能忠敬ノ傳一	이노 다다타카 전 1	역사(일본근세)

단원	단원명(원제)	단원명(한국어 번역)	제재
27	伊能忠敬ノ傳二	이노 다다타카 전 2	역사(일본근세)
28	世界ノ周航續一	세계 항해 3	지리(세계)
29	世界ノ周航續二	세계 항해 4	지리(세계)
30	佐藤信淵ノ傳	사토 노비히로 전	역사(일본근세)
31	貧困ノ原因	빈곤의 원인	기타(수신)
32	彗星ノ話	혜성 이야기	이과(천문)
33	明治時代文武ノ隆盛	메이지시대 문무의 융성	역사(일본근대)
34	酒ヲ節スベシ	술을 절제해야 함	이과(생리)
35	近世ノ文明一	근래의 문명 1	역사(일본근대)
36	近世ノ文明二	근래의 문명 2	역사(일본근대)

　『고등소학독본』의 편집 방침은 크게 두 가지로 나눌 수 있다. 첫 번째는 '순차적인 학습'이며, 두 번째로는 '국가주의'적 교육방침이다. 『고등소학독본』의 편집책임자인 이사와 슈지(伊沢修二)[10]는 문부성의 교과서 편집국장으로 자신의 교육 철학을 여러 권 출간하기도 하였는데, 1875년에 발간된 『교육진법(教授真法)』[11] 제3장 '학과의 순서'에서 순차적인 학습을 강조하며 "교사인 자는 먼저 유생(幼生)의 교육에 자연의 순서가 있다는 것을 아는 것이 중요하다. 만일 그 순서를 잘못하여 해가 생길 때에는 그에 대한 책망을 받아야할 것이다"[12]라고 언급하고 있다. 『고등소학독본』 서문에도 '이 책을

---

10) 1851~1917. 일본의 교육자. 문부성에 출사한 뒤 1875년 미국으로 유학을 가 음악, 이화학, 지질연구 등 다양한 학문을 공부하였다. 모리 아리노리가 문부대신이 된 이후에는 교과서 편찬에 몰두하여 국가주의적 교육의 실시를 주장하는 한편 진화론을 일본에 소개하는 등 다방면에서 활약하였다. 또한 타이완에서 일본어 교재를 출판하는 등 식민지 언어교육에도 관여하였다. 대표 저서로는 『学校管理法』(白梅書屋, 1882), 『教育学』(丸善商社, 1883) 등이 있다.

11) 1875년에 David Perkins Page의 저작을 편역해 출간된 것으로, 제3장 '학과의 순서'는 제1절 실물과, 제2절 독법, 제3절 미술, 제4절 지리학, 제5절 역사학, 제6절 습자, 제7절 작문, 제8절 생리학으로 구성되어 있고 교수요령 뒤에 질문과 답을 제시해 실제 교육현장에 적용할 수 있도록 배려한 선구적인 교육서라고 할 수 있다.

12) 太關·百爾金士·白日(ダビッド·ペルキンス·ページ) 저, 伊沢修二 편역(1875), 『教授真

학습하는 아동은 지식이 점차 발달하게 되므로 그 제재도 이에 따라 고상(高尙)한 사항을 선택해야만 한다. 또한 언어, 문장을 가르치는 목적은 제반 학술, 공예의 단서를 여는 데 있으며, 그 제재가 점차 복잡해지는 것은 자연스런 순서이다. 고로 이 책 안에는 수신, 지리, 역사, 이과 및 농공상의 상식에 필요한 사항 등을 그 주제의 난이도에 따라 번갈아 제시하였다'라고 되어 있다. 실제로 〈표 2~8〉에서 나타나듯이 3권 이후에는 『겐페이세이스이키(源平盛衰記)』,[13] 『슨다이자쓰와(駿台雜話)』,[14] 『태평기(太平記)』[15] 등의 고전을 제재로 한 단원을 싣는 등 난이도가 높아지고 있다.

이사와 슈지는 『고등소학독본』을 출간한 뒤 국민교육사(國民敎育社)[16]를 설립하여 사장에 취임하고 '국가주의'적인 교육방침을 전면에 내세워 '교육칙어'의 보급과 수신교과서의 편찬에도 앞장섰다. 이러한 그의 교육사상은 이미 『고등소학독본』에 잘 드러난다고 할 수 있다.

만세일계(萬世一系)의 천황(天子)이 이를 잘 다스리셔 2천년 남짓 이어져오는 나라는 우리나라밖에 없다. 우리들은 이러한 나라에 태어났으며 그리하여 오늘날 만국과 부강을 견줄 시기에 들어섰다. 따라서 이

法』卷之一, 25쪽.

13) 가마쿠라시대에 만들어졌으며, 1161년부터 1183년까지 20여 년간의 미나모토 가문(源氏)·다이라 가문(平家)의 성쇠흥망을 백수십 항목, 48권에 걸쳐 자세히 다룬 전쟁에 관한 이야기(軍記物語)이다.

14) 에도시대 중기의 수필집. 5권. 1732년 성립되었으며 제자들과 무사도를 고취하기 위해 나눈 이야기를 수록한 것이다.

15) 작자와 성립 시기 미상. 남북조시대의 전쟁에 관한 이야기(軍記物語)로 전 40권으로 이루어졌다.

16) 1890년 5월에 설립한 단체로 '충군애국의 원기를 양성, 알리기 위한 것'(국가교육사요령 1항)을 목적으로 했다. 山本和行(2008), 「台湾総督府学務部の人的構成について : 国家教育社との関係に着目して」, 『京都大学大学院教育学研究科紀要』, 54쪽 참조.

제국의 신민인 우리들이 의무를 다하려면 오로지 힘을 다해 학문을 해야 한다.[17]

위의 인용문은『고등소학독본』의 제1권 제1과 '우리나라(吾國)'의 두 번째 문단으로 역성혁명 없이 2천 년간 지속된 일본 역사의 존귀함을 역설하며 천황의 은혜 속에 신민의 의무를 다해야 하는 시기임을 주장하고 있다. 또한 편집자가 서문에서 "아동으로 하여금 황실을 존경하고 국가를 사랑하는 지기(志氣)를 함양하는 것이 주된 목적"[18]이라고 명확히 밝히고 있는 바와 같이『고등소학독본』은 황실중심의 국가관이 충분히 반영된 교과서라고 할 수 있을 것이다.

『고등소학독본』의 내용은 〈표 2~8〉에서 보듯이 그 제재를 국민·역사·이과·지리·기타로 나누어 다루었으며, 그 중 역사는 일본고대·일본중세·일본근세·일본근대와 같이 시대별로, 이과는 식물·동물·광물·물리·자연·천문으로, 지리는 일본지리와 세계지리로, 기타는 수신·언어·설화·가정·서간·잡류로 세분화할 수 있다. 본서의 서언에 각 제재와 교육 목표에 대한 자세히 언급이 되어 있다. 즉, '국민'은 '제조 기술, 경제 원리 등은 아동이 훗날 상공인이 되었을 때 알아야 할 사항'을 다루고 있으며, 그 내용은 '군(郡), 시(市), 부(府), 현(縣), 경찰, 중앙정부의 조직부터 법률의 대략적인 것에 이르기까지의 사항은 우리나라 사람이 일반적으로 알아야 할 것이므로, 아동의 지식, 발달의 정도를 참작하여 이를 기술함으로써 훗날 국가에 대해 다해야 할 본분을 알게 되기를 기대한다'고 서술하고 있다. '역사'는 '이 나라 고금의 저명한 사적에 대해 기술함으로써 아

---

17)『高等小學讀本』卷1, 1~2쪽.
18)「緒言」,『高等小學讀本』卷1, 3쪽.

동으로 하여금 황실을 존경하고 국가를 사랑하는 지기(志氣)를 함양을 목적으로 하고 있으며, '지리'는 '이 나라의 유명한 도부(都府), 경승지 등의 기사를 비롯하여, 우리나라와 친밀한 관계에 있는 중국, 구미 여러 나라의 대도시들의 정황을 간략하게 설명'하고 있다. 이어서 '이과'는 '초목(草木), 조수(鳥獸) 등의 특성 및 인간의 삶에 필요한 것이므로, 물리, 화학의 개요를 해설'하며, '오늘날에 있어 필요한 모든 힘, 모든 기계가 발명된 전말, 발명자의 전기(傳記) 등을 기술하여 아동이 분발하고자 하는 마음을 일으키도록 힘썼다'라고 밝히고 있다. 수신은 '소설, 비유, 속담, 전기, 시가 등을 사용해 아동의 즐거운 마음을 환기시키고, 소리 내어 읽을 때 자연스럽게 지혜와 용기의 기운을 양성하고, 순종, 우애의 정을 저절로 느끼게 하여, 아동으로 하여금 그 자신을 사랑하고 중시하며 그 뜻이 높고 훌륭해지기를 바란다'라고 밝히고 있다. 각 권의 2~3단원은 한시나 운문을 다루고 있는데, 교훈적이며 애국과 관련된 것이 많다. 이렇듯 『고등소학독본』은 일본 국민이자 동시에 근대 세계 시민으로서 갖추어야 소양에 대한 기본 지식과 덕목을 종합적으로 다룬 종합독본인 것이다.

특히, 한국에서 최초의 근대적 국어교과서로 평가받는 『국민소학독본』의 저본이 바로 『고등소학독본』이었다는 점은 국어학적, 교육학적, 역사학적 관점에서 간과할 수 없는 일이다. 1895년에 7월에 학부 편집국에서 편찬, 간행한 개화기 국어교과서 『국민소학독본』은 우리나라 최초의 관찬(官撰) 대민 계몽교과서이다. 일본의 『고등소학독본』을 참고하여 편찬하였지만, 국권이 상실될 위기에서 국권수호를 위한 애국적 인재양성의 교육 취지가 적극 반영되었으며, 조선정부가 서구의 근대문명을 국민교육의 지침으로 삼아 부국강병 및 실용적 교육을 위해 교재로 편찬하였던 것이다. 문체는 국한

문 혼용체로서 총 72장 144면, 한 면은 10행, 1행은 20자로 구성되어 있으며, 형식은 장문형이고 띄어쓰기와 구두점이 없다. 총 41개과로 그 목차는 다음과 같다.

저본인 일본의 『고등소학독본』의 구성과 내용이 거의 흡사하지만, 한국의 처지와 실정에 맞게 단원을 선별하거나 변경하는 등 취사선택을 하였으며, 내용구성은 필요한 내용을 발췌하거나 요약, 혹은 변경, 새롭게 집필하기도 하였다. 서구의 선진화된 생활과 문물, 도시에 대해 소개하고 과학적인 내용을 다룸으로써 근대화의 필요성에 대한 인식을 국민에게 심어주고자 했다. 특히 미국 관련

단원을 많이 둔 것은 미국처럼 자주부강한 나라를 만들자는 취지로 보인다.[19] 또한, 낙타나 악어 등과 같이 한국에서는 접할 수 없는 동물에 대해 소개하여 학생들의 지적 호기심을 자극하고 동시에 넓은 세계를 인식할 수 있도록 했으며, 징기스칸과 같은 인물의 소개를 통해 진취적인 정신을 함양하고자 했다. 또한 세종대왕, 을지문덕과 같은 한국의 대표적인 위인의 소개를 통해 민족의식을 고양시키고자 노력을 했다. 즉, 『국민소학독본』은 전근대에서 근대로 넘어가는 전환기에 편찬된 교과서로 근대화를 통해 대한제국의 주권을 지키고 체계적인 국민 교육을 위한 시도였다는 점에서 그 역사적 의의가 있다고 할 수 있다.[20]

『국민소학독본』의 교과적 구성은 이미 언급한 바와 같이 『고등소학독본』의 틀을 벗어나지 않으면서 많은 부분이 그대로 계승되고 있는 점은 역설적이라고 할 수 있다. 그러나 『국민소학독본』에 계승되지 않은 과의 출현으로 볼 때, 이는 지덕과 근대화사상에 관한 내용의 선택적인 계승과 그와 동반해 교과내용에 관한 재구축을 의미한다. 이와 같은 내용을 통해 한국의 근대적 국어 교과서의 성립 과정 및 교육이념, 한일 양국의 근대화 사상에 대해 규명할 수 있을 것이다.

본서는 일본 쓰쿠바대학(筑波大学) 소장본을 저본으로 하여 번역 작업을 하였으며, 영인과 함께 출간함으로써 교육학, 국어학, 일본어학, 역사학 등 각 분야의 연구자에게 연구 편의를 제공하여 근대 개화기 교육 및 역사, 교육사상의 실상을 밝히는 데 도움을 주고자 한다. 또한 세부적으로는 근대 한일 교과서에 나타난 교육이념, 역

---

19) 학부대신 박정양의 미국견문록 『미속습유(美俗拾遺)』와 밀접한 관련성이 보인다.

20) 자세한 것은 강진호(2013), 「국어과 교과서와 근대적 주체의 형성: 『국민소학독본』 (1895)을 중심으로」, 『국제어문』 58, 국제어문학회 참조.

사관, 세계관에 대해 종합적이고 다각적인 검토를 가능하게 할 것
이며, 나아가 근대 한일 양국 간의 관계를 재조명하는 데 일조할
수 있으리라 믿는다.

역자 성윤아·권희주·이현진·박효경

차 례

(역주)
고등소학독본 권7

高等小學讀本

七

제1과 천연의 이로움

사람들이 필요로 하는 물품에는 자연에서 직접 공급되는 것이 있다. 자연과 인공의 힘이 서로 맞닿아 성립하는 것이 있다. 자연이 직접 공급하는 것은 그 양이 많고 또한 필수적인 요소인데, 교역의 물품이 되어 값이 매겨지기 위해서는 사람의 노동을 더 해야만 한다. 그런데 그 값은 일정한 것이 아니라 노동의 강약, 숙련의 정도, 수요의 많고 적음 등에 의해 크게 변경되는 것이다.

각 개인이 필요로 하는 것을 자유롭게 얻을 수 있을 때는 가격이 생성되지 않는다. 예를 들어 공기와 같은 것은 밤낮으로 이것이 없다면 사람의 목숨을 해칠 수 있다. 필요성은 이와 같지만, 값을 매긴다는 것은 일찍이 들어본 적이 없다. 공기를 얻기 위해서는 일체 노동을 할 필요가 없다. 그러나 공기 중에서 산소만을 분리하려고 하면 다소의 노동을 필요로 한다. 만약 다른 사람에게 이 노동을 하게 한다면 결국 얼마간의 임금을 주어야만 한다. 따라서 공기 중의 산소 그 자체는 원래 값이 없으나 이것을 분리하는 데에 필요한 노동에 대해서는 다소의 값이 생겨나는 것이다.

또한, 태양의 빛은 하루라도 없으면 안 되는 것으로 이에 대해서도 전혀 값을 필요로 하지 않는다. 자연이 이것을 많이 공급하여 각 개인이 자유롭게 얻을 수 있기 때문이다. 따라서 가스등, 석유, 양초와 같은 것은 그 빛이 태양에는 훨씬 미치지 못하지만 각 개인이 이를 얻으려고 한다면 반드시 다소의 값을 필요로 한다. 즉 이런 물건을 만들기 위해 다소의 노동을 들였기에 그에 준하는 값이 매겨지는 것을 알아야 한다.

물도 또한 별도로 값을 갖지 않는다. 그러나 강물이나 우물물을 바로 얻기 어려운 집에서는 사람을 고용하여 물을 길어오게 해야 한다. 이에 그 사람의 노동에 합당한 임금을 필요로 하게 된다. 물은 각 개인에게 필요한 것이라 만약 천연의 물에 값이 있다고 한다면 아무리 부자라 할지라도 결국은 물 때문에 모든 재산을 쓰게 될 것이다. 따라서 이 경우에는 물에 값을 매길 수 없고 다만 이것을 운송하는 노동에 대해서만 다소의 값을 필요로 한다.

한발 더 나아가 이제 상업에 대해 논하고자 한다. 흔히 무, 감자와 같은 것을 비싼 값에 사지는 않는다. 이것을 얻기 위한 노동은 대단히 적기 때문이다. 그런데 쌀과 보리의 값은 무, 감자에 비해 매우 비싸다. 이는 쌀과 보리를 얻는 데에 많은 노동을 필요로 하기 때문이다. 그렇지만 쌀과 보리도 항상 시장에서 비싼 값을 점할 수는 없다. 쌀과 보리가 비쌀 때는 기존의 돌아보지 않았던 불모지를 점차 개간하여 많은 쌀과 보리를 경작하게 되므로 자연스럽게 그 값이 떨어진다. 이 경우에는 그 이익이 농부에게 돌아가지 않고 소비자에게 돌아가게 된다.

그런데 각 나라는 모두 같은 것만을 생산하지 않으며 각 나라 고유의 산물, 제품이 있다. 이로써 만국 교역의 필요성이 생겨난다. 예를 들어 아열대 지역은 설탕, 커피가 풍부하게 생산되지만 이들 산물은 사람의 노동을 적게 필요로 하며 자연이 큰 힘을 발휘하는 것이다. 따라서 그 지역 사람들은 커다란 이익을 차지할 수 없으며 오로지 이를 경작한 노동에 대한 값만 얻을 수 있다. 그러나 그 생산량이 많고 가격이 낮기 때문에 전 세계의 일반 사람들은 큰 이익을 얻을 수 있다. 이러한 예를 일일이 열거할 수는 없지만, 요컨대 한 나라 안의 상업이나 만국의 교역에서도 자연의 힘을 이용하는 일이 많아 사람의 노동을 적게 필요로 할 때에는 그 이익이 노동자보다 소비자에게 돌아가는 것이 특히 명백하다.

제2과 도쿠가와 가문의 정치 1

도요토미 히데요시豊臣秀吉가 죽은 후 온 나라의 정치는 대부분 도쿠가와 이에야스德川家康의 뜻대로 이루어졌기 때문에 도요토미 가문의 옛 가신들은 이를 못마땅하게 여겨 결국 거병하였는데, 세키가하라関ヶ原에서 싸워 이야에스가 이를 무찌르니 천하가 굴복하여 복종하였다. 그러나 이에야스는 도요토미 히데요리豊臣秀頼[1]가 어려 그 죄를 묻지는 않았다. 이 즈음 도쿠가와 가문의 권세가 더욱더 강해지니 7개 도道[2]의 장수를 모두 에도에 모아 그 자식을 인질로 삼았으며 히데요리는 단지 세쓰攝津, 가와치河内, 와이즈미和泉의 세 지역만을 다스렸다. 그 후 이에야스는 드디어 정이대장군征夷大将軍이 되어 천하를 다스리게 되었다.

이에야스는 이미 막부를 에도江戸에 열어 도시요리야쿠年寄役[3]로 하여금 전국의 정사를 돌보게 하였고 도시요리의 아래에 긴슈슛토닌近習出頭人을 두고 또한 정사를 맡겼다. 도시요리야쿠는 나중에 로

---

1) 도요토미 히데요시의 아들
2) 고대 율령제에 의한 광역 행정구역 五畿七道의 7도. 五畿는 大和, 山城, 摂津, 河内, 和泉의 다섯 지역이고 七道는 東海道,東山道,北陸道,山陽道,山陰道,南海道,西海道의 7도
3) 에도시대 금화주조소(金座)의 관리직

주老中로 바뀌었으며 긴슈숏토닌은 와카토시요리若年寄로 바뀐다. 이 두 자리는 특히 권위가 컸으며 후대에까지 그 제도를 바꾸지 않았다. 이에야스는 또 구고供御4)의 땅과 구교公卿5) 이하의 식읍食邑6)을 수도의 경계로 정하고 귀족公家의 법도와 무가의 법도를 제정했다. 또 여러 지역에 다이묘大名를 영주로 봉하며 모두 도요토미의 옛 제도에 따라 몇 천 석 몇 만 석이라 불렀다. 또한 조세의 법을 오공오민五公五民*으로 정하니 백성들이 모두 안심하였다. 히데요리가 성장해 정사에 복귀하고자 하여 다시 오사카성을 중심으로 군사를 일으키니 이에야스가 출병하여 결국 도요토미 가문을 멸망시킨다. 이에 이르러 천하의 민심은 더욱 도쿠가와를 따랐다.

히데타다德川秀忠가 쇼군을 계승한 후 규슈九州, 주고쿠中国, 기타구니北国의 여러 다이묘들에게 매년 에도에 와서 새해를 맞이하도록 명하였으며 또한 여러 다이묘의 가족을 에도로 옮기게 하였다. 이에 따라 다이묘들은 모두 막부가 명한 곳을 받아 저택을 에도에 지어 각각의 영내에 자리 잡았다. 히데타다 또한 여러 지방의 역법駅法을 제정하고 도카이東海, 히가시야마東山, 호쿠리쿠北陸의 3도에 명하여 1리里마다 망루堠*를 축조하고 그 위에 오동나무를 심게 해 이를 이치리즈카一里塚라고 했다. 이는 모두 여행자의 편의를 꾀한 것이다. 히데타다는 정사를 돌보는 데에 있어 아버지의 유훈을 잘 지켜 검소함을 실천하니 10년 전의 조세를 사용하는 비율로 매년 국비를 사용해 막부의 금고에는 항상 금은이 가득 차 있었다. 이러한 풍요로움은 히데타다의 이전에도 이후에도 일찍이 본 적이 없

---

4) 중세 일본의 조정에 식료품과 공예품을 대던 집단. 이후에 독점권을 인정받아 특권 상인층을 형성하였다.
5) 메이지기 이전 높은 관직에 올라 국정을 통치하던 귀족계급
6) 제후, 가신에게 하사한 토지. 영지

다고 한다.

*망루(堠): 흙을 돋아 거리의 표식으로 삼은 것
*오공오민(五公五民): 5할의 조세를 영주에게 납세하는 것을 밀함

제3과 도쿠가와 가문의 정치 2

　도쿠가와 이에미쓰德川家光는 후사를 결정하기에 앞서 여러 다이묘들을 제압하기 어려울 것을 걱정하여 모두 에도성에 모이도록 하였다. 그러나 갑자기 병을 핑계로 만나지 않았고 때는 추운 겨울이었지만 해가 질 때까지 다이묘들에게 식사를 제공하지 않았다. 이윽고 여러 다이묘들을 만나 이제부터 도쿠가와 가문에 대하여 군신의 예를 다할 것을 명하였다. 다이묘들은 모두 그 위세를 두려워해 이의 없이 이에 복종하였다. 그 이전에는 다이묘들이 에도에 당도할 때 로주老中가 시나가와品川 혹은 센주千住에 마중을 나가 우호적인 관계로 접대하였지만 이때부터 다이묘들은 에도에 당도하면 먼저 로주의 저택에 들려 그 안부를 살피고 난 후에야 비로소 각자의 저택에 들어갔다. 또한 쇼군將軍을 알현할 때에도 로주가 송영送迎하는 것을 폐지하였다. 그리고 도자마 다이묘外樣大名[7]는 매년 4월에 교대하여 영지에서 근무하고, 후다이 다이묘譜第大名[8]는 6월

---

　7) 도자마 다이묘(外樣大名)는 세키가하라의 전투 이후에 도쿠가와 가문을 따르게 된 다이묘를 말한다.

　8) 후다이 다이묘(譜第大名)는 현대의 표기로는 譜代大名라 하며, 세키가라하 전투 이전부터 도쿠가와 가문을 따르던 다이묘를 말한다.

에 교대하여 영지에서 근무하고, 관동關東의 여러 다이묘는 반년마다 교대로 영지에서 근무하도록 정하였다. 도쿠가와 가문이 다이묘들을 제압하게 된 것은 이에미쓰의 시대에 이르러 대대적으로 제도를 정비했기 때문이라 할 수 있다.

이에미쓰는 쌀 오백 석 이상을 실을 수 있는 배의 건조를 금하고, 아마쿠사의 난天草の乱9) 이후에는 예수교를 금하였으며 특히 포르투갈인의 통상도 엄격히 금지하였다. 단 네덜란드, 중국, 조선에 대해서만 이전과 같이 허가 하였고 교역과 매매는 나가사키長崎 항구 한 곳으로 제한하였으며, 그 외의 예수교 신도들을 처형하기도 하고 본국에 추방했기 때문에 통상교역의 길에 방해되는 일이 적지 않다. 따라서 도쿠가와 가문의 정사는 이에미쓰 시대에 이르러 많은 사안이 확정되었으나 한편으로 해운과 통상을 제지한 것은 이익이 되었다고 할 수 없다. 이는 단지 이에미쓰에게만 아쉬운 것이 아니라 우리나라(일본)의 문화를 위해서도 한탄할 만한 것이라고 하겠다.

그 후 요시무네德川吉宗 시대에 이르러 법률을 제정했지만 비밀에 부쳐 국민들에게 공표하지는 않았다. 이것을 오사다메 백개조御定目百箇条10)라고 한다. 이 법률을 정한 후에는 때로는 새로운 법령을 시행하기도 했으나 모든 일은 대부분 이 법률을 따랐다. 그 후 태평성대가 오래 계속되어 백성들도 여유롭게 지냈으나 덴포天保(1830~1844), 고카弘化(1844~1848)의 시기부터 세상이 뒤숭숭해져 사람들이 평온하게 살지 못했다. 오시오 헤이하치로의 난大塩平八郎の乱,11) 미

---

9) '시마바라의 난'이라고도 하며 에도시대 초기에 시마바라, 아마쿠사 지역의 토착 기독교인들을 중심으로 일어난 대규모 무장봉기

10) 御定書百箇条라고도 하며, 에도시대 8대 쇼군 도쿠가와 요시무네가 재판과 행정에 관해 편찬한 법령

국군함 도래, 사쿠라다 문 밖의 변桜田門外の変12)으로 천하의 인심이 크게 동요하였다. 이로부터 점차 재야 인사들은 양이攘夷를 주장하며 막부의 임시방편을 비난하였고, 조정 또한 막부의 조치에 분노하여 무엇을 해도 진정되지 않아 다이묘들도 뒤에서는 도쿠가와 가문의 명령을 받들지 않았다.

이에모치德川家茂는 다이묘 제압이 불가능하다는 사실을 깨닫고 결국 정사는 모두 간에이寬永(1624~1645) 이전의 옛 모습으로 되돌릴 것을 명하였다. 간에이 이전이라고 함은 이에미쓰 이전의 시대로 다이묘들을 아군으로 삼았던 때를 말하는 것이다. 요시노부德川慶喜는 후사를 정할 때가 되자 천하의 형세를 깊이 관찰하여 스스로 쇼군 자리에서 물러나 조정에 대정을 봉환13)하니 천황은 비로소 모든 정사萬機*를 친히 돌보게 되었다. 1868년(게이오慶応 3년) 10월의 일이다. 도쿠가와 이에야스가 막부를 연 이후 250년, 15대에 이른다.

*후다이다이묘(譜代大名): 도쿠가와 가문의 가신으로 다이묘가 된 사람
*모든 정사(萬機): 모든 정사를 말함

---

11) 오사카의 관리였던 오시오 헤이하치로가 기근을 이유로 막부에 대항하여 일으킨 반란

12) 에도 막부의 다이로 이이 나오스케(井伊直弼)가 1860년 3월 등청하는 길에 사쿠라다문 밖에서 존왕양이파 지사들에게 암살당한 사건

13) 1867년 에도 막부 15대 쇼군 요시노부가 메이지 천황에게 국가 통치권을 반납하는 것을 선언한 정치적 사건

제4과 달 이야기

　우리 지구에 속하는 위성인 달은 밤에 보면 항성 혹은 유성보다 큰 것 같다. 그러나 실제로는 불과 직경 약 2,510마일哩(9,857.45km)[14]의 작은 구에 지나지 않는다. 따라서 49개의 달을 모아서 한 덩어리로 만들면 비로소 겨우 우리 지구 크기에 비할 수 있다.[15] 그리고 태양의 크기는 126만 개의 지구를 합쳐놓은 것[16]과 같기 때문에 달은 해에 비하여 지극히 작다는 것을 미루어 알 수 있다.

　달이 커 보이는 것은 지구에서 가까운 거리에 있기 때문이다. 즉 달의 궤도는 타원형을 이루고 있으며 지구에서 평균 238,790여 마일(937,793.46km)[17] 떨어져 있다. 그리고 달의 궤도는 타원형이기 때문에 달이 지구에 가까워질 때가 있고 멀어질 때가 있다. 따라서 지구에서 멀 때에는 25만 마일(402,336km) 정도 되지만 지구에서 가까울 때는 22만 마일(354,055.68km) 정도가 된다. 이와 같이 달이 지구와 가까울 때와 멀 때가 있으므로 이를 평균 내면 23만여 마일

---

14) 실제 달의 직경은 3,474km로 알려져 있다.
15) 실제 지구의 직경은 12,742km로 달의 4배 정도이다.
16) 실제 태양의 직경은 약 139만km로 지구의 109배이다.
17) 실제 달과 지구의 거리는 384,400km이다.

(370,149.12km)이 된다.

달이 지구의 주위를 한 번 도는 시간은 27일 7시간[18] 정도이다. 그리고 달이 자전을 하는 것은 다른 여러 유성 및 태양과 다를 바 없다. 단 그 자전의 시간과 지구를 도는 시간은 실로 같으며 동일한 면이 항상 태양을 향해 있기 때문에 우리는 언제나 달의 한 면을 볼 수 있지만 다른 한 면은 볼 수가 없다. 그러나 달의 중심축은 1도 32부가 그 궤도의 면 쪽으로 기울어져 있어 공전 시 때때로 달 남극의 일부가 보이거나 혹은 달 북극의 일부가 보이기도 한다.

달의 궤도는 타원형을 그리면서 지구를 중심으로 그 주위를 돈다. 지구의 궤도도 또한 타원형을 그리며 태양을 중심으로 그 주위를 돈다. 따라서 달은 지구의 주위를 돌 뿐 아니라 지구와 함께 태양의 주위를 돌기 때문에 그 운행은 매우 복잡하고 알기 어렵다.

육안으로 달의 표면을 보면 밝은 부분과 어두운 부분으로 구분된다. 또한 망원경을 가지고 달을 들여다보면 어두운 곳은 평야이고 밝은 부분은 산맥과 산지임을 알 수 있다. 그 중에는 큰 화산이 많지만 지금은 모두 분화를 하지 않는다. 또한 그 평야도 예전에는 해저를 이루고 있었지만 지금은 물도 모두 말라 없어져 달의 표면에서는 물의 흔적을 볼 수 없다. 또한 공기도 지금은 물과 같이 전부 소진되었다. 요컨대 이는 옛날 달에는 각종의 생물이 살았으나 오늘날에는 그 지세가 완전히 변하여 생물이 살기 어렵게 된 것이라 추측할 수 있다.

---

18) 실제 달의 자전 공전 주기는 29.5일이다.

제5과 예수교의 금지

예수교가 우리나라(일본)에 들어온 것은 지금으로부터 330여 년 전의 일이다. 당시 포르투갈의 선교사 프란치스코 자비에르Francis Xavier라는 사람이 인도를 출발해 사쓰마薩摩의 가고시마鹿児島에 도착하여 영주를 알현하였다. 영주는 예수교를 깊이 믿게 되어 명을 내려 영지 사람들이 예수교를 믿는 것을 허락하였다. 이것이 우리나라에 예수교가 전파된 시초이며 고나라천황後奈良天皇19) 재위기인 1549년(덴분天文 18년)의 일이다.

그 후 우리나라에 온 서양인은 교역을 하며 이윤을 꾀하는 자들 이외의 대부분은 예수교 전도를 위해 온 자들이었으며, 식견이 탁월하고 학문이 깊어 영주20)들 중 예수교를 믿는 자들이 많았다. 아시카가 요시아키足利義昭21) 시대에 이르러 예수교도들을 규슈九州로부터 불러들여 접견하였다. 교인들은 예수교를 널리 포교하기를 청하여 요시아키는 교토京都의 땅22)을 하사하였다. 이에 교인들은

---

19) 제105대 천황으로 재위기간은 1526~1557년이다.
20) 원문에는 国主와 城主로 되어 있다.
21) 무로마치 제15대 쇼군. 재위기간은 1568년~1588년이다.
22) 원문에는 方四町이라 되어 있다. 方은 정방형의 한 변의 길이를 나타내는 단위이고

사원 하나를 지어 에이로쿠지永禄寺라 불렀으나 후에 이름을 고쳐 남반지南蛮寺라 하였다. 오다 노부나가織田信長도 또한 오우미노쿠니 近江国에 오백관23)의 땅을 하사하였고 또한 이부키야마伊吹山에 땅24)을 하사하였다. 교인들은 여기에 고향의 풀과 나무를 심어 약 원薬園으로 삼았다. 이것이 예수교 사원 건립의 시초이다.

이후 예수교의 신도들은 점차 증가하였으며 규슈에서는 나가사 키長崎, 오무라大村, 야나가와柳川, 아마쿠사天草, 고쿠라小倉, 하카타博 多의 많은 사람들이 이를 받아들였다. 그 중에서도 고쿠라, 야나가 와, 오무라에서는 사원과 탑을 지어 예수교를 주창하였고 널리 선 교하였다. 산요山陽 지방에서는 야마구치山口, 히로시마広島에 많았 으며, 난카이南海 지방에서는 와카야마和歌山가 가장 성하였다. 교 토, 오사카大阪, 후시미伏見에도 신도들이 점차 증가하여 마침내 관 동의 여러 지방까지 퍼져나갔다. 노부나가는 줄곧 선교사를 우대 하였고 일찍이 택지 등을 하사하는 일도 있었으나 얼마 안 되어 살 해당했기 때문에 그 진의를 알 수 없지만, 그가 살아 있는 동안에 는 우대하는 뜻을 바꾼 적이 없었다.

이윽고 하시바 히데요시羽柴秀吉25)가 노부나가를 대신하게 되어 예수교를 응대하는 것은 예전과 같았지만 예수교도가 외국의 제왕 과 음모를 꾀하여 국가에 해를 입힌 것을 알게 되자 예수교를 금하 려 하였다. 그러나 예수교도들이 이미 서쪽 지방에 널리 퍼져 있었 기 때문에 갑자기 이를 금하게 된다면 규슈의 여러 장수들이 단결

1町는 약 109미터로, 方四町는 436미터×436미터 즉 190,096제곱미터의 땅일 것으로 추정된다.

23) 貫은 질량의 단위로 사용되었으나 전국시대의 영지를 나타내는 단위로도 사용되었다. 1貫文=2石

24) 원문에는 方五十町라 되어 있다.

25) 도요토미 히데요시(豊臣秀吉)가 오다 노부나가의 신하였을 때의 이름

할 것이고 쉽게 물리치기 어려울 수 있다는 점을 고려하여 전혀 금지의 뜻을 비치지 않았다. 1587년(덴쇼天正 15년) 규슈를 평정하기위해 급히 전국에 예수교 금지령을 내리고 선교사들에게 20일 안에 퇴거하여 다시는 일본에 오지 않도록 하였으며, 또한 나가사키에 있는 20여 명의 선교사를 잡아 책형磔刑*에 처하였으나 완전히 그 명맥을 끊지는 못하였다.

히데요시가 죽은 후 예수교의 신도들은 점차 나가사키, 오사카, 교토에서 설교했고 기나이畿內26) 지역 또한 예전으로 돌아오는 듯했다. 세키가라하의 전투関ヶ原の戦い 이후 해외 통상의 길이 열려 우리나라에 들어오는 선교사가 점차 많아져 다시금 융성해졌다. 얼마 지나지 않아 도쿠가와 이에야스는 예수교도가 음모禍心*를 꾸민다고 의심하여 고향에 돌아갈 것을 명하였고 또한 개종한 자들을 설득해 불교를 믿게 하였으며 따르지 않는 자는 유배를 보냈다. 그후 도쿠가와 이에미쓰德川家光가 쇼군이 되자 예수교를 더욱 엄히 금하여 화형에 처하거나 참수형, 책형에 처하는 등 선교사를 매우 잔혹하게 대했다. 동시에 그 종교에 입문하지 않는 자는 서약문起請文27)을 만들어 격년으로 영주에게 올리도록 하였다. 이를 종지증문宗旨證文이라 한다. 이때부터 횡문橫文28)의 서적을 배로 들여오는 것 또한 금하여 여러 분야의 학술을 연구하는 길도 전부 차단되었다.

그러던 중 고니시 유키나가小西行長의 가신이었던 아시사와蘆澤 아무개라고 하는 사람이 규슈에 잠입하여 히젠肥前과 히고肥後 지방의 예수교도들을 선동해 거병하고 아마쿠사 시로天草四郎를 지도자

---

26) 옛 일본에서 수도권에 해당하는 지역을 가리킨다.

27) 신이나 부처님에게 서약하고 어기면 벌을 받겠다는 서약문

28) 서양에서 온 문물을 다룬 책

로 세웠다. 막부는 서쪽 지방의 여러 다이묘에게 명하여 이를 토벌하게 하였고 나이젠노카미(內膳正29))인 이타쿠라 시게마사(板倉重昌)로 하여금 토벌군을 감독하게 하였으며, 그리고 이즈노카미(伊豆守30))인 마쓰다이라 노부쓰나(松平信綱)를 보내 전군을 지휘하게 하였다. 결국 반란군은 패배하여 죽임을 당하였고 세상 사람들은 이를 아마쿠사의 난(天草の亂)이라고 부른다. 노부쓰나는 나가사키에 가서 예수교를 더욱 엄격히 금지하여 외국선박의 입항을 막았으나 네덜란드만은 전투에서 공을 세운 바가 있어 통상을 허하고 해외 여러 나라의 일을 보고하게 하였으며 중국, 조선은 그 통상을 금지하지 않았다. 이와 같은 일련의 사건은 우리나라에서 예수교의 명맥을 끊고 아울러 일본과 구미 여러 나라와의 통상도 단절되게 하였다.

*책형(磔刑): 매달아서 죽이는 형벌
*음모(禍心): 모반 등을 일으키려고 하는 마음이다.

---

29) 일본의 율령제도에서 궁내성에 속한 기관인 나이젠시(內膳司)의 장관.

30) 이즈 지방을 다스리는 관직명. 실제로 지역을 통치하는 것이 아닌 명예직인 경우가 많음.

제6과 빈

    빈은 왕국, 대공국, 공국 등이 합하여 이루어진 오스트리아의 수도이다. 최근 오스트리아를 칭하여 오스트리아헝가리국이라고 하는 것은, 헝가리인이 오스트리아 정부에 헝가리의 독립을 인정하도록 독촉하자, 오스트리아의 황제가 반드시 헝가리의 수도 페스트Pesth에 가서 관습에 따라 헝가리의 왕으로 즉위하도록 한 것에 기인한다. 빈은 사방이 언덕으로 둘러싸여 있으며 평원 위에 있고 비엔Wien이라고 하는 더럽고 작은 강이 다뉴브Danube강의 지류로 흘러들어간다. 이것이 이 도시를 빈維也納이라고 이름을 붙인 이유이다.

    빈은 구도심부와 신도심부로 나뉘며 구도심부는 도시의 중앙에 있어 이를 내읍內邑이라고도 한다. 구도심의 도로는 좁고 구불구불하지만 정교하게 돌을 깔아놓았으며 건물 또한 매우 높다. 신도심은 도시의 외부에 있기 때문에 외방外坊이라고도 하며 36개로 나뉘고 그 건물은 모두 최근에 건축된 것이다. 또한 구도심과 신도심의 사이에 공터가 있는데 고리 모양을 이루고 있어 구도심을 둘러싸고 있다. 그 공터는 넓은 곳도 있고 좁은 곳도 있어 일정하지 않다. 공터에는 신구도심의 통로를 만들어 산책 장소나 놀이터를 만들고 아카시아나무와 밤나무를 심었다. 이 공터는 옛날에는 성곽이 있었던 곳인데 1857년 성곽을 무너뜨리고 공터로 만들었다.

빈의 도로는 외방까지 이르고 직선으로 넓을 뿐만 아니라 구석까지 햇볕도 잘 든다. 그리고 도시 안의 여러 도로가 모두 중앙의 한 점에 있는 세인트 스티븐St. Stephen이라고 불리는 웅장한 사원을 향해 모여 있는데, 마치 거대한 바퀴살이 바퀴통으로 모이거나 거대한 거미줄이 모두 중심으로 모여 있는 것과 닮았다. 유럽의 다른 도시들 중에 이와 같은 도로가 있는 것은 바덴Baden 대공국의 수도인 카를스루에Carlsruhe의 도심뿐이고 그 밖에는 아직 본 적이 없다.

빈이 번성해 가는 양상은 런던, 파리 및 그 밖의 도시와는 다르다. 런던, 파리의 두 도시는 백 년 동안, 인구는 도시의 중앙에서 서쪽으로만 뻗어갔고 고위관리搢紳와 부호들은 해를 거듭할수록 서쪽으로 옮겨가는 추세이다. 왜냐하면 유럽에서는 평균 3일 중 2일은 서풍이 불어 서쪽에서는 특히 신선한 공기를 얻을 수 있고 유럽 대도시 중에 가장 경치가 좋은 곳은 서쪽에 있기 때문이다. 그러나 빈의 경우 구도심은 중앙에 있고 중앙을 일컬어 가장 풍류와 정취가 있는 땅이라 하여 상업과 쾌락의 중심지일 뿐 아니라 황제 및 황족의 궁전, 옛 귀족의 저택 및 관공서도 모두 여기에 있다.

빈에는 아름다운 건물이 많다. 가장 눈에 띄는 것은 세인트 스티븐 사원으로 이 사원은 게르만 고딕Gothic 풍 건물의 모범이라고도 할 수 있고 십자형으로 건축하여 그 첨탑의 높이는 465척尺(140.9m)이다. 영국에서는 살리스베리Salisbury 사원의 첨탑이 가장 높은 탑인데 이 첨탑에 비하면 60여 척尺(약 18.18m)이나 더 낮다. 또한 프라터Prater라는 공원은 다뉴브강이 나뉘면서 생긴 섬들에 자리 잡고 있어 더욱 미려하다. 빈의 땅은 고대에는 모두 삼림이었는데 이 공원은 그 일부분이 남아 있는 것으로, 지금도 울창한 노목들이 키작은 나무들과 더위를 피하기 위한 정자를 덮고 구름 사이로 높이 우뚝 서 있다. 이 공원의 주변은 매우 조용하여 이곳을 산책하는 사람은 대도시의 한 가운데 있는 것을 잊고 인가로부터 수백 마일이나 떨어진 곳에 있는 것처럼 생각하게 된다.

빈의 건물은 모두 화려하고 쾌적하다. 특히 최근에 신축한 건물

세인트 스티븐 사원

은 프랑스 양식을 옮겨와 돌출창을 만들고, 코니스蛇腹와 기둥에는 여러 장식을 붙였으며 또한 벽의 움푹한 곳에 초상화를 두는 등 숭고함과 미려함을 중시하는 자가 많았다. 단, 빈은 아름답고 웅장한 도시지만 사람의 건강에는 좋지 않다고 할 수 있다. 그 증거가 무엇인가 하면 매년 죽는 사람이 런던은 천 명당 22명의 비율이지만 빈은 그것의 두 배가 넘는 천 명당 49명의 비율이기 때문이다.

도심에는 빈 대학교가 있어 매우 아름답다. 이 학교는 1365년 창립되어 현재 3천 명의 학생과 130명의 교수가 있다. 이 밖에도 웅장한 예능학교가 있다. 이 학교는 천여 명의 학생과 45명의 교수 및 강사가 있다. 수업에서는 응용이학理學의 모든 과목뿐만 아니라 상업의 법률 및 여러 규칙과 공업의 기초가 되는 여러 과학의 이치를 가르치고 있다.

빈은 매우 상업이 발달된 곳이다. 이 도시는 유럽의 동부와 서부의 사이를 흐르는 다뉴브 강변에 세워져, 동부와 서부의 화물을 교역하는 곳일 뿐만 아니라 유럽 전체를 모두 종횡으로 연결하는 철도 노선의 중앙에 세워져 돌이 많고 메마른 북서부와 기름지고 풍족한 남동부를 연결하고 있다.

제7과 현미경

현미경은 광학의 한 기계로 매우 작은 물체를 크게 확대하여 관찰하는 용도로 쓰이는 것이다. 그리고 현미경에는 단현미경과 복합현미경의 구분이 있다. 단현미경이라는 것은 이른바 일반적인 확대경이며 단 하나의 볼록렌즈*로 만들어졌다.

단현미경을 이용해서 매우 작은 물체를 관찰하려면 먼저 그 물체를 볼록렌즈의 초점主焼点 안에 두어야 한다. 이때 그 물체의 각 부분의 점에서 나온 광선은 볼록렌즈를 통과해 굴절하여 그 광선이 분산됨으로써 눈에 들어오는 것이다. 그리고 눈에 보이는 물체는 분산된 광선을 연장하여 그 광선이 교차하는 지점에 있는 상肖像의 크기가 된다. 즉, 위의 그림을

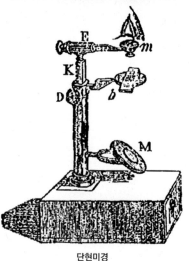

단현미경

보면 그 이치를 깨달을 수 있다.

　복합현미경은 단현미경에 비교하면 확대치가 훨씬 크다고 할 수 있다. 그리고 복합현미경은 종류가 대단히 많고 구조도 매우 다르지만 그 원리는 두 개의 조건만 갖추면 된다. 첫 번째로 현미경으로 보려는 물체는 다음의 그림에 제시하는 바와 같이 M의 볼록렌즈의 초점 가까운 곳에 있으면서 초점과 겹치지 않아야 한다. 이 볼록렌즈는 물체에 접해 있기 때문에 대물렌즈라고 한다. 두 번째로 AB의 작은 물체는 M의 대물렌즈를 통과하여 ab의 지점에 물체의 상을 만든다. 그리고 이 상은 접안렌즈라 불리는 제2의 볼록렌즈 N을 통과하여 눈으로 들어온다. 광선이 이 접안렌즈를 통과한 다음의 작용은 단현미경과 같다. 이에 따라 물체의 한쪽 끝 A에서 나오는 광선은 이 두 개의 볼록렌즈를 통과한 후 a'로부터 온 것과 같이 분산되고, B에서 나온 것은 b'로부터 나온 것과 같이 분산되는데 모두 그림을 보면 알 수 있다.

　일반적으로 복합현미경의 중요한 부분은 이미 제시한 바와 같이 한 개의 대물렌즈와 한 개의 접안렌즈로 이루어진다는 것이다. 그리고 현미경의 확대치는 두 개의 볼록렌즈가 가진 확대치를 곱한 것과 같다. 예를 들면 대물렌즈는 물체의 직경을 5배 크기로 확대하고 접안렌즈는 이것을 10배의 크기로 확대하므로 현미경의

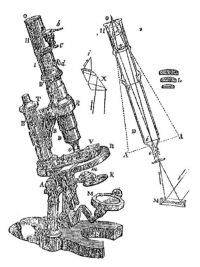

복합현미경

확대치는 물체의 직경을 50배가 되게 한다. 따라서 그 물체의 면적이 2500배의 크기에 이른다.

*볼록렌즈(凸鑒): 안쪽이 볼록한 안경으로 영어로는 렌즈(lens)라 한다.

제8과 도쿠가와 미쓰쿠니 전

도쿠가와 미쓰쿠니德川光圀의 아명은 지요마쓰千代松이다. 호는 닛신사이日新齋라 하며 조산진常山人 혹은 바이리梅里라고도 불렸다. 주나곤中納言인 도쿠가와 요리후사德川賴房의 셋째 아들이며 도쿠가와 이에야스德川家康의 손자이다. 요리후사가 죽은 후 영지를 물려받게 되어 히타치常陸 지역의 28만 석을 받았고, 종삼품從三位 참의參議 우콘에추조右近衛中将[31]로 임명된다. 은퇴 후에는 곤주나곤權中納言[32]으로 임명된다.

미쓰쿠니는 어렸을 때 미토水戸 지역의 미키 유키쓰구三木之次의 집에서 자랐으나, 제대로 돌봄을 받지 못했다. 4살 때 어떤 승려가 아이들과 어울려 놀고 있는 것을 보고는 "이 아이는 보통 사람과는 다른데 왜 성 안에 있게 하지 않고 여기에 있는가"라고 물었다. 또한 하루는 아버지 요리후사를 따라가 죄인을 참수하는 것을 보았는데 그날 밤 요리후사가 미쓰쿠니를 시험하려고 "낮에 참수한 곳에 가서 머리를 가져오겠느냐"라고 하자 미쓰쿠니는 바로 형장에

---

31) 궁중의 경비 등을 관장하는 기관 고노에부(近衛府)의 차관. 左近衛府와 右近衛府가 있었음.

32) 정원 외의 주나곤을 말함.

가서 시체의 머리를 찾았다. 그러나 머리가 무거워 손에 들고 올 수가 없어 그 머리카락을 움켜잡고 조금도 무서워하는 기색 없이 끌고 돌아왔다. 그때의 나이가 겨우 7살이었다.

요리후사는 많은 자식들이 있었지만 후계자를 결정하지 않아 쇼군 이에미쓰가 자식들 중 후계자를 선택하도록 명하였다. 미쓰쿠니가 7살 때 후계자로 뽑혀 에도로 가게 된다. 18살에 사기史記의 백이伯夷열전을 보고 역사 공부의 뜻을 품어 고이시카와小石川의 저택 안에 쇼코칸彰考館33)을 두고 유학에 조예가 깊은 신하와 함께 대일본사大日本史를 편찬한다. 이로 인해 미쓰쿠니는 정사正史에 의거해 황통을 밝히고 신하의 길을 바로 세우는 것을 자신의 책무로 삼았다. 이 책은 본기本紀 73권, 열전列傳 173권 모두 246권으로 구성되어 있다. 그 중 진구황후神功皇后를 후비后妃로 하여 열전에 넣고 오토모황자大友皇子를 본기에 올려 실어 남조를 정통화한 것은 모두 미쓰쿠니의 탁견에서 나온 것이다.

아버지 요리후사가 죽었을 때 가까이 모시던 신하 몇 명이 따라 죽으려고 하자 미쓰쿠니가 친히 그 신하의 집을 방문하여 온갖 수단으로 설득하여 이를 막았다. 그 당시의 다이묘가 죽을 때 순사殉死하는 자가 많은 것을 자랑스러워하는 풍조가 있어 도쿠가와 가문의 치세에서는 명으로 이를 금하기에 이르는데, 이는 미쓰쿠니의 주장에서 유래한 것이다. 또한 미쓰쿠니는 유학에 조예가 깊은 신하에게 명하여 머리를 기르도록 하였으며, 이들을 사회 지도층士人의 반열에 들게 하였다. 그도 그럴 것이 아시카가足利 가문의 치세 말부터 무인들은 모두 학문을 하지 않았기 때문에 승려들에게 문관의 역할을 맡아 하도록 하였다. 천하태평의 시대가 되었어도 그

---

33) 도쿠가와 미쓰쿠니가 사료의 연구를 위해 만든 연구소이자 역사서 편찬소.

풍토는 고쳐지지 않아 유학자들은 여전히 머리를 기르지 않았으니 세상 사람들도 또한 이를 속세를 등진 사람*의 무리라 하였다. 하야시 도슌林道春[34])으로부터 몇 세대 동안 계속 되었으며 도쿠가와 가문에 등용이 되어도 모두 승관僧官으로 임명되었다. 미쓰쿠니는 이를 한탄하여 "도를 배우는 자는 군신 모두 유학자인데 왜 속세를 등진 무리가 되려

도쿠가와 미쓰쿠니

하는가"라고 말했다. 이리하여 유학자들은 모두 머리를 기르게 되었다.

명나라 사람 주지유朱之瑜는 호를 순수舜水라 한다. 중국 절강浙江 지역의 사람으로 가문 대대로 명나라를 섬겼으나 청나라의 조정이 중국을 통일하기에 이르러 그 녹을 먹는 것을 부끄럽게 여겨 나가사키長崎에 왔다. 미쓰쿠니는 그가 현명하다는 소문을 듣고 스승이 되어 주길 청하였고 스스로 제자의 예를 갖추어 항상 태만하지 않았다. 미토水戸의 문학은 이로부터 더욱 흥하였다. 주지유가 죽음에 이르자 사당을 고마고메駒込의 별장에 만들어 성대하게 제사를 지내고, 남겨진 글을 30권으로 묶어 미나모토 미쓰쿠니 문집門人源光圀輯이라 하였다. 미쓰쿠니는 또한 그 묘비에 '명징군자주자의 묘明徵君子朱子墓'라 적었다. 대가를 존중하는 것은 대체로 이와 같았다.

미쓰쿠니는 일찍이 탄식하여 말하길 우리 나라(일본)의 옛 비석

---

34) 에도시대 초기의 유학자 하야시 라잔을 일컬음

은 나스노쿠니조비奈須国造碑35)보다 오래된 것이 없고, 충의는 구스노키 마사나리楠正成보다 더 충성스러운 자는 없다고 하여, 이윽고 나스노쿠니조비를 복원하여 수총인守塚人을 두었으며 또한 셋쓰摂津 지역의 미나토강湊川에 구스노키 마사나리의 비석을 세워 '오호 충신 구스노키의 묘嗚呼忠臣楠子之墓'라고 적고 비석의 뒷면에는 주지유를 기려 새겼다. 그 근처의 밭을 구입하여 이를 고곤지広厳寺의 승려에게 곁을 지키며 오래도록 향불을 태우도록 하였다. 또한 지사부교寺社奉行36)를 두어 영내에 있는 절과 신사의 제도를 정하고 음사淫祠37)를 폐하길 3천여 건, 사원을 폐하길 9백여 건, 파계승을 타이르고 설득하여 서민이 된 자가 수백 명이다. 그 밖에 오래되고 황폐한 절을 부흥시키고 개보수한 경우도 적지 않다.

미쓰쿠니는 은퇴한 후 히타치常陸 지역의 오타太田의 서쪽 산에 은거하였다. 그 집은 초가지붕에 담을 만들지 않았으며 그저 평범한 하나의 민가에 지나지 않았다. 스스로 세이잔 은사西山隠士라 칭하였으나 세상 사람들은 세이잔 주나곤西山中納言이라 불렀다. 가까운 신하 몇 명을 데리고 있었으나 노쇠하고 특별히 뛰어나지 않은 자들만으로 한정하였다. 항상 간소한 식사를 하였으며 깨끗하게 세탁한 옷*을 입고 유유자적하게 세상을 살았다. 향년 74세에 세이잔에 묻혔다. 이보다 먼저 히타치 지역의 즈이류산瑞竜山에 자신의 무덤*을 만들고 비석을 세워 '바이리 선생의 묘梅里先生之墓'라고 적은 후 스스로 글을 써 뒷면에 새기도록 하였다.

---

35) 일반적으로는 那須国造碑의 한자 표기를 사용하며, 도치기현에 있는 아스카 시대의 비석을 말한다. 국보로 지정되어 있으며 일본의 3대 비석 중의 하나이다.

36) 사원관리를 담당한 종교행정기관

37) 사신(邪神)을 모신 사당

*속세를 등진 사람(方外): 세상을 버린 사람과 같은 뜻
*깨끗하게 세탁한 옷(浣衣): 세탁한 의류
*자신의 무덤(壽蔵): 죽기 전에 만드는 무덤을 주그라(壽蔵)라고 한다.

제9과 항성 이야기

　지구에서 항성을 바라볼 때 제일 먼저 눈에 보이는 것은 그 빛의 크기이다. 따라서 항성의 종류를 나눌 때는 항상 빛의 크기를 기준으로 한다. 가장 큰 빛을 내는 것을 일등성이라고 하고 그 다음을 이등성이라고 한다. 삼등성, 사등성은 모두 이에 준한다. 그리고 육안으로 볼 수 있는 가장 작은 별은 육등성이다. 이 여러 별이 반구半球의 하늘 위에 나타나는 수는 약 3,000으로, 전 지구 위의 항성은 그 수가 이의 몇 배가 될지 모른다고 한다. 그런데 망원경을 가지고 관측할 때는 육안으로는 볼 수 없는 많은 항성이 빽빽하게 눈에 들어올 것이다. 따라서 망원경의 배율이 커짐에 따라 항성의 수가 점점 증가하는 것은 필연적이다.

　무수한 항성은 각각 모두가 태양이며 스스로 빛을 발하고 또한 그 주위에는 각각 다소의 유성이 있는데 마치 우리 태양계의 지구와 같이, 그 유성에 동식물이 생겨날 수도 있을 것이다. 그러나 이와 같은 항성은 지구로부터 매우 멀리 떨어져 있기 때문에 지구에서 보면 단지 빛 한 점에 지나지 않으며 배율이 좋은 망원경을 사용해도 그 실체를 알 수 없다. 단, 분광경Spectroscope으로 이를 비춰 보면 그 항성을 구성하는 대략적인 물질을 분별할 수 있을 뿐이다.

일반적으로 항성은 백열白熱의 광염光焰으로 둘러싸여 우리 태양계보다 더 아름답다고 할 수 있다.

항성은 그 거리가 매우 멀어서 종래에는 이를 추산하는 것이 불가능하다고 했었다. 그러나 최근 관측 기술이 점차 진보하여 그 거리의 원근을 측정할 수 있는 것이 생겼다. 대략 광속은 초속 186,000마일哩이다. 따라서 항성의 거리도 그 광선이 우리 지구에 도달하는 속도를 측정하여, 태양의 거리를 기준으로 삼아 항성을 재는 표준으로 한다. 예를 들어 가장 가까운 항성은 남반구에 있는 아름다운 별로, 그 거리는 태양과 지구의 거리에 224,000배이다. 따라서 그 빛이 지구에 도달하는 데에는 3년 반이 소요된다. 어떤 설에 의하면 일등성은 그 광선이 우리 지구에 도달하는 데에 15년 반, 이등성은 28년, 삼등성은 43년이 걸린다. 이와 같이 그 거리가 점차 요원해짐에 따라 3,500년이 지나야 그 광선이 우리 지구에 도달하는 것도 있다고 한다.

항성의 배치와 배열은 전혀 바뀌지 않는 듯 보이지만, 실은 무수한 별 모두가 정지한 것이 아니라 스스로 운동하는 것이다. 그 중에서도 지구에 가장 가까운 항성의 움직임은 이미 측량할 수 있다고 한다. 그 항성은 초속 평균 54마일의 속력으로 운행한다. 이 속력은 지구가 태양을 도는 속력의 3배이다. 우리 태양도 또한 다른 항성과 같이 운동한다는 것은 새삼 논할 필요가 없다. 그러나 태양이 운동하면 태양계의 전체도 이와 함께 위치가 바뀌게 된다. 또한 육안으로는 1개의 별로 보여도 망원경을 사용하여 관측하면 2개가 되거나 혹은 3개, 4개가 되는 것이 있다. 이를 합성合星[38]이라고 한다. 합성은 서로 중심을 돌며 움직인다.

---

38) 여러 개의 별이 하나로 보이는 현상

제10과 망원경

최근 200년 동안 천문학이 크게 진보한 것은 오로지 망원경의 덕택이다. 망원경은 멀리 있는 물체의 형태를 보는 데에 매우 긴요한 기계이며, 지금으로부터 200년 전에 네덜란드인 메디우스Methius라는 사람이 처음으로 망원경을 만들었다. 그런데 이 기계를 천문학에 실제 적합하게 만든 것은 아마도 그 유명한 갈릴레오Galileo 씨로, 메디우스 씨의 발명 소식을 듣고 이 기계를 만든 것이 그 시작일 것이다. 그 후에 이 기계의 구조는 계속 수정되며 정교해졌고 쓰임새 또한 더욱 많아져 오늘날의 발전을 이루었다.

망원경은 몇 개의 볼록렌즈를 장착하여 만든 것이다. 그 중에서도 중요한 부분은 앞뒤로 장착한 두 개의 볼록렌즈로, 앞에 있는 것을 대물렌즈라고 하고 뒤에 있는 것을 접안렌즈라고 한다. 망원

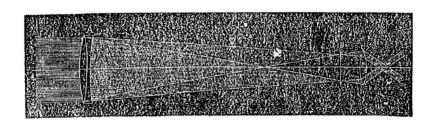

경으로 먼 거리에 있는 물체를 보면 빛이 대물렌즈를 통과하여 바로 굴절되면서 대물렌즈의 초점과 만나 여기에 물체의 상이 생성된다. 그리고 이 상에서 나온 빛이 접안렌즈를 통과하여 눈에 들어온다. 생각건대 이 기계로 물체의 형태를 보는 것은 육안으로 보는 것과 이치상 다를 바는 없지만, 물체의 형태를 확대하는 것에는 특히 뛰어나다.

망원경의 효용은 집광력과 확대치의 두 가지와 관련된다. 우선 집광력에 대해 말하자면 대물렌즈는 우리들의 눈동자보다 크기 때문에 받아들이는 빛 또한 크기에 맞춰 많아지는 것이 당연하다. 따라서 대물렌즈가 눈동자보다 천배로 커질 때는 받아들이는 빛 또한 이에 준해 천배 많아진다. 이로써 대물렌즈의 초점에 맺히는 물체의 형상은 우리 눈 속의 수정체를 통과하여 망막에 맺힌 물체의 상과 비교하면 그 밝기 또한 거의 천배에 가까워지는 이치이다. 또한 집광력은 대물렌즈의 정밀한 표면과 관련이 있다. 여기에 같은 크기의 대물렌즈 두 개가 있어, 갑 렌즈의 면을 정밀하게 연마하고 을 렌즈의 면을 거칠게 연마하여 이 두 개의 렌즈로 물체의 형상을 비춰본다면 갑 렌즈의 집광력은 반드시 을 렌즈의 집광력보다 우수할 것이다.

확대치는 첫째, 대물렌즈의 초점燒点 길이와 관련이 있다. 만약 대물렌즈의 정 가운데를 중심으로 원 하나를 그려 대물렌즈의 초점을 지름 안에 맞춘다면 물체의 상의 크기는 항상 그 원의 크기에 준할 것이다. 예를 들어 2개의 대물렌즈가 있고 여기에 동일하게 물체의 상이 맺힌다면 반경 12피트呎(365.7cm)의 원을 그릴 때는 반경 12인치吋(36.36cm)의 경우보다 물체의 상이 더욱 클 것이다. 다시 말해 초점 길이 12피트의 대물렌즈가 초점 길이 12인치보다 물체의 상이 크다는 것은 말할 필요도 없다. 둘째, 접안렌즈의 확대치 또한 모든 렌즈의 확대치에 더해 계산해야 한다. 접안렌즈의 확대치는 대물렌즈의 초점 길이와 접안렌즈의 초점 길이의 비례치에 따라 증가하거나 감소한다. 예를 들면 대물렌즈의 초점 길이를 100인치(254cm)로 하고, 접안렌즈의 초점의 길이를 1인치로 하면 그 확대치는 100배의 크기에 달할 것이다. 그러나 그 밖에 집광력을 강하게 하여 완전한 물체의 상을 맺히게 할 방법이 없을 때는 아무리 확대치를 높여도 그 기기는 거의 쓸모가 없을 것이며, 대물렌즈가 그 쓰임을 다한다면 조금은 확대치가 커지겠

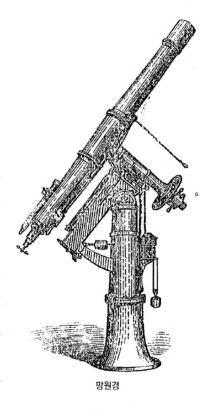

망원경

지만 바로 물체의 형상을 분간하기 어려워진다.

　망원경에는 지구에서 먼 거리에 있는 물체를 보는 망원경과 천체를 보는 망원경이 있다. 그 구조는 앞서 말한 바와 같이 빛을 굴절시켜 물체의 형상을 보는 망원경이 있고 또는 빛의 반사에 의해 물체의 형상을 보는 망원경이 있지만, 지금은 이에 대해 일일이 언급하지는 않겠다.

제11과 구마자와 반잔 전

옛날 오우미쿠니近江国에 오우미 성인聖人이라 불리는 사람이 있었는데 그의 이름은 나카에 요에몬中江與右衛門이다. 사람들은 도주藤樹 선생님이라 부르기도 했다. 도주의 문하생으로 비젠備前의 영주侯 이케다 미쓰마사池田光政를 섬기는 자가 몇 명 있었다. 구마자와 반잔熊沢蕃山은 그 중 하나였다. 반잔은 자를 료스케了介라 하였으며 아명은 지로하치次郎八이고 후에 스케에몬助右衛門으로 이름을 바꾼다. 아버지 노지리 가즈토시野尻一利는 오와리尾張 사람이었지만 교토에 살며 구마자와 가문의 여자와 결혼하여 반잔을 낳았다. 반잔은 자라나 어머니 가문의 대를 이어 성을 구마자와라 하였다.

반잔은 16살에 비젠 영주를 극진히 섬기며 모셨다. 그러던 중 일을 그만두고 교토로 유학 와서 좋은 스승을 찾아다녔지만 마땅한 인물을 만나지 못했다. 우연히 같은 숙소에 있던 사람이 오우미 오가와마을小川村에 나카에 도주中江藤樹라는 사람이 있음을 알려주며 그 사람됨을 자세히 말해주었다. 반잔은 이를 듣고 매우 기뻐하며 "지금 같은 세상에서 이런 사람을 버리고 누구를 따르겠는가."라고 하며 바로 찾아가 가르침을 청했다. 도주는 "아직 타인의 스승이 되기에는 부족하다."고 하며 거절했으나, 반잔은 더욱 간청하며 그의 집을 떠나지 않고 이틀 밤을 처마 밑에서 잤다. 도주의 어머니가 이를 보고 도주에게 권하여 지식을 가르치게 하였다. 비로소 도주는 실제로 반잔을 만나게 되었다. 반잔의 나이 23세 때의 일이다.

　그 후 7년이 지나 비젠의 영주가 반잔을 크게 중용하기를 원해 그를 불러들였다. 따라서 반잔은 다시 영주를 섬기게 되었고 두터운 신임을 얻어 드디어 반가시라番頭39)로 뽑혀 국정에 관여하게 되었고 삼천석의 녹을 하사받았다. 이에 반잔은 기대에 부응하여 국정에 전념하였는데, 빈곤을 구제하고 절개와 의리를 중시하였으며, 도박을 금하고 음사淫祠40)를 폐했으며, 군비를 철저히 하고 교육을 펼치는 등, 무릇 이 새로운 정치는 무엇 하나 사람의 눈과 귀를 놀라게 하지 않는 것이 없었다. 일찍이 영주를 따라 에도에 다다르니 여러 다이묘들이 앞 다투어 그를 초대하여 특별히 예우하였다. 어느 날 수오周防의 지방관 이타쿠라 시게무네板倉重宗가 반잔에게 "당신은 명군을 섬겨 말하는 바를 들어주시고 원하는 바를 하게 해 주셨으니, 천년에 있을까 한 후한 대우를 받았소. 그러나 당신이 그 끝을 좋게 하려면 조속히 물러나 다시 정사를 논하지 마시오."라고 말했다. '공을 이뤘으면 물러날 때를 알아야 한다'라는 말도 있으니 반잔은 깊이 감사해하며 돌아왔다.

　반잔도 또한 물러날 생각이 있었지만 특별한 예우에 갑자기 사직할 수는 없었다. 그 후 다시 에도에 오게 되는데 같이 일하는 사람과 불화가 생겨 사직을 하고 교토를 유람하다가 아카시明石에 은거하였다. 아카시의 영주 마쓰다이라 노부유키松平信之도 반잔을 스승으로 삼아 매우 정중하게 모셨다. 영주가 고가古河로 옮겨가실 때

---

39) 무가(武家)에서, 숙직·경비 따위 잡무를 처리하는 사람 중의 우두머리
40) 사신(邪神)을 모신 사당

반잔도 또한 따라갔다. 그러던 중 반잔은 막부에 상소를 올려 대대적으로 정사政事를 비판하자 막부는 그를 고가에 가두도록 명하였으나 특별히 부인과 함께 할 수 있도록 허락하였다. 유폐된 지 몇년이 지나도록 전혀 우울해 하는 기색이 없었다. 평소 다른 사람과 문답問答[41]한 것을 모아서 슈기와쇼集義和書,[42] 가이쇼外書[43] 수십권을 저술했다. 73세에 결국 유폐 중에 죽어 게이엔지鮭延寺에 안치된다. 무덤을 참배하는 사람은 지금도 끊이지 않는다고 한다.

반잔의 학문은 도주에게 배우기는 했으나 그 의견은 서로 같지 않았다. 슈기와쇼에서도 도주를 비판한 부분이 적지 않다. 부쓰 소라이物徂徠[44]라는 사람이 반잔을 평하길, "반잔은 백년에 한번 나올만한 유학자의 거벽巨擘이며 인물은 반잔, 학문은 진사이仁斎[45]"라고 말했다. 반잔은 또한 스스로 한탄하여 "지금의 승려들은 대부분 수행을 하지 않는다. 만약 석가가 본다면 이를 무엇이라 할 것인가. 우리 유학의 길도 또한 그렇다. 공자가 지금의 유학자를 본다면 어찌 한탄하지 않겠는가."라고 말하였다.

반잔은 이전에 기이紀伊의 영주에게 가서 한 선비士人를 보았다. 용모가 수려하여 보통 사람과는 달랐다. 서로 눈을 떼지 않고 주시했지만 결국은 한마디도 나누지 않고 헤어졌다. 반잔은 영주를 알현하며 "지금 한 선비를 보았는데 그는 신하입니까 처사處士[46]입니까?"라고 물었다. 영주가 말하길 "그는 우리를 위해 병서兵書를 강

---

41) 묻고 대답하는 형식으로 진행되는 일종의 강의
42) 구마자와 반잔이 학문, 사상, 시류에 대해 쓴 문답 형식의 대표작
43) 集義和書에 실리지 않은 글을 모아낸 책
44) 일본 에도 중기의 유학자 오규 소라이(荻生徂徠)를 말함.
45) 에도 시대의 유학자, 사상가 이토 진사이(伊藤仁斎)를 말함.
46) 벼슬을 하지 않는 재야의 인물

의하는 처사 유이 쇼세쓰由井正雪47)라고 하는 자이다.”라고 했다. 반잔은 이를 듣고 “내가 그 용모를 자세히 보고 그 뜻을 살펴보니 영주님께서는 다시는 그와 같은 자를 가까이 두시면 안 됩니다.”라고 말했다. 다른 날 쇼세쓰가 영주를 알현하여 “전날 퇴청을 하다가 한 선비를 보았는데 그는 누구입니까?”라고 물었고, 영주가 말하길 “그는 우리를 위해 경서를 강의하는 오카야마岡山의 신하 구마자와 료스케了介라는 자이다.”라고 말하였다. 쇼세쓰는 정색을 하고는 “내가 그 용모를 자세히 보고 그 뜻을 살펴보니 영주님께서는 다시는 그와 같은 자를 가까이 두시면 안 됩니다.”라고 말했다.

---

47) 에도시대 초기의 병법학자로 1651년 낭인을 이끌고 막부를 전복하려다 발각된 사건(慶安の変)의 주모자.

제12과 로마 1

고대 로마는 당시 세상에 알려진 바와 같이 전 세계의 수도였다. 그 수도의 건설은 기원전 754년이라고 전해진다. 이 도시는 처음에는 하나의 작은 시였으나 해를 거듭하면서 광대해져 결국은 세계에서 가장 번성한 도시가 되었다. 당시는 명망 있는 여러 나라를 공격하고 정벌하기 위해 군대를 출병시키고 유럽, 아시아, 아프리카의 세 대륙을 진압하기 위해 총독을 파견하기도 하였다.

고대 로마는 처음에는 바다에서 16리 떨어진 테베루강Tiber의 동쪽 기슭에 세워졌으며, 이 도시는 베스파시아누스Vespasian 황제 치하에서 크게 융성하여 인구가 거의 200만이 되었고 이는 지금의 파리 인구와 비슷하다. 단 그 인구의 삼분의 일은 노예이다. 고대 로마에는 아름다운 사원, 거대한 궁전, 그 밖에 다양한 기념물이 매우 많다. 또한 이 도시의 주변에는 화원, 유원지가 있으며 원내는 울창한 수목이 우거져 있고 넓은 가옥, 아름다운 동상이 여기저기 산재해 있다. 당시 이 도시에는 궁전 17,000개, 분수 13,000개, 황제 및 장군의 동상 4,000개, 말 탄 동상 27개, 목욕탕 10,000개, 극장 3,000개가 있었다고 한다.

고대 로마의 최대의 건축은 콜로세움Coliseum이다. 콜로세움은 타원형이며 그 바깥 둘레는 1마일의 3분의 1, 높이는 157피트이다.

아치Arch 위에 또 아치Arch	겹쳐진 모습은
옛 로마의 군대가	적과의 전투에서 이기고
빼앗은 사냥감을	쌓아 올린 그 위에
높은 누각을 세운 듯	많이도 닮았구나

이 건물은 진검으로 시합하는 유희 또는 야수와 인간이 싸우는 유희를 보여주기 위해 마련된 것으로 그 면적은 5에이클(3357m²)이다. 관객석은 경기장보다 위쪽에 있고 한 층 위에 더 높게 한 층을 쌓아 올려 마치 높은 곳에 오르는 것과 같았으며 대략 8만 명의 관객을 수용할 수 있었다.

콜로세움에서 처음 경기가 있었을 때 장내에서 죽임을 당한 야수들은 5,000마리에 이른다. 또한 아드리안Adrian(혹은 Hadrian) 황제가 생일을 기념하여 경기를 개최했을 때 싸움에서 죽은 야수는 1,000마리에 이른다고 한다. 이 중 수사자 암사자가 각각 백마리였다. 이렇게 경기는 이후 오랫동안 계속되었으나 기원 403년에 이르러 동양의 수도사 텔레마코스Telemachus라는 자가 우연히 로마에 와서 이 경기를 보고 그 잔인한 모습에 참혹함을 느껴 바로 경기장으로 뛰어 내려가 관객을 향해 경기 중단을 간청하였으나 관객들은 오히려 화를 내고 돌을 던져 결국은 텔레마코스를 죽였다. 그러나 텔레마코스의 죽음 이후 이러한 경기는 없어졌고 민중들이 보는 일은 결코 없었다.

나는 오늘날 콜로세움의 유적을 잠깐 보는 것만으로도 소름끼치고 가슴이 마구 요동치게 되는데, 더군다나 내가 당시에 태어나서 8만의 관객이 경기장의 승부에만 주의를 기울여 현대인의 꿈에도 나오지 않을 참사를 눈 앞에서 보게 된다면 어떤 심경이었으랴. 당시 로마인은 고통스럽게 피 흘리는 일을 재미로 삼았으며 도의를 지키지 않는 자, 또는 로마의 국법을 어긴 자는 경기장에 던져 야수의 먹이로 삼는 일이 종종 있었다.

콜로세움은 이렇듯 비참한 곳이지만 지금은 비애를 불러일으키는 곳이 되었으며, 그 건축물은 해마다 허물어져 가고 벽이나 아치에는 온갖 나무와 풀과 꽃이 피어 어린 나무는 회랑을 덮고, 경기장의 중앙에는 십자가가 서 있고 관객의 자리 아래에는 새 둥지만이 많이 남아 있다. 그래서 이곳에 오는 자들은 옛 모습을 추억하여 모두 눈물을 흘린다고 한다.

중기에 이르러 로마는 국토도 좁아지고 인구도 감소하여 영국의 다섯 번째 도시와 같아졌다. 특히 14세기경 로마교황이 로마를 떠나 프랑스 남부의 아비뇽Avignon에 머물게 된 이후로는 로마 인구가 불과 17,000명 정도밖에 되지 않았다. 또한 오늘날의 로마는 예전 제정시대 로마와 비교하면 하나의 도시라기보다는 그 기념물이라고 할 수 있을 정도이다. 왜냐하면 로마에서는 과거의 유적이 현재의 건축물보다 많고 과거 사람들의 혼적이 현재를 살아가는 사람의 그것보다 많기 때문이다.

현재의 로마는 바깥 둘레 12마일의 성벽에 둘러싸여 있고 16개의 성문이 있어서 성안은 매우 넓지만 사람들의 주거지는 그 3분의 1에 지나지 않는다. 그 밖에는 시장, 포도원 및 시민의 공원 등이 있고 그 외의 대부분은 황무지이다. 또한 '코르소'라 이름 붙인 도로는 폭도 넓고 길이 1마일에 걸쳐 세로로 곧게 나있지만 그 외에는 대체적으로 좁고 굴곡이 있으며 돌도 깔지 않아 먼지가 가득하다. 썩어서 무너지고 있는 집이 지극히 미려한 궁전과 나란히 서 있어 보는 이들로 하여금 회한의 눈물을 흘리게 한다.

그러나 도시 로마는 비교할 수 없는 정취를 갖고 있다. 사원, 궁전, 수도원, 도서관, 공원, 분수, 동상 그 밖의 많은 공공건물, 관사가 도처에 있다. 그 양식은 건축물마다 달라서 같은 모양인 것이 없어 언제 봐도 질리지 않는다.

제13과 로마 2

로마에는 삼백여 개의 사원이 있고 그 중에는 매우 화려하고 정교한 곳이 많다. 또한 80여 곳의 궁전이 있다. 그리고 로마 귀족이

로마의 성 베드로 성당

거주하는 넓은 저택이 곳곳에 산재해 있다. 시가지 여러 곳에 분수가 있고 청량하고 온화한 공기 중으로 은색의 물기둥이 뿜어져 나와 지나가는 사람은 이를 보고 모두 기뻐한다. 로마의 건축물 중 가장 큰 것은 바티칸Vatican과 성베드로St. Peter 성당이다.

바티칸은 세계 제일의 큰 건물이다. 여기는 로마 교황이 겨울에 머무는 궁전으로서 만천 개의 방과 8개의 큰 누각이 있다. 궁전 안에는 또한 20개의 정원과 많은 수의 화원이 있어 풀과 꽃, 나무를 심었으며 분수를 설치하였다. 또한 궁전 안에는 고금을 막론하고 널리 수집한 세계적인 예술품과, 세계 각국의 언어로 쓰인 서적 10만권, 사본 2만 5천 권을 소장하고 있었다고 한다.

성베드로 성당은 세계 제일의 대성당으로 세상에 알려져 있다. 이 성당의 돔 천정은 시와 그림의 두 방면에서 뛰어났던 미켈란젤로Michelangelo Buonarroti가 72세의 나이에 그린 것이다. 이 성당을 건축하는 데에 176년의 세월이 걸렸고 경비는 천만 파운드가 들었다고 한다. 내부 장식의 아름다움은 세계의 다른 성당보다 뛰어나고 거대 돔 건물 앞에는 공원, 분수 등을 설치해 아름다움에 아름다움을 더하였다.

지상에 있는 로마 외에도 지하의 로마가 있다. 지하의 로마는 종교상의 이유로 죽임을 당한 초창기 예수교도의 무덤으로 그 수가 50개이다. 이 무덤에 묻힌 자는 수천 명에 이를 것이다. 이 무덤은 일부러 만든 것이 아니라 오랜 옛날 로마시를 건축할 때 자재로 쓰기 위해 땅 속의 바위를 잘라 꺼내고 난 뒤에 남겨진 돌의 터널이며, 이 터널이 곧 무덤이 된 것이다. 현재 파리 남부의 지하에도 이런 종류의 무덤이 있다.

고대 로마는 물에는 부족함이 없어 아홉 갈래의 아름다운 수로를 건설해 근처의 언덕에서 수정과 같은 맑은 물을 흘려보냈다. 그러나 그 후 수로를 사용하지 않게 되었고 오늘날에는 단 세 갈래의 수로만을 사용하고 있다. 또한 고대 로마인은 도로를 만드는 것에 무엇보다 뛰어났다. 가장 견고한 도로는 아피안 도로이다. 이 도로는 사각의 돌조각을 깔아 만든 것으로 지금도 건재하다.

1859년 이탈리아의 새 왕국을 건설할 당시 수도는 플로렌스Florence였다. 플로렌스는 이탈리아의 가장 큰 도시로 아르노Arno 강변에 건설되었다. 해변으로부터는 50마일 떨어져 있으며 아름다운 언덕으로 둘러싸여 있다. 시내의 홀리 크로스Holly Cross 성당은 유명한 사원으로 영국에 웨스트민스터 사원이 있는 것과 같다. 이 사원에는 이탈리아의 대가 단테Dante, 미켈란젤로Michelangelo, 갈릴레오Galileo 등의 유골이 안치되어 있다. 1870년에 플로렌스에서 로마로 수도가 바뀌었다.

베네치아Venice도 또한 이탈리의 큰 도시이다. 바다 위에 세워진, 세계에서도 가장 기이한 도시 중 하나이다. 운하는 도로의 역할을 하며 하천을 오가는 배는 마차의 역할을 한다. 시내는 항상 조용하여 번잡하지 않다.

넓고도 좁은 길에, 모든
저 궁전 돌 위에
이 성문의 주변에는
매우 번성했던 바다에
우리들 육지에서 배를 타고
그 마을들을 노 저어 돌아
꿈길을 더듬어 가는 듯하구나

간만의 조수가 오가고
바다의 해초는 틈도 없고
사람의 발자국도 없이
왕래의 길이 놓여 있다.
파도에 떠도는 도시로 들어가
흔들거리며 갈 때에는

베네치아는 오래전 강대한 공화국의 수도였다. 공화국은 아드리아Adriatic의 해상에서 위엄을 떨치며 키프러스Cyprus의 모레아Morea 까지 그 영토로 하였다. 이 나라의 대통령을 도제Doge라고 한다. 도제는 공작의 의무로 매년 한 번 성대한 의식을 치르는데 아드리아 해와 혼인을 맺는 것이 관례였다. 도제의 시조는 서기 809년에 처음으로 작위를 수여 받았으며 그 후 도제의 작위를 수여 받은 자는 79명이다. 마지막 도제는 1797년에 폐해졌다.

로마는 오래전 세상에 알려진 세계의 중심이다. 또한 무력에 의해 세워진 가장 강력한 나라였으며 당시 명망 있는 나라들은 어디나 로마에 공물을 바쳐야만 했다. 요컨대 당시는 병력과 무예를 권력과 위세의 원천으로 여겼으며, 지중해를 지구의 중앙으로 생각해 둘도 없는 큰 바다로 인식했던 것이다. 그러나 지금은 무역 상업이 권력과 위세의 원천이 되었고, 대서양이 만국 왕래의 큰 길이 되었다. 그렇기에 권력과 위세의 조류는 로마 및 지중해의 해변 쪽으로 흐르지 않고 영국과 대서양 저편의 합중국을 향해 흐르게 되었다.

제14과 도쿠가와시대의 풍속 1

도쿠가와 이에야스德川家康는 막부를 연 후 조정을 받들고 신불神
仏을 공경하며 오로지 문무에 힘써 거칠고 난폭한 풍토를 일신했
다. 또한 스스로 검약하여 항상 화려함을 멀리하고 검소함을 근본
으로 삼았기에 백성들이 모두 이를 본받기에 이르렀다. 도쿠가와
히데타다德川秀忠의 시대에 서민들이 멋대로 큰 칼을 차는 것을 금
지하고 또한 난폭하고 무례한 풍토를 바로잡고자 하였다. 메이와明
和(1764~1772) 연간 도쿠가와 이에하루德川家治가 겐반노가미玄蕃頭[48]
다누마 오키쓰구田沼意次를 로주老中로 중용하고 세금을 걷으며 내
기도 허용함에 따라 노름꾼이 무리를 지어 공공연하게 노름을 하
여 다시 금지할 수밖에 없었다.

뒤이어 엣추노가미越中守[49] 마쓰다이라 사다노부松平定信가 로주
가 되자 검약을 존중하고 군비를 엄격히 하여 종전의 폐단을 고쳤
지만 로주에서 물러나자 사람들은 다시 사치를 하게 되었고 그 폐
단은 이전보다 더하였다. 덴포天保(1830~1843) 연간에 도쿠가와 이

---

48) 일본 율령제에서 외교나 승려의 명부를 관리하는 관청인 겐바(玄蕃)의 장관
49) 에추(越中) 지역을 다스리는 직책

에요시德川家慶는 천하에 명하여 의복과 세간살이의 사치를 금하고 그 취지를 밝혔으나 세상 사람들은 오히려 그 명의 엄격함을 헐뜯었다. 그 후 외국과 교류를 시작함에 따라 외국의 풍습을 따르는 자, 우리나라(일본) 고유의 풍습을 지키는 자 혹은 서민이 칼을 차고 무사의 행세를 하는 자, 무사의 칼을 내려놓고 농민이나 상인으로 살아가는 자가 있어 그 행태가 매우 다양했다.

초대 도쿠가와德川 때에는 귀천에 관계 없이 면으로 된 옷을 많이 입었다. 이는 오로지 검약을 존중하는 데에서 나온 것이다. 또한 그 즈음부터 우비雨合羽를 활용하게 되었다. 우비는 종이 재질의 민소매 모양에 기름을 바른 것이다. 후세의 보즈갑파坊主合羽라는 것이 바로 이것이다. 또한 호소카와 산사이細川三斎라는 사람은 매우 다도를 좋아했는데 겨울에 차를 마시는 모임에서 발이 차가워지는 것을 염려하여 어머니가 면으로 된 다비足袋50)를 만들어 주었다고 한다. 그 이전에는 가죽으로 만든 다비에 구멍을 뚫기도 하였으나 이때부터 일반적으로 면으로 된 다비를 사용하게 되었다고 한다.

당시에는 위아래를 막론하고 모두 소박하였으며, 여성의 오비에 비단이나 고운 명주 등을 활용하는 자가 있기는 했으나 넓이는 한 폭(약 30~38cm)을 모두 사용하지는 않고 다섯 개로 자르거나 세 개로 잘라 오비로 사용하였다. 메이레키明曆의 대화재51) 이후 점차 사치스러워져 남자들도 면으로 된 옷을 입는 자가 적었고, 여자들의 오비도 둘로 자른 것을 사용하다가 결국은 한 폭의 비단, 고운 명주를 사용하게 되었으며 이를 마루오비丸帶라 하였다. 또한 비가

---

50) 발가락이 갈라진 일본식 버전
51) 1657년 3월2일부터 4일까지 계속된 대화재로 에도의 절반이 불탔다.

오면 여자들이 길을 걸을 때 유카타浴衣를 뒤집어쓰기도 하였으나 교호享保(1716~1736) 연간에 천으로 된 비옷을 쓰기 시작하면서 유카타를 쓰는 일은 없어졌다. 그 후 의복은 점차 사치스러워져 끝이 없었으니, 한때 꽃문양을 염색하여 만든 의복에는 은화 150몬메匁 (약 0.56kg) 이상을 쓰지 않도록 제한을 두었지만 결국 그 명은 실행되지 못했다. 150몬메는 지금의 금 2원 50전 상당이다.

제15과 도쿠가와시대의 풍속 2

　게이초慶長(1596~1615) 연간 이전에는 아즈마의 사람이 수염이 적은 것을 겁쟁이라고 비웃었으나 그 후 수염을 면도하는 풍습이 점차 유행하였다. 또한 남자는 앞머리를 잘라내어 성인임을 나타냈으며, 여자는 눈썹을 없애고 무쇠를 우려낸 물에 치아를 물들였으며 시마다마게島田髷52)를 마루마게丸髷53)로 바꾸는 것으로서 성인식을 치렀다. 덴나天和(1681~1684) 연간에 기노 무네나오紀宗直라는 사람이 있었는데 궁중 법도에 정통하였다. 하루는 직공에게 귀이개가 달린 간자시簪54)를 만들게 하여 여자의 머리 장식으로 꽂게 하였다. 이 간자시는 10년 정도 지나자 국내에 널리 퍼져 지금은 일반적인 풍습이 되었다. 빗이나 비녀와 같은 것에도 거북의 등껍질을 사용하고 나막신의 끈에 우단55)을 사용하게 된 것도 모두 교호享保(1716~1736) 연간 이후의 일이다. 또한 이전에는 남자가 천으

---

52) 정수리에 상투처럼 크게 틀어 올린, 에도 시대 미혼 여성의 전통 머리 모양
53) 머리 뒤쪽에 납작한 타원형으로 머리채를 묶은 에도, 메이지 시대 기혼 여성의 머리 모양
54) 일본식 비녀
55) 벨벳

로 호카부리頰被り를 하거나, 복면覆面을 쓰는 것이 성행하였지만 도쿠가와 이에쓰나德川家綱의 시대에 이를 금지하였다. 호카부리라는 것은 비단 혹은 베로 얼굴을 감싸고 그 위에 삿갓을 쓰는 것이다. 복면이란 비단과 포목으로 얼굴의 절반을 덮는 것을 말한다.

담배는 게이초 무렵에 우리나라에 들어온 것으로 사람들은 앞다투어 이를 애용하였다. 처음 담배를 필 때는 잎을 말아서 대나무 통에 넣어 연기를 흡입했지만 나중에는 놋쇠 연통을 이용하였는데, 손님에게 이를 대접하는 예법이 있었다. 도쿠가와 히데타다德川秀忠는 이 때문에 재물의 낭비가 심한 것을 우려해 엄격하게 금지하였지만 해가 갈수록 심해졌다. 메이레키明曆(1655~1658) 연간 에도에 큰 화제가 있었는데 당시의 로주 마쓰다이라 노부쓰나松平信綱는 이 화재가 담배를 좋아하는 자의 실수로 불이 난 것이라고 생각하여, 야마다山田라는 자에게 명하기를 담배를 즐기는 자가 실수로 담뱃불을 떨어뜨려 그 자리를 태운 경위와 형벌에 처해진 모습을 그리게 하여 담배의 해악을 민중들에게 보여주는 일도 있었다. 그러나 지금은 신분의 귀천 없이 일반인도 담배를 피우게 되었다.

도쿠가와 이에야스德川家康 시대에 바둑의 명인 혼인보 산사本因坊算砂와 장기의 명인 오하시 소케이大橋宗桂가 있었다. 두 사람 모두 막부를 섬겨 자손 대대로 그 업무를 맡았으며 원로에게 이기는 명인, 고수가 연이어 세상에 나왔다. 또한 가부키歌舞伎라는 것도 세상에 나오게 되었다. 원래 가부키란 덴쇼天正(1573~1592) 연간 교토京都에서 활약한 이즈모出雲의 무녀 오쿠니阿国로부터 시작되었다. 오쿠니가 여러 지방을 돌다가 에도에 와서 공연을 한 것은 1606년(게이초慶長 11년)이라고 한다. 또한 조주리浄瑠璃는 처음 비와법사琵琶法師56) 다키노瀧野, 사와스미澤住로부터 흥행이 되어 메누키야 조사브로目貫屋長三郎, 사쓰마 조운薩摩浄雲 등이 이를 이어나갔으며, 단막극

공연이 많았으나 엔쿄延享(1744~1747), 간엔寬延(1748~1751) 시대에 이르러 단막이 연결되는 작품이 등장하면서 드디어 흐름이 크게 바뀐다. 그 시작은 인형을 조종하는 것이었지만 겐로쿠, 교호 경부터 가부키 배우도 본업인 춤만을 전문으로 하지 않고 인형의 움직임을 모방하여 단막이 연결되는 연극을 만드니, 오래된 형식을 대폭 바꾸어 지금의 연극이 되었다. 이때부터 덴가쿠田樂가 끊기고 가부키가 활발하게 상연되어 당시의 사람들은 이를 보고 그 풍속을 따라하게 되었다. 도쿠가와 이에미쓰德川家光는 스모를 좋아하였고 세상 사람들도 스모를 좋아하여 에도성 외곽의 한적한 곳에 모여 사람들이 서로 승부를 겨루었다. 이에미쓰도 때때로 밤을 틈타 가까운 신하 두 세명과 함께 이곳에 와서 스모를 한 적도 있었다고 한다. 아카시 시가노스케明石志賀之助, 니오 진타로仁王仁太郎라는 힘센 자들이 있어 군중을 압도하니, 간에이寬永(1624~1644) 연간에 힘센 자들을 모아 에도 요쓰야四谷에서 스모 경기를 열었다. 간진스모勸進相撲는 이때 시작되었다고 한다.

---

56) 거리에서 비파를 연주하는 법사. 헤이안 시대부터 기록이 있으며 주로 눈먼 승려가 비파를 연주하며 이야기를 들려줌.

제16과 아라이 하쿠세키 전

아라이 하쿠세키新井白石의 이름은 기미요시君美라고 한다. 에도 사람이다. 아버지 마사나리正済는 구루리久留里의 제후를 섬겼는데 제후가 어린 하쿠세키를 예뻐하여 항상 곁에서 시중을 들게 하였다. 하루는 모리오카盛岡의 제후가 와서 하쿠세키의 용모를 보고 범상치 않다고 여겨 말하기를 "나는 아직까지 후손이 없기에 이 아이를 양자로 들여 내 아이로 삼고 싶소."라고 하였다. 제후가 "이 아이는 내 아이가 아니라 신하의 아이요."라고 하자 모리오카의 제후가 "그러면 나에게 이 아이를 맡겨 주시오. 성장을 지켜보며 천석의 녹을 주려하오."라고 말하였으나 제후는 이를 거절하였다.

하쿠세키는 세 살 때 글자를 쓸 수 있게 되어 항상 '천하일天下一'이라는 세 글자를 쓰며 놀았다. 여섯 살에 서적을 능히 읽었다. 일곱 살에 부모님을 따라 연극을 보고 집에 돌아와서 그 줄거리를 이야기하는데 조금도 잊어버린 곳이 없었다. 열 살에 제후의 곁에서 시중을 들게 되어 항상 제후 대신 서간의 초안을 작성하였는데 거의 어른이 쓴 것과 다를 바 없었다고 한다.

장성하자 크게 탄식하며 말하길 "괜찮다, 살아서 다이묘가 되지 못하면封侯* 죽어서 염라왕閻羅王*이 될 것이다."라 하였다. 이때부

하쿠세키가 네덜란드 사절단을 알현하는 장면

터 오로지 서적을 연구하여 경사백가經史百家*에 통달하였다. 하쿠세키는 도쿠가와 이에노부德川家宣가 쇼군이 되기 전에 이미 부름을 받아 유관儒官으로서 특별한 대우를 받았다. 이에노부는 하쿠세키가 강의進講*를 마치면 반드시 자리를 마련하여 국가의 일에 관해 논하도록 하였다. 후에 이에노부가 입신하여 쇼군이 되자 하쿠세키도 시강侍講[57]이 되어 오백석의 녹을 하사받고 일의 크고 작음에 관계없이 반드시 명을 받들어 자문을 하였다. 조선의 사신이 조정을 방문來聘*하였을 때 하쿠세키를 종오위從五位 아래의 지쿠고노가미筑後守[58]로 삼아 사신을 접대하게 하였다. 하쿠세키는 연회나

---

57) 주군에게 글을 강의함 혹은 그 벼슬

알현과 같은 의식儀式에서 기존의 폐습을 많이 개혁하였다. 이러한 활약으로 드디어 천석의 녹을 하사받게 되었다.

하쿠세키는 일찍이 로마인과 네덜란드의 사절단을 따라 견문하고 그 보고 들은 사항을 모아『채람이언采覽異言』『서양기문西洋紀聞』등의 서적을 저술하였다. 이를 우리나라(일본)에서 양학을 외치며 일으킨 시작이라 하겠다. 그 후 오쓰기 겐타쿠大槻玄沢가『육물신지六物新誌』라는 책을 저술하기도 하였다. 네덜란드의 학문은 아라이 하쿠세키에서 시작되었다고 말하는 것도 이 때문이다. 하쿠세키는 학문이 깊고 저술이 많을 뿐만 아니라 당시의 정치에 관여하여 그 공도 적지 않다. 그야말로 어렸을 때 천하일天下一이라고 썼던 것도 스스로 그 공적을 예언한 것이라 하겠다.

*봉후(封候): 다이묘가 되는 것
*염라왕(閻羅王): 염라대왕
*경사(經史): 경서와 역사
*진강(進講): 임금이나 주군 앞에서 강의함
*내빙(來聘): 선물을 지참하고 와서 알현하는 것

---

58) 현재 후쿠오카 남부에 해당하는 지쿠고(筑後) 지방을 다스리는 관직

제17과 양학의 융성

쇼군 도쿠가와 이에미쓰德川家光는 예수교의 해악을 우려해 외국의 상선에 명하여 서양 서적의 반입을 금지하였는데, 이 때문에 서구 여러 나라와의 통상이 끊겼을 뿐만 아니라 서양 학술의 전래도 막히게 되어 실로 우리나라의 문화에 커다란 불행이라 하지 않을 수 없다. 그러나 유일하게 네덜란드와의 통상은 그 후로도 전혀 끊기지 않아서 의술, 포술, 지리의 학문을 강의하는 자 또한 끊이지 않았다.

거의 백년이 지나 쇼군 도쿠가와 요시무네德川吉宗는 천문, 역수曆 數59)를 배우게 되었을 때 네덜란드가 그 기술에 정통함을 알고 나가사키 사람인 니시카와 조켄西川如見을 불러 친히 그에 관한 일을 물었다. 이 즈음 통역사 니시 젠사부로西善三郎, 요시오 고규吉雄幸作 등이 도모하여 네덜란드의 서적을 공부하고 읽고자 청하였는데 결국 허가를 받아 책을 읽을 수 있게 되었다. 요시무네 또한 네덜란드의 책을 구해 읽고 도면의 정밀함에 감탄하여 책에서 말하고자 하는 바를 알기를 원했기에 에도 사람인 아오키 분조青木文蔵를 막부의 유학자로 삼고 노로 겐조野呂元丈와 함께 난학蘭学60)에 종사하

---

59) 태양이나 달의 움직임을 관찰해 달력을 만드는 기술

게 하였다. 이때부터 네덜란드의 사신이 에도에 당도할 때마다 분조 등이 옆에 붙어 그 나라의 언어를 듣고 통역사를 통해 그 뜻을 알 수 있게 되었다. 그러나 사신이 오는 것은 1년에 한 번뿐이었기 때문에 몇 년이 지나도 알 수 있는 문자는 몇 개에 지나지 않았다.

그 후 분조는 목숨을 걸고 나가사키에 가서 니시 젠사부로 등과 함께 난학을 연구하여 조금씩 성과를 얻게 되었는데, 젠사브로는 알맞은 번역어를 고르는 데에 힘을 쏟았으나 그 일을 완수하지 못하고 죽었다. 분조는 홀로 남겨져 학업에 매진하기를 수년, 일상에서 사용하는 단어 400여 개를 암기하고 그 문자의 읽는 법, 체제 등을 익혀 에도로 돌아왔다. 이때 요시무네는 이미 사망하였고 상황은 예전과 같지 않아 스승과 동료, 서적 모두 부족했기 때문에 분조가 저술할 수 있는 것은 네덜란드어 문자 입문서, 네덜란드어 회화서 등에 불과했다.

당시 나카쓰번中津藩의 의사 마에노 료타쿠前野良沢라는 인물이 있어 외국 책 읽기를 즐겼다. 어느 날 그는 네덜란드 책의 찢겨진 일부를 보고 그 책을 읽고 싶어 분조의 문하생이 된다. 분조는 열정에 감탄하여 자신이 알고 있는 바를 모두 전수하였다. 나카쓰의 제후도 그 의지를 칭찬하여 료타쿠를 나가사키長崎에 유학보낸다. 료타쿠는 네덜란드 단어 육칠백개를 암기하여 돌아간다. 그 후 다시 나가사키에 유학을 갔는데 통역사는 단지 네덜란드의 말을 알 뿐이고 독서, 번역의 작업에 능통한 자는 없었다. 따라서 연구에 몇 년을 투자해도 가장 중요한 부분을 파악하지 못하고 단지 수백 개의 번역어와 의학서 몇 부를 얻었을 뿐이다. 에도에 돌아간 후 그 암기한 번역어를 근거로 이것 저것 참고하니, 육칠년이 지나자 드

---

60) 네덜란드 학문

디어 조금은 알아낸 바가 있어 번역에 착수할 수 있게 되었다. 네덜란드 번역입문서, 네덜란드어 사전, 구문 참고서 등을 저술하였다. 세상 사람들이 칭하기를 난화蘭化 선생이라 하였다.

가쓰라가와桂川 가문은 대대로 네덜란드 외과 의술로 막부의 의사가 된다. 그 시조를 가쓰라가와 호치쿠桂川甫筑라 한다. 4대손 가쓰라가와 호슈桂川甫周는 스기타 겐파구杉田玄白와 함께 료타쿠의 문하생이 된다. 겐파쿠는 오바마小浜 제후의 의사가 된다. 일찍이 네덜란드의 신체 해부서를 구했고, 실제로 이를 시도해 보려 하였다. 우연히도 관의 명이 있어 죽은 사형수의 장기를 보게 되었는데 그림에 실려 있는 것과 조금의 차이도 없었다. 겐파쿠는 크게 깨달아 이 책을 번역하려 하였고 우선 언어와 문자를 배워 번역에 착수하지만 하루에 한 단어를 이해하는 것도 어려웠다. 혹은 한 구절을 번역하는 데에 며칠을 허비하기도 하였다. 드디어 몇 해가 지나 번역어도 조금씩 소화하게 되어 4년간 초고를 11번이나 고쳐 비로소 번역을 마치고. 해체신서解体親書라 이름을 붙인다. 이를 네덜란드 서적 번역의 시초라 하겠다.

센다이仙台 사람 오쓰기 겐타쿠大槻玄沢는 겐파쿠 등이 번역에 종사한다는 것을 듣고는 에도에 와서 겐파쿠의 문하생이 된다. 겐파쿠는 그 의지를 크게 사 지도에 매진하였다. 겐타쿠는 의술을 수련하는 데에 그치지 않고 널리 네덜란드 서적을 읽으려 하였으며 또한 마에노 료타쿠를 따라 난학을 연구하였다. 그러나 이에 만족하지 못하고 나가사키에 유학하기를 수년, 에도에 돌아간 후에 난학개설서를 저술하여 난학의 개요를 제시하였다. 이 책을 보고 난학을 수학하고자 하는 자가 매우 많았다. 이후에 막부로부터 매년 은화 20개를 받고 네덜란드 서적을 일본어로 해설하였다. 이는 막부가 양학을 여는 시초가 된다. 겐타쿠가 저술한 『개정판 해체신서重

訂解体新書』, 『환해이문環海異聞』, 『난원적요蘭畹摘芳』,61) 『북변탐사北邊探事』, 『육물신지六物新志』 등은 모두 유용한 책이다.

이때부터 양학은 점차 진보하여 분세이文政(1818~1831), 덴포天保(1831~1845) 연간에는 난학으로 집안을 일으키는 자가 적지 않았다. 아오치 린소青地林宗는 물리학을 연구하여 『기해관란気海観瀾』을 저술하였다. 이를 물리학의 시초라 하겠다. 야스오카 겐신安岡玄真은 우타가와 겐즈이宇田川玄随에 이어 『의범제강医範提綱』을 저술하여 인체의 내부와 외부를 자세히 서술하였다. 겐신의 아들 우타가와 요안宇田川榕菴은 『사밀개종舎密開宗』, 『식물계원植学啓原』을 저술하였다. 이를 화학과 식물학의 시초라 하겠다. 미즈쿠리 겐포箕作阮甫는 야스오카 겐신에게 배우고 지리, 역사를 연구하여 『태서춘추泰西春秋』, 『팔굉통지八紘通誌』를 저술하였다. 미즈쿠리의 아들 쇼고省吾도 저서 『곤여도식坤輿図識』를 썼다. 이들은 모두 양학에 힘을 쏟아 오늘날의 융성을 도운 자들이다.

그 후 서양의 여러 나라가 와서 교역을 요구하였는데 안세이安政(1855~1860) 연간에 막부가 처음으로 에도의 구단자카九段坂에 학사学舎를 세우고 재능 있는 사무라이士人를 선발하여 양학을 공부하게 하였다. 이를 양학소洋学所라 한다. 이에 이르러 양학의 금지가 해금되고 처음으로 그 학문이 성행하기에 이른다. 분큐文久(1861~1864) 연간에 이를 고지인가하라護持院原로 옮겨 새로이 가이세이조開成所라 불렀다. 이때부터 유학생을 영국, 러시아의 두 나라에 보내고 네덜란드인을 교수로 초빙하는 등 학문의 길을 크게 열어 양학이 날로 번창하면서 오늘날의 제국대학에 이르게 되었는데, 이는 원래 양학소가 점차 변화한 것이었다.

---

61) 『난원적요(蘭畹摘要)』로 표기하기도 한다.

제18과 페테르부르크 1

페테르부르크St. Petersburg는 인류의 강인함과 인내를 나타내는 기념비적인 도시의 하나라고 할 만하다. 이 도시는 날씨가 춥고 토지 또한 척박한 습지로 하늘의 축복을 받았다고는 할 수 없다. 매년 강한 서리에 아픔을 겪고 또한 막을 수도 없는 수해에 고통받는다. 한편 이 도시와 이탈리아의 도시 나폴리Naples는 차이가 커서 이쪽이 북쪽 끝에 있다면 저쪽은 남쪽 끝에 있다고 하겠다. 페테르부르크는 외부의 서리와 물의 세력 안에 있고 나폴리는 내부의 불의 세력 옆에 있다. 페테르부르크는 척박한 지역의 중심에 있고, 나폴리는 유럽의 가장 비옥한 지방에 있다. 따라서 외부에서 보는 것도 내부에서 보는 것도 페테르부르크와 나폴리와는 현저하게 상반된다.

페테르부르크는 네바Neva강의 양 기슭에 걸쳐서 있으며 두 개의 작은 섬 위에 세워졌다. 이 도시는 북위 60도에 있고 런던으로부터 북방 10도에 위치한다. 기후는 여름은 매우 덥고 겨울은 극히 춥다. 한여름 낮이 긴 날에는 열이 축적되어 그늘의 온도계 조차 100도 이상으로 올라가고 겨울에는 영하 54도까지 내려간다. 여름의 습기는 건물의 기와와 돌, 그 이음새에 스며들고 겨울에 모두 얼어 팽창하기 때문에 도시 내의 가장 견고한 건물도 이 때문에 무너지는 경우가 많다. 그래서 페테르부르크의 건물을 매년 전부 새로 짓지 않으면 당해낼 수 없다는 말이 일종의 속담처럼 되었다. 프랑스의 유랑객 마르키 드 키유스치누는 "페테르부르크의 기후는 그 어떤 것도 파손하지 않은 것이 없어 건물이 매우 오래되어 보여도 실은 어제 지은 것이다."라고 말했다. 이렇게 매년 건물을 고쳐서 짓지 않으면 몇 년 지나지 않아 이 땅은 모두 온통 늪지가 될 것이다. 때문에 러시아의 직공은 겨울에 부서진 것을 여름에 보수하는 것이 일상이 되었다고 한다.

여름 중 가장 낮이 긴 날은 거의 19시간 낮이고 황혼으로부터 다음날 새벽까지 분명한 경계가 없어, 이 계절에는 거의 낮만 있고 밤이 없어 한밤중이라 해도 낮의 햇빛이 조금 약해질 뿐이다. 맑게 갠 달빛과 희미한 햇빛이 함께 비출 때는 청백의 강물, 웅장한 궁전, 금으로 꾸며진 사원, 화강석의 부두가 빛나니 붓으로도 말로도 감히 형용할 수 없다.

페테르부르크의 건물이 넓고 큰 도로가 잘 정비되어 있어 유럽의 다른 수도에 뒤지지 않는다. 이 도시의 건축 양식은 모스코바Moscow, 키에프Kiev 등 러시아 다른 도시와 다르며, 유럽 각국에서 각종 양식을 빌려와 하나로 합친 것이라고 하겠다. 그래서 처음 이 땅에 오는 사람은 도시의 광대함을 보고 놀랄 뿐만 아니라 건물 외관에 장식된 금과 은이 햇빛에 반짝이는 것을 보고 모두 칭송한다. 시내의 풍경이 서로 대단히 달라 건물을 보면 고대 그리스 즉 비잔틴Byzantine 양식과 최근의 양식이 지붕을 나란히 하고 있으며, 또한 왕래하는 사람들을 보면 동양인, 타타르인[62]들이 입는 의복과 함

---

62) 달단인(韃靼人)이라고도 하며 북아시아의 몽골고원과 동유럽에 걸쳐 폭넓은 지역에서 활동한 몽골계, 튀르크계, 퉁구스계 등 여러 민족을 가리키는 말로 사용됨.

께 지금 유행하는 프랑스인 또는 영국인이 입는 프록 코트Frock-coat 등으로 거리는 가득 차 있다. 또한 시내 인구수도 현저히 상반된 다. 이 도시의 북부는 인구가 매우 적어 길고 넓은 도로에 한 칸짜 리 객차送客車와 보행자가 두세 명 왕래할 뿐이지만 남부에는 인구 가 많아 런던, 파리에도 뒤지지 않는다.

제19과 페테르부르크 2

이 도시의 도로는 길고 넓으며 양쪽에 높은 건물들이 늘어서 있다. 특히 네프스키 프로스펙트Nevski Prospekt라는 것은 길이 3마일哩(4.83km)에 이르고 넓이 60야드yard(54.864m)에 달하는 도로이다. 만

페테르부르크

약 시내의 사람들을 남녀노소 모두 이 도시로 나와서 산책하게 하면, 사람들의 간격은 10보 정도가 된다고 한다. 도시의 광대함에 비해 인구가 희소하다는 것은 쉽게 알 수 있다.

페테르부르크의 인구 증가 속도는 런던 혹은 파리 정도는 아니지만 제법 빠른 편이다. 1750년의 인구는 불과 7만 5천에 지나지 않았으나 1804년에는 27만이 되었고, 1858년에는 52만이 되었으며 지금은 시내의 인구가 70만이라고 한다. 그러나 그 중 10만 명은 모두 외국인이다. 또한 이 도시에서 매년 사망하는 자의 비율은 유럽의 다른 도시들보다 많아 천만 명에 44명의 비율에 해당한다. 특히 이상한 점은 20세부터 25세까지의 사망자가 매우 많아 대략 천만 명에 백명, 즉 10분의 1의 비율이라는 것이다.

이전에도 서술한 바와 같이 페테르부르크의 건물은 넓은 것으로 유명하다. 가장 넓은 것은 해군성으로 그 길이가 거의 0.5마일哩(약 0.8km)에 이른다. 또한 이 도시에는 유럽의 다른 도시들에 비해 많은 궁전이 있고 러시아 황제를 위해 건설한 궁전은 모두 12곳이다. 그 중 8곳은 돌로 만들었고 4곳은 나무로 만들었다. 또한 매년 7~8개월간 러시아의 황제가 거주하는 일명 겨울궁전은 세계에서 가장 큰 곳의 하나로 8년의 세월을 거쳐 비로소 완성되었다고 한다. 그 후 1837년 화재가 발생했으나 러시아의 황제 니콜라스Nicolas가 1년 안에 다시 지을 것을 명하여 바로 공사를 시작해 명령대로 완공했으나 이 부역으로 인해 수천 명의 천민이 목숨을 잃었다고 한다. 성 이삭 사원은 가장 웅장하고 아름답다. 이 사원은 런던의 세인트 폴 사원과 비슷하지만 모두 로마의 판테온Pantheon이라고 하는 사원을 모방하여 건축한 것이다. 이 사원의 외부는 핀란드의 대리석 및 화강석으로 지어졌고 붉은색 화강석 기둥이 18개 있다. 또한 내부는 금은, 황동, 대리석, 마노, 청동으로 장식되어 있다. 네바강변에는 매우 아름다운 화강석으로 지은 부두가 있다. 이 도시에는 177개의 교량이 있고 그 중 36개는 돌로, 19개는 철로 만들었다.

이 도시는 항상 위기에 직면하는데 바로 네바강의 범람이다. 이 강의 상류에는 커다란 호수가 있어 봄이 되면 얼음이 녹아 물이 넘쳐흐르고 그 물은 네바강으로 유입된다. 이때 만약 강한 서풍이 불면 이 강 하류에 있는 핀란드만의 물이 폭발적으로 흘러넘치기 때문에 네바강물이 만으로 흘러 나갈 수 없어 결국은 양쪽의 강가로 범람하여 홍수가 된다. 5~6년마다 반드시 일어나는 일이라 실로 두렵다고 하겠다. 그래서 밤에 시내에서 사람들이 모여 있을 때 홍수의 신호를 듣기라도 하면 서로 작별 인사도 하지 않고, 해산하는 즉시 서둘러 말을 달려 시내의 높은 곳으로 도망간다. 홍수가 갑자기 발생하는 일이 빈번하다는 것은 이것으로도 알 수 있다. 가장 큰 홍수는 1777년과 1824년에 발생했다. 페테르부르크에서 매년 봄이 되어 서풍이 불면 위로는 황제부터 아래로는 천민에 이르기까지 밤새 자지 않고 깨어 있는 일도 있다. 또는 며칠 밤 계속 물의 수위와 바람의 방향만을 지켜보며 창백한 얼굴을 하고 가슴을 졸인 채 사방팔방으로 분주하게 움직이는 일도 있다고 한다.

제20과 유성 이야기

어두운 밤, 고개 들어 맑은 하늘을 올려다보면 유성이라는 것을 볼 수 있다. 이 유성은 때때로 비가 쏟아지듯이 많을 때도 있다. 어느 학자의 설에 의하면 유성이 우리 지구의 대기를 지나 어두운 밤에 육안으로 볼 수 있는 개수는 평균적으로 하루에 750만 개가 채 되지 않는다고 한다. 여기에 망원경으로 볼 수 있는 작은 유성까지 더한다면 그 개수가 실로 4억만 개에 이를 것이라 한다. 유성은 무리를 이루는 것이 두 가지가 있는데, 하나는 11월군十一月群 유성[63]이라 하고, 다른 하나를 8월군八月群 유성이라 한다. 8월과 11월은 우리 지구가 공전하여 이 두 별자리 군의 가운데를 통과하는 시기이기 때문에 이들을 볼 수가 있어 이름이 그렇게 붙여진 것이다. 요컨대 이 유성군은 하늘 도처에 산재하는 것이 아니라 각 별이 서로 끌어당기고 모여 이렇듯 군집을 이루는 것이다. 이 유성군 중에는 타원형의 궤도를 이루며 태양 주위를 회전하는데 바로 혜성이 그러하다. 우리

---

[63] 특정한 시기에 유성이 비처럼 많이 쏟아지는 유성우현상을 가리키며, 1년 중 특히 많은 유성이 내리는 시기의 별이 내려오는 방향의 별자리를 지칭하여 8월의 유성우는 페르세우스 자리 유성군(Perseids), 11월은 쌍둥이 자리 유성군(Geminids), 12월은 사자자리 유성군(Leonids)이라 한다.

들이 비와 같이 쏟아지는 유성우를 볼 수 있는 것은 우리 지구가 공전할 때 이 유성군의 한 가운데를 통과하기 때문이다.

그러나 유성은 그 궤도의 각 부분에 흩어져 있는 것이 아니라 궤도 일부에 군집하여 무리를 이루는 것이다. 그러므로 우리 지구가 유성의 궤도를 통과하는 것만으로는 유성우를 볼 수가 없고, 우리 지구가 유성의 궤도를 통과할 때 우연히 그 유성이 모여 있는 무리를 만나야만 비로소 유성우를 보게 되는 것이다. 아마도 유성군이 33년 남짓 걸려 태양을 공전한다면 우리 지구도 33년이 지나야만 유성우를 만나게 된다. 그러나 유성군은 그 궤도를 따라 큰 강을 이루는 듯 산재되어 있기 때문에, 우리 지구가 유성우를 한 번 만난 후 23년이 지나지 않으면 절대로 유성군이 있는 자리에서 벗어날 수가 없다. 그러므로 유성우를 본 후 23년의 시간이 지나야만 다시금 작은 규모의 유성군을 볼 수가 있다.

11월군 유성은 타원형의 궤도를 이루어 태양 주위를 공전한다. 태양에 가까워질 때에는 지구의 궤도에 근접하며, 태양과 멀어질 때에는 천왕성의 궤도 바깥쪽에 이른다. 그 궤도면은 황도黃道[64]면에 17도로 기울어져 있고, 그 공전의 방향은 동쪽에서 서쪽으로 향해 움직인다.

지구는 1분이라는 시간에 1,100마일(약 1,770km)을 이동하며 유성도 역시 1분에 같은 거리를 이동한다. 이리하여 지구가 유성에 가까워지게 되면 유성은 지구의 인력에 끌려 그 속력이 빨라지면서 1분에 1,800마일(약 2,896km)의 속력으로 우리 대기 중에 진입하게 된다. 완전히 우리 대기 안에 들어오면 대기와 마찰하면서 점차

---

64) 둥글게 보이는 밤하늘인 천구에서 태양의 궤도를 말하며 태양의 궤도면을 평면, 평균 궤도면을 황도라고 한다.

속력이 줄어드는데, 이는 운행하는 증기기관차가 제륜자65)의 마찰에 의해 점차 운행의 속도를 줄이는 것과 같다. 유성이 대기 중에 들어오면 그 마찰에 의해 유성이 열을 내게 되는데 이는 포탄이 과녁을 뚫을 때 저항으로 인해 열이 나는 것과 같은 이치다. 요컨대 온열이 커지면 빛이 나기에, 유성은 공기의 마찰로 인해 큰 열을 내고 결국 우리들 눈에 보이게 되며 그 열이 발산하여 가스가 되고 뒷쪽에 빛의 꼬리를 남기게 되는 것이다.

---

65) 차량의 운동 에너지를 열에너지로 변환하는 것으로 제동을 하면 차륜에 닿아 마찰을 일으켜 차륜을 정지하도록 하는 부품이다.

제21과 만물의 원소

일반적으로 천지의 만물에는 순수한 홑원소 물질이 있고, 혹은 여러 가지 원소가 합쳐진 화합물이 있으며 그 개수가 몇 천 만 가지에 이르는지 모른다고는 하지만 물질을 원래대로 환원시키면 약 60여 가지 원소밖에 되지 않는다. 그 원소를 나누면 2종류로, 한 가지는 금속이고 나머지 한 가지를 비금속이라 한다. 철, 황금, 아연, 수은, 주석 등은 금속이며, 산소, 수소 등의 기체, 유황, 목탄 등의 고형체는 비금속이다. 금속은 비금속에 비해 그 수가 대단히 많고 현재 알려진 금속에는 48종이 있다. 그러나 비금속은 겨우 15종만 있을 뿐이다.

원소가 세상에 분포되어 있는 가짓수는 모두 같지 않다. 즉 대기는 겨우 2가지 원소로만 이루어져 있으며, 바닷물에는 보통 30가지 원소가 함유되어 있고, 지구는 모든 원소를 다 담고 있다. 현재 알려진 물질은 60여 가지의 원소이지만 그밖에 아직 발견되지 않은 것이 지구에 존재할 수도 있다. 왜냐하면 근래 들어 화학기술이 나날이 새로워지고 물질의 성분을 검사하는 방법이 날로 정밀해져 새로운 원소를 발견하는 일도 적지 않기 때문이다. 현재 원소를 이루는 물질도 미래에는 정밀하고 새로운 기술이 생겨나 이를 분리하게 되면 더욱 단순한 물질로 이루어져 있다는 사실을 알게 될지도 모를 일이다. 예전에는 탄산칼슘Potash과 소다Soda가 홑원소로 이루어졌다고 했지만, 최근에 화합물이라는 사실을 발견했다. 이로 미루어 봤을 때는 앞으로 이런 일이 없으리라 단정할 수 없다.

원소를 두 종류로 구별하는 것은 앞서 말한 바와 같지만 이 또한 대략적인 것으로 확실히 단언하기에는 한계가 있다. 예를 들자면, 비소와 안티몬Antimony은 그 성질의 절반이 금속에 속하며, 절반은 비금속에 속한다. 그리고 금속 중에서는 극히 생산이 드물어 그 성질이 화합물인지 분명하지 않은 것도 적지 않다. 하지만 지금 금속과 비금속을 나누어본다면 대략 다음과 같다. 즉, 금속은 열과 전기의 양도체良導體이지만, 비금속은 대체적으로 불량도체不良導體이다.66) 또한 금속은 광선을 반사하는 힘이 강하지만, 비금속은 대체로 그 힘이 약하다. 단, 비금속 중 한두 가지 광물은 이러한 힘을 가진 것도 있다.

---

66) 양도체는 전기나 열이 잘 흐르는 물체로 은, 구리 등 금속류가 있으며, 불양도체는 전기가 잘 통하지 않는 절연체 혹은 반도체를 말한다.

제22과 세계 항해 1

오늘날 세계 항해는 그다지 어려운 일이 아니지만 300년 전에는 지극히 어려운 일로 거센 바람, 역병, 기근과 같은 위험은 물론이거니와 해안선도 정비되지 않았으며 잔인한 야만인을 만나거나 그밖에도 갖가지 위험이 많았으나 이제는 위험으로 여기지 않는 것들도 있다. 처음으로 세계 항해를 시작한 사람은 포르투갈의 항해자 마젤란Magellan 씨다. 그는 서기 1470년에 오포르토Oporto라는 곳에서 태어난 사람이다.

마젤란 씨는 1519년 9월 20일에 출항하여 서쪽으로 항로를 잡고 나아가다 해협 하나를 발견했다. 이 해협은 지금 마젤란 씨의 이름으로 불린다. 마젤란 씨는 이곳을 건너 1522년 9월 6일에 본국으로 선단이 돌아왔다. 이 배들은 5척에 불과했으며 오늘날 보면 긴 여정의 항해에는 충분치 못한 작은 배였다. 이 5척의 배 중 가장 큰 것이라 하더라도 130톤의 화물 밖에는 싣지 못했다. 작은 배는 겨우 60톤의 화물밖에 선적하지 못할 정도로 작았다. 50년 후 영국에 프랜시스 드레이크 경Sir. Francis Drake이라는 대담한 사람이 나타났다. 세계 항해를 하겠다고 마음을 먹고는 15톤에서 100톤을 선적할 수 있는 작은 배 5척을 정비하여 선단을 꾸렸다. 오늘날 대서양을 항해하는 배는 3천 톤 내지 4천 톤을 선적할 수 있어야만 한다. 그 당시가 어땠을지 상상이 갈 것이다.

마젤란도 프랜시스 드레이크 경도 항해에 3년이라는 긴 세월을 보냈고, 제임스 쿡 선장Captain, James Cook은 4년이라는 시간을 보냈다는 사실을 말이다. 지금은 매우 용이해져 배를 증기의 힘으로 운행하고, 배 안에는 답답함을 날려주고 번민을 없애는 물건까지 갖추었으며, 마젤란 씨가 보낸 3년의 기나긴 세월 대신에 불과 2~3개월 만에 세계 항해를 할 수 있게 된 것이 편리한 일이 아니고 무엇이겠는가.

그렇지만 3개월의 항해마저도 시간과 돈이 필요하기에 우리들은 이를 쓰지 않고 항해를 하고자 한다. 이제 항해를 하려면 수백 년간 지구상의 바다와 육지, 도서들을 탐방한 항해자나 유랑객이 보고 들은 것과 일기, 기행문 같은 문서 등을 참고로 해야 할 것이다.

바다는 세계의 크고 작은 육지를 모두 감싸고 도는 광대하고도 끝이 없는 것이며 시작도 끝도 없다. 옛날에 모험을 하던 항해자는 그가 오르는 배에 한층 견고해진 마음을 의지하여 바다에 배를 띄웠다. 자, 우리들도 이 드넓은 바다에 상상의 배를 띄우고, 세상의 여러 나라를 다니며 어떠한 곳인지 찾아가보자. 먼저 그 마음을 북극에 두고 그곳에서 출항하기로 하자.

천지와 같이 한이 없이
시작과 끝도, 거친 파도의
푸른 해원을 떠올리며
마음만으로 건너리라
상상을 하며, 바다의
해안을 옮겨 다닌다.

애초에 이 여행은, 배에 돛도

배의 골조도, 조타도

있어야 할 것이 없기는 하다만

하고자 하는 마음만 있다면

무엇이 또한 막을 수 있겠는가.

거센 바람처럼, 이 바다를

가고자 하는 설레는 마음을 모두

영원불변*하고 움직임이 없는

북쪽 끝 바다에 두고서

이제 그곳에서 배는 출발하려 하네.

여기 우리 상상의 배는 벌써 베링Behring 해협을 지나 서시베리아
의 동쪽 해안에 도착한다. 이 나라는 아시아의 북부에 있는 광대한
나라로 오비Obi, 레나Lena, 예니세이Yenisei라는 3개의 큰 강이 있다.
그 원천은 남방의 따뜻한 지역에서 시작되어 북극해로 흘러들어간
다. 따라서 그 상류에는 물만 흐르지만 하류 강 어구에는 얼음이
가득 차 있어 배가 지나는 것을 막고, 물은 넘쳐 수만리 땅까지 범
람하여 세계 유일의 대 늪지를 이룬다고 한다. 이윽고 이 땅을 떠
나 남동쪽으로 향하고자 한다. 이리하여

초저녁 별*그림자 멀리

북서쪽에서부터 달려

시베리아의 모래해변을 지나

캄차카 곶까지

아득히 먼 곳으로 왔구나. 여기부터는

동남쪽으로 아침 햇살을

향해 가리. 이제 이별이구나.

　이라고 시인 몽고메리Montogomery가 읊었던 시를 낭송하며 노를 저어 나가는 상상의 배는 북아메리카 서해안의 샌프란시스코 항에 다다른다. 이곳은 태평양을 건너 아시아와 아메리카 사이를 왕래하는 주요 항구다. 여기서 아메리카 동쪽으로는 철도로 가면 되지만 이 여행은 배로 하는 여행이기에 곧바로 출항하여 동남쪽을 향해 가는 배는 페루, 칠레의 여러 산을 동쪽으로 바라보면서 어느새 마젤란 해협에 들어선다.
　옛날, 이 해협을 발견했던 마젤란 씨는 동쪽에서 배를 타고 들어와 1개월이라는 긴 시간 동안 해협을 건너 망망대해로 나와 서북쪽으로 항로를 잡고 라드로섬Ladrones을 지나 필리핀Philippine섬에 이르렀는데, 1521년 4월 26일에 이 섬의 원주민들과 전투 중에 사망한다. 마젤란 씨가 대양을 항해하는 동안에는 기후가 청명하고 바람도 파도도 잔잔했기 때문에 태평양이라고 이름 지었다고 한다.
　이 해협도 모두 건너 포클랜드Falkland를 오른쪽에 바라보면서 동북방향으로 대서양을 항해해 세계 그 어느 것에도 견줄 수 없는 큰 강과 대 삼림이 있는 남아메리카 땅에 도착한다. 원래 이곳 북동 무역풍은 북대서양의 습기를 머금고 직각으로 대륙의 북쪽 연안에 불어오는데, 산과 계곡을 넘으면서 그 수분은 소나기가 되어 내린 후 나아가 안데스Andes 산 중턱에 이르러 남은 수분이 모두 떨어져 내려서 공기는 매우 건조해지고 안데스의 높은 봉우리를 넘는다. 그리고 남동 무역풍은 더욱 많은 수분을 머금고 불어오기에 비를 뿌리는 정도가 북동 무역풍과 다르지 않다. 이렇게 수분은 모두 비를 뿌려 없어져 안데스를 넘는다고 한다.
　이렇듯 이 지역은 강우량이 어마어마해 세계 최고이기에 이렇게

남아메리카

큰 강이 흐를 뿐 아니라 그렇게 비가 많이 내리는데다 열대지역에
속하기 때문에 특히 식물의 성장이 뛰어나 수백만 마일에 걸친 광
대한 삼림도 생겨난 것이다.

아마존Amazon강을 오가는 배는

거슬러도 거슬러도 물 그리고 물

끝도 한도 없는 하얀 물결에

우뚝 선 셀바스Selvas

숲 아래 그늘을 지나는 사람은

가도 가도 숲 그리고 숲

밑동에 얽혀 있는 덩굴

가지에 걸려 있는 음지식물

그늘조차 막아서는 이곳저곳

어디가 어디인지 분간조차 할 수 없는 그 속에서

의기양양한 원숭이의 울음소리

매달린 박쥐, 나는 나비

들어본 적도 없고 본 적도 없는

새는 각양각색으로 울어대고

이 세상 밖의 어디인가

생각지 못한 것은 없을 것이니.

*영원불변(常磐): 한동안 꼼짝하지 않고 움직임이 없는 것
*초저녁 별(夕づゝ星): 수성, 즉 초저녁 명성

제23과 세계 항해 2

상상의 항로를 서북쪽으로 잡고 배를 저어 가면 배는 서인도 섬에 다다른다. 원래 이 부근의 섬들은 항상 여름 같은 기후라서 낮에는 햇볕이 강하게 내리쬐고 밤에는 별이 반짝이며, 곡물은 물론이거니와 여러 과일들이 매우 많고 그 맛이 세계 어디와도 견줄 수 없을 정도이며, 향나무는 늘 향기를 뿜고 산은 높아 험준하고 강너비가 좁아 유속이 빠르다. 그 경치는 그림으로도 글로도 다 나타낼 수 없어 이곳이야말로 극락정토라 할 만한 장소가 아닌가 싶다. 이곳을 통과하여 북쪽으로 나아가다 보면 아메리카 합중국의 동북부에 위치한 뉴잉글랜드에 도착한다. 샌프란시스코 항에서 철도로 오면 열흘이 넘어야 겨우 이 부근에 도착할 수 있다고 한다. 이 땅을 뉴잉글랜드라고 부르는 것은 17세기 당시, 영국의 퓨리탄Puritan[67] 신도들이 본국을 탈주하여 이곳으로 와 정착한 데서 기인한다. 이 지역은 5개 주로 나뉘며, 그 주민들이 오로지 자신의 맡은 일에 전념했기 때문에 합중국 안에서도 유난히 번영했다고 한다.

---

67) 16~17세기 잉글랜드와 뉴잉글랜드의 개혁적 프로테스탄트 그리스도 신자의 통칭이며 '정교도'라고도 한다.

300여 년 전으로 거슬러 올라가면

들도 산도 울창한

숲 속에서 먹잇감을 찾는

곰, 늑대, 원숭이, 여우

화살통을 매고 떠도는

원주민 이외에는 오랫동안

정착해 사는 사람이 없었던

그 아메리카라는 나라는 지금

수천 년 수백 년 가시나무를 베어내고

개간하고 경작했구나.

사람이 살러 온 지역마다

한층 더 번영을 이루게 된 것은

원래 무엇 때문이었을까.

하늘의 시간인가, 땅의 섭리인가.

아니 아니, 사람의 힘이리라.

　이곳도 떠나 더욱 북쪽으로 가면 캐나다 땅에 이른다. 이곳은 영국령 북아메리카 지역의 중심지이다. 이 땅은 매우 비옥하여 곡물이 결실을 잘 맺고 광대한 삼림이 있다. 내륙으로 들어가면 커다란 5개의 호수가 있다. 이 호수는 세계에서 유례를 찾아볼 수 없는 곳으로, 그 물이 한데 모여 세인트로렌스강St. Lawrence이 되어 동쪽 바다로 흘러들어간다. 캐나다 땅에 오래 머물기보다는 이곳의 모국인 영국으로 가야 하기에 곧바로 상상의 배를 띄워 동쪽을 향해 나아가니 금세 배는 잉글랜드의 한 항구에 닿는다. 이 나라의 위도는 우리나라의 지시마千鳥68)와 비슷하지만 기후는 훨씬 온화하다. 이는 열대지방에서 흘러들어와 생성된 걸프 스트림Gulf Stream이라는 호수가 있고 온난하며 습기를 띤 서남풍이 항상 불어오기 때문이다. 이로 인해 농업과 공업이 번성하였으며, 일찍부터 상업의 길이 열려 세계무역의 중심지로도 번창했다. 수도인 런던의 번화함은 세계에 견줄 만한 곳이 없고 국왕의 영지는 전 세계에 널리 걸쳐 있기에 '해가 지는 것을 볼 수 없다'고 말하는 것도 과장이 아니다.

또다시 이 나라에서 동북쪽으로 항로를 잡고 북해로 돛을 펴고 나아가 발틱Baltic 해로 들어가면 러시아 제국의 수도인 상트페테르부르크에 이르게 된다. 본디 이 제국은 북방 일대에서 유럽 전 영토의 절반을 차지하며 특히 추위가 혹독해 다른 나라의 침입이 어려워 마치 맹호가 등에 산을 지고 있는 듯 유럽에서의 그 기세는 등등하다. 돌아가는 길에는 게르만 제국을 지난다. 이 역시 강대국으로 병력이 잘 갖추어졌을 뿐 아니라 학문도 발전하였으며 교육이 잘 보급되어 세상 사람들로부터 유럽국가들 중 '대학의 땅'이라 불린다. 프랑스는 그 서쪽에 이웃한 대국으로 영국과는 바다 하나를 사이에 누었을 뿐이다. 나라는 부유하고 개방된 곳으로 수도인 파리는 세계 최고의 아름다움이 절정에 이른 도시이다. 그러나 이 나라는 1870년에 게르만 병사와의 싸움에서 아픈 패배를 당한 후, 국민들은 꿋꿋하게 일어나 사치의 풍습을 고치고, 근검절약을 하여 크게 이루고자 하는 기세를 보이기도 했다.

이리하여 또 상상의 배는 어느새 지브롤터Gibraltar 해협에 이른다. 이 해협은 지중해의 문호로 오른쪽에는 지브롤터 암석이 우뚝 솟아 있고, 왼쪽에는 세우타Ceuta산이 높이 서 있다. 옛날에는 이를 합쳐 헤라클레스Hercules의 기둥이라 불렀다. 이는 당시 그리스 영웅인 헤라클레스Hercules라는 사람이 이곳까지 항해를 하였고 그 기념

---

68) 홋카이도 북쪽의 쿠릴열도를 가리킨다.

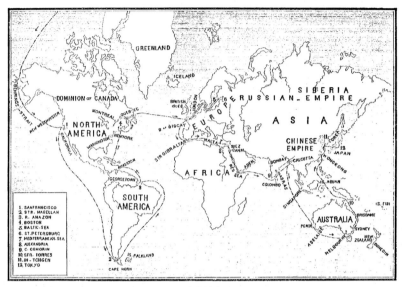

세계 항해지도

으로 암석 위에 두 개의 기둥을 세웠다는 것에 기인한다고 했던가.
여기에서 지중해의 북쪽 해안을 따라 이탈리아의 승전지를 찾고,
그리스 유적지를 방문한 뒤 오스트리아의 수도까지 가보려고 했지
만 배를 댈 수 있는 곳이 없어서 아쉬움을 잔뜩 남긴 채 유럽 땅을
떠나온다. 아프리카를 향하여 배를 타고 출발한다.

　　다섯 대륙 중에 특히
　　작지만 뛰어나
　　지금의 시대를 풍미하는 유럽.
　　도처의 땅을 점령하고
　　나라는 모두 번성하였으니
　　그 중에서도 유명한 강대국은
　　영국, 프랑스, 독일

이탈리아, 그리고 러시아라네.
이들 5개국은 5개의
손가락처럼, 스스로가
길고 짧은 것을 모두 갖추고서
움직이는 듯 하다네. 뛰어난
것도 있기에 양보할 법도
하건만, 뒤처지지 않겠다며
내 편만 이끄니
세력을 갖고 지키고자
바라는 모습이 덧없구나.

제24과 외국 왕래 1

고대에는 우리나라 사람이 삼한을 건너 한나라 땅으로 갔으며, 중세에는 베트남, 인도와 같은 나라들과 통상을 했다는 것은 모두 내가 이야기했던 바이다. 근래에 들어 서양에서 항해법이 크게 발달하여 서양인들이 우리나라에 와 통상교역을 요구하는 일이 끊이지 않았고 우리들은 그저 앉아 이에 응하게 되었다는 것 또한 시대의 변화라 하겠다.

서기 1846년(고카弘化 3년) 윤5월, 북아메리카합중국의 사절 제임스 비들James Biddle은 군함 두 척에 7~8백여 명의 병사를 싣고 우라가浦賀[69]로 와 서한을 올려 말하길, "우리나라(미국)는 이미 중국과 우호를 맺었기에 바라건대 귀국에서도 우리나라와 외교를 맺었으면 한다. 그 제도 등은 오로지 명에 따르겠다."라고 했다. 막부는 우라가의 부교奉行[70]이며 이나바모리因幡守인 오쿠보 다다토요大久保守忠豊를 시켜 이에 답하도록 하였는데, "우리나라(일본)에서는 외국과의 외교를 금하고 있다. 그리고 무릇 외국과의 일은 나가사키長崎

---

69) 가나가와현(神奈川県) 요코하마시(横浜市) 동쪽에 있는 항구
70) 무가시대에 정무나 행사 등, 행정 사무를 집행하는 간사 역할의 장관직

에서 처리하는 것이 국법이기에 이 항구에서는 처리할 수 없다. 그러므로 다시금 오는 일이 없도록 하라."고 했다. 결국 6월에 미국 함대는 돌아갔다.

　서기 1853년(가에嘉永 6년) 6월, 합중국 해군제독인 페리Perry가 군함 4척을 이끌고 우라가에 들어왔다. 부교이며 이즈모리伊豆守인 도다 우지요시戶田氏榮를 보내 그들이 이곳으로 오게 된 목적을 물었더니 답하길 "국명을 받들어 왔다. 그 목적은 오로지 외교와 통상을 바라기 때문이다. 국서가 있으니 가서 이것을 에도江戶로 보내주었으면 한다."고 했다. 부교는 전례에 따라 나가사키로 보내려고 했지만 페리는 듣지 않았다. 우지요시는 서신을 보내 위급한 상황을 보고했다. 막부는 변고가 생겼다는 사실을 알고 모든 번藩에 명

구리하마 상륙 이야기

해 근해의 요충지를 지키게 하고 숙소를 구리하마久里浜에 잡아 사절을 초대해 부교이자 이시미모리石見守인 이도 히로미치井戶弘道에게 이들을 접대하고 국서를 받아오게 했다. 그 대체적인 내용을 말하자면, "북아메리카 합중국 대통령 필모어 밀러드Filmore Millard가 명해 해국 제독 페리를 보냈으며, 존경하는 마음으로 서신을 대일본국 대군전하에게 올리며, 우호를 맺고 이로써 상호 통상하기를 청하오. 우리나라에는 금은, 주옥이 많이 나오고 귀국에도 또한 많은 물건을 생산하기에 서로 있고 없는 것을 주고받는다면 필시 커다란 이익이 있을 것이오. 시험 삼아 5년, 혹은 10년으로 해보고 만일 불편한 일이 있다면 귀국에서 이를 중지하도록 하시오. 그리고 우리 사절단이 중국으로 가거나 혹은 고래를 잡는 어선, 귀국의 근해에서 조난되어 배가 파손되었을 경우에 이를 구해주시오. 또한 원래 증기선은 석탄, 식량, 식수를 저장해두나 많은 양을 실을 수 없기에 모자라게 된다면 이를 보급해 주시오. 반드시 은전, 잡화로 보답하리다."라고 했다. 히로미치 등이 말하길 "외국과 조약을 맺는 것은 실로 국가의 중대사요. 조정에 묻고 중론이 모아지지 않는다면 결정이 어렵소. 따라서 다소 시간이 필요하오. 그러니 다음해 나가사키에 재류하는 네덜란드인을 시켜 그 결과를 전달토록 하리다. 아무쪼록 본국으로 돌아가 그 여부를 물어주시오."라고 했다. 페리가 말하길 "이 일이 무엇이라고 네덜란드인을 번거롭게 하겠소. 이듬해 우리들이 다시금 올 수 있소."라고 했다. 결국 4척의 배는 모두 우리나라(일본)를 떠났다.

같은 해 7월, 러시아의 사절 푸챠틴Poutiatine이 군함 4척을 이끌고 나가사키로 와 국서를 올려 3가지 중대 사항을 요구했다. 첫째는 이웃 나라와 우호를 맺고 오랫동안 교류를 할 것. 둘째는 사할린과의 경계를 수정하고 경계에 사는 주민들이 손해 보는 일이 없도록 할 것. 셋째는 항구에 교역장을 열고 서로 화물을 교역하고 캄챠카 Kamtchatka, 북아메리카에 가는 본국의 배가 물품을 원할 때에는 귀국이 이를 보급해 주도록 할 것이라는 내용이었다. 나가사키의 부교이자 지쿠고모리筑後守인 미즈노 다다아쓰水野忠篤는 이를 막부에 보고했다. 막부는 특히 니시마루西丸의 루스이留守居71)이며 히젠모리肥前守인 쓰쓰이 마사노리筒井政憲, 회계부교이자 사에몬노죠左衛門尉72)인 가와지 도키아키라川路聖謨, 그리고 유학자 고가 긴이치로古賀謹一郎 등을 나가사키로 보내 사절단에게 답서를 주고 이들을 돌려보냈다.

---

71) 막부의 루스이는 로쥬의 지배 하에 있으며 오오쿠(大奧)의 단속이나 통행증의 관리, 장국 부재 시에는 성을 돌보는 역할을 했다. 혼마루(本丸), 니시마루(二丸), 니마루(二丸)에 배치된다. 혼마루는 일본성의 중핵을 이루는 성곽을 가리킨다. 니시마루는 에도성 혼마루 서쪽에 위치하는 성곽을 뜻한다.

72) 일본의 율령제의 관직 중 하나로 판관이다.

제25과 외국 왕래 2

서기 1854년(안세이安政 원년) 정월, 페리가 또다시 군함 7척을 이끌고 우라가浦賀에 도착했다. 이윽고 더 나아가 혼모쿠本牧 앞바다에 정박했다. 막부는 우라가의 부교奉行이자 미마사카모리美作守73)인 이자와 마사요시伊澤政義, 마치부교町奉行74)이자 쓰시마모리対馬守인 이도 사토히로井戸覚弘, 유학자이자 다이가쿠노카미大学頭75) 하야시 아키라林煒들을 보내 이들을 나무라며 말하길, "외국 배가 분별없이 국내 바다에 무단으로 들어오는 것은 나라가 엄격하게 금지하는 바요. 부디 속히 우라가로 물러가야 할 것이오."라고 했다. 그때 페리는 아프다며 부관을 시켜 말하길, "작년에 질문했던 바에 대한 대답을 듣는다면 물러날 것이오. 그 일에 대해 여전히 답변할 수 없다면 바로 에도江戸로 달려가 승인을 받아 오시오. 외국인을 수고롭게 오가게 하는 일은 없도록 하시오."라고 했다. 급기야는 가나가와神奈川로 들어가 시나가와品川 앞바다까지 접근했다. 이에 주나곤中納言인

---

73) 미마사카는 오카야마현(岡山県)의 북동부에 위치한다.

74) 에도시대에 영내 도시부의 행정과 사법을 담당하는 관직. 대체로 에도의 마치부교를 가리킨다.

75) 관료육성기관인 다이가쿠료(大学寮)의 장관. 종5품상당상관에 해당된다.

도쿠가와 나리아키德川斉昭는 열일을 제쳐두고 미국과 화친해야만 한다고 말했고 호소카와 나리모리細川斉護, 다치바나 아키토모立花鑑寛 등도 건의한 바가 있었다고 한다. 로주老中이며 이세모리伊勢守인 아베 마사히로阿部正弘 등이 말하길, "태평한 날이 이어져 사기가 높지 않기에 아직 우리가 먼저 전쟁을 시작해서는 아니 되오. 한동안 이들과 화친하여 군비를 갖출 시간을 벌어야 할 것이요."라고 했다. 바로 이자와 마사요시 등을 보내 요코하마橫浜에서 페리를 만나 이 사실을 알려주었다. 이때 페리 또한 서신을 올려 말하길, "조약을 맺지 않는다면 시작되는 전쟁을 막지 못할 것이오. 규정이 없다면 민심 또한 어지러울 것이오. 그러니 정박한 배가 장작, 물, 식량을 요청하고 그 값을 지불한다면 이를 보급하시오. 해저를 측량하거나 혹은 병사가 육지에 상륙하는 것을 금하지 마시오."라고 했다. 마사요시는 곧바로 이를 막부에 보고했다. 결국 막부는 그 서신을 받고 가조약을 맺고는 이들에게 쌀 100석을 내린다. 지난해 6월부터 막부는 각 번藩에서 병사를 징집하여 부소즈武相豆의 모든 것을 지키게 했다. 그 병사의 숫자는 약 30여만 명에 이르렀다고 하는데 상황이 이렇게 되자 모두 파면하여 고향으로 돌아가게 했다. 페리는 화친이 이루어졌기에 마사요시 등 10여 명을 배로 초대하여 연회를 벌였다. 이후 막부의 사절은 종종 페리와 만났고 결국 시모타下田, 하코다테函館, 나가사키長崎 세 항구의 교역을 허락했다. 6월, 미국함대는 모두 돌아간다.

이어 네덜란드는 카피탄76)을 시켜 나가사키청長崎廳에 서신을 보냈고 향후 네덜란드에 대한 처우를 미국, 러시아와 같게 해 달라고

---

76) 에도시대 동인도회사가 일본에 둔 상관의 최고 책임자를 말한다. 일본은 처음으로 포르투갈과 무역을 시작했으며 상관장을 뜻하는 포르투갈어가 Capitão(카피탄)이기 때문에 이렇게 부르게 되었다.

청했다. 또한 영국 군함도 나가사키에 와 이제부터 영국 배가 근해로 오게 되면 지역, 항구를 가리지 않고 들어와 배를 정박하고, 식량, 고기, 장작, 물이 부족할 시에는 이를 보급해 줄 것을 청했다. 막부는 지쿠고모리筑後守인77) 미즈노 다다아쓰水野忠篤를 시켜 선박의 입항은 나가사키, 하코다테로 제한하며 필요한 물품은 그 요구에 따라 응하겠다고 허했다. 그러다 러시아 선박 한 척이 한자로 '於呂之也'78)라는 네 글자를 적은 표식을 세우고 셋쓰摂津79)의 바다로 들어와 서신을 시청으로 보내 달라 청했다. 각 번이 군사를 보내 이에 매우 엄하게 대처했기에 러시아 배는 물러나 가다우라加田浦80)에 배를 세웠다가 다시 방향을 바꿔 시모타下田로 가 정박한다. 막부가 히젠모리肥前守81)인 쓰쓰이 마사노리筒井政憲, 사에몬노조左衛門尉82)인 가와지 도시아키라川路 聖謨 등을 보내 사절인 푸챠틴을 만나 가조약을 맺고 시모타, 나가사키, 하코다테에서의 교역을 허락한다.

그 후 매해 프랑스, 포르투갈, 프러시아, 스위스, 벨기에, 덴마크, 이탈리아 등의 청을 허락하고 잠정적으로 교류와 교역을 약속한다. 다이세이大政유신83) 이후에는 스웨덴, 노르웨이, 오스트리아, 하와이, 페루, 청, 조선 등의 10여 개 국가와 조약을 체결하고 선박이 왕래하며 내외 상호 화친하고 존중하는 등 무역과 외교의 번성이 예전과는 비교도 되지 않았다.

---

77) 지쿠고는 후쿠오카현(福岡県)의 남부지역에 해당된다.

78) 국명인 '러시아'에 존경의 뜻을 나타내는 'お(오)'를 붙인 것이다.

79) 현재의 오사카(大阪)의 북부와 효고현(兵庫県)의 남동부에 해당된다.

80) 현 와카야마현(和歌山県)

81) 현 사가현(佐賀県)과 나가사키현(長崎県) 지역

82) 일본 율령제의 관직으로 판관이다.

83) 막부정치의 막을 내리고 중앙관제, 법령, 궁정, 신분제, 지방행정, 금융, 산업, 유통, 문화, 교육, 외교, 종교, 사상 정책의 개혁과 근대화 개혁을 이룬 메이지유신을 가리킨다.

제26과 이노 다다타카 전 1

우리나라에서는 고대부터 도쿠가와德川 막부 말기에 이르기까지 아무리 국내 지리에 정통한 사람이라 하더라도 이노 다다타카伊能忠敬를 뛰어넘을 수는 없었다. 다다타카는 처음에는 사부로우에몬三朗右衛門[84]이라 불렸고 후에 가게유勘解由[85]로 개명한다. 시모후사下総[86]의 가토리군香取郡 사하라무라佐原村 출신으로 원래 성은 진보神保 씨이며 진보 사다쓰네神保貞恒의 셋째이다. 집을 나와 이노伊能 가문의 대를 이어야 했기에 그 성을 사용하게 되었던 것이다. 이노 씨는 야마토大和[87] 다카이치군高市郡 니시다고西田鄕 출신이라고 한다.

다다타카는 사람 됨됨이가 좋아 진술하고 소박하며 외모를 꾸미지 않고 열정적이었기에 그 어떤 곤란과 역경에도 굴하지 않았다. 나이 70세를 넘긴 백발노인이 되어도 기백이 넘쳐 여전히 젊은이 같았다. 요컨대 다다타카는 강한 의지와 꾸준한 노력으로 우리나

---

84) 에도시대 중기의 농민을 가리킨다.

85) 가게유시(勘解由史), 간죠카타(勘定方)라고도 하며, 관청에서 재무 관계의 일을 관직을 말한다.

86) 지바(千葉) 북부와 이바라기(茨城) 서부 지역에 걸친 지방

87) 나라(奈良) 지방을 가리킨다.

라에서는 유례를 찾기 어려운 위대한 업적을 이룬 인물이며 한평생 지형측량에 그 뜻을 두었다. 그랬기에 막부로부터 측량의 명을 받을 때마다 기뻐하며 즉시 일에 임했고, 험준한 길을 다니는 것을 싫어하지 않았으며 거친 파도의 항해도 두려워하지 않고 동분서주 하기를 수십 리 수백 리, 비, 바람, 추위, 더위 그 어느 것도 다다타카의 기개를 꺾을 수가 없었다고 한다.

다다타카의 가문은 지역의 부호였지만 대대로 술과 간장의 양조를 업으로 삼았기 때문에 촌락의 상인에 지나지 않았다. 그러나 다다타카에 이르러 측량의 공적을 인정받아 칼 차는 것이 허가되었고, 종국에는 각지를 그린 대지도를 완성하여 이를 막부에 진상하자 녹미를 하사 받아 고부신구미小普請組[88]로 발탁되었으며, 덴몬카타天文方[89]에 예속된다. 원래 고부신구미는 미천하고 한가로운 관직이지만 당시에는 상인이 이에 발탁된다는 것은 매우 드문 일이라 할 수 있다.

다다타카가 덴몬카타에 소속되기에 이른 것은 역학曆學을 대단히 좋아하고 기술에 정통하며 뛰어났기 때문이다. 이렇듯 다다타카가 천문학에 종사하게 된 것은 1794년(간세이寬政 6년)이다. 이 해에 비로소 가업을 자식인 가게타가景敬에게 일임하고 홀로 에도로와 역학자 아래서 역학을 연구하게 되었는데, 어떠한 질문을 해도 전혀 막힘이 없었다. 때마침 막부에서는 개력改曆의 움직임이 있었다. 당시 이 분야에서 저명한 다카하시 도코高橋東岡라는 사람을 오사카大坂에서 에도로 불러들였기 때문에 다다타카는 즉시 도코를 찾아 학문의 심오한 경지를 배우고서는 비로소 서양 역법의 정밀

---

88) 고부신(小普請)은 막부 직속의 하타모토 중 녹 3000석 이하를 받는 에도의 조직 중 하나로 고부신구미는 그들의 조직이다.

89) 에도 막부에 의해 설치된 천체, 천문, 역술, 지리, 측량, 양서 등을 다루는 연구기관

함을 알게 되었고 이때부터 구학을 버리고 이를 배웠는데 얼마 지나지 않아 천체 관측을 통한 측량의 이치를 깨닫게 되었다. 참으로 그러한 것이, 다다타카가 그린 지도가 어찌나 정밀하고도 신속하게 완성된 것을 보면 알 수 있다. 어찌 보통사람이 이렇게 얼마 되지 않는 시간에 그 위업과 공을 쌓을 수 있었겠는가.

다다타카가 처음으로 측량을 하게 된 것은 56세의 나이로, 처음에는 관에 부탁해 사비를 들여 에조蝦夷90) 지역을 측량했는데 1800년(간세이寬政 12년)에 그 일을 모두 마쳤다. 이후부터 관은 각지의 측량을 특별히 다다타카에게 맡겼다. 이어 1804년(교와享和 원년)에는 이즈伊豆 동쪽 연해를 측량하였는데 미치노쿠陸奧91)의 남부에 이르러 일을 끝냈다. 1805년(교와 2년)에는 데와出羽92)부터 에치고越後93)를 측량하였고, 1806년(교와 3년)에는 이즈伊豆의 서쪽 지역인 스루가駿河, 도우미遠江, 미카와參河, 오와리尾張의 연해부터 미노美濃, 오우미近江, 에치젠越前, 가가加賀, 노토能登, 엣츄越中, 에치코越後, 사도佐渡 지방의 측량을 모두 마쳤다. 또한 명을 받들어 산요山陽, 산인山陰, 사이카이西海, 난카이南海94)의 네 도로와, 이키壱岐, 쓰시마対馬 두 섬의 연해를 측량함으로써 일을 완결했다. 이렇게 매번 그렸던 각각의 지도를 한데 모아 일본 전도를 완성시켰으며 이를 막부에 올렸다. 이외에도 이즈의 시치토七島, 하코네호箱根湖도 측량하고 에도부

---

90) 홋카이도(北海道)의 원주민인 아이누족을 가리키거나 그들이 살던 지역

91) 옛 이와키(磐城), 이와시로(岩代), 리쿠젠(陸前), 리쿠쥬(陸中), 무쓰(陸奧)의 5개 지역. 지금의 후쿠시마(福島), 미야기(宮城), 이와테(岩手), 아오모리(青森)에 해당된다.

92) 현재의 야마가타현(山形県)과 아키타현(秋田県) 지역

93) 현재의 니가타현(新潟県)의 사도(佐渡)를 제외한 지역

94) 산요도는 현재의 효고현 서부에서 야마구치현까지를 이르는 세토나이카이의 연안길, 산인도는 기타킨키(北近畿)에서 시마네현(島根県)까지. 사이카이도는 규슈 북부 지역의 길, 난카이도는 와카야마현(和歌山県), 미에현(三重県) 남부, 효고현(兵庫県), 도쿠시마현(徳島県), 가가와현(香川県), 에히메현(愛媛県), 고치현(高知県)을 통하는 길이다.

江戸府의 전도도 제작하여 막부에 올렸다. 이러한 그동안의 다다타카의 근면함과 노고는 그가 적은 연해 지도의 범례를 읽으면 알 수 있다. 에조에서는 아무것도 없이 도보로 걸음 수만으로 들판의 거리를 추산하였다. 또한 연해를 측량할 때 벼랑이 위험해 갈 수 없는 곳은 작은 배를 타고 풍랑을 견디고 만의 곡선을 따라 밧줄을 쳐가며 거리를 실측하였다. 그리고 밤에는 늘 다양한 기기를 사용해 항성을 관찰하였고 적도와 위도를 추산하였다. 그중에서도 다다타카가 가장 고심했던 것은 위도 1도의 거리가 얼마인지 알아내는 일이었다. 그의 말에 의하면 비가 내릴 때면 아무리 깊은 밤이라도 비가 그치는 대로 불완전한 기기에 의존해 미리 추산해 둔 항성의 적도와 위도를 이용하여 쏟을 수 있는 온 힘을 다해 각 별의 북극 고도를 계산하여 1도는 28리 2푼(약 110.4km)이 된다는 사실을 기어이 알아냈다고 한다.

제27과 이노 다다타카 전 2

　이노 다다타카伊能忠敬는 단지 측량에만 정통할 뿐 아니라 경제에도 매우 능통했다. 이노伊野 가문은 원래 촌락의 호족이었지만 다다타카의 양부인 나가요시長由란 사람은 불행하게도 요절했기 때문에 집안이 급작스럽게 쇠락했다. 그렇지만 다다타카는 그 가문을 이었기에 가문의 재건을 자신의 임무라 여기며 식구들에게 솔선수범하여 아침저녁으로 집안의 재정을 관리했는데 사치를 버리고 검약에 힘써 40세 전후로 이미 가산을 되찾아 부유해졌다. 1783년(덴메이天明 3년)과 1786년(덴메이 6년)의 대기근에 사재를 털어 마을과 부근의 마을까지 부흥시켰으며, 빈민을 구휼하는 일도 많아 마을 수령으로부터 포상을 받았다고 한다. 이 한 가지 일만 보더라도 그가 경제에 능통했다고 볼 수 있다.

　또한 다다타카는 이와 같이 측량에도, 경제에도 대단히 정확하고 치밀한 사고력을 지녔을 뿐 아니라 남들보다 풍류와 재치의 감수성도 뛰어났다. 산과 바다를 측량할 때에는 눈비의 어려움이 있었고, 바람과 파도의 위험이 있어 그 고난은 말할 수도 없었다. 만약 보통사람에게 이리도 힘들고 어려운 일을 시켰다면 기운이 왕성한 나이라 하더라도 일생 이 일에 정력을 쏟았다면 심신이 쇠약

해져 전혀 다른 일을 할 여력이 없었을 것이다. 그러나 다다타카는 이런 어려움 속에서도 침착하고 여유가 있었다. 그러므로 때때로 무언가에 감명을 받게 되면 익살스러운 교카狂歌95)를 읊으며 감정을 표현하고 그 의중을 드러내기도 했다. 66세 때 후젠豊前96)에 머물며 봄을 맞이했다. 교카 읊기를,

측량을 하는 나이도 예순여섯개 지방.
주고쿠中国 지방97) 넘어 서쪽 지방의 봄.

그리고 고토五島의 아이노우라相浦98)라는 곳을 측량했을 때 69세 봄을 맞이하며 한 수 읊기를,

일흔 가까운 봄이라네. 아이노우라.
99개 섬을, 생명의 마쓰바라松原99)

이렇게 한 때 유희삼아 쓴 시이기에 고상하지는 않지만 의외로 꺾이지 않는 정신이 드러나기에 읽어보면 다다타카의 기상을 알 수 있다. 실로 다다타카는 나이가 들면 들수록 한층 더 힘든 역경을 만나도 굴하지 않는 사람이었다 하겠다.

원체 다다타카는 평생 지도에 그 뜻을 품고 있었다. 그러니 철저

---

95) 일상을 제재로 하여 풍자와 해학, 골계미를 더한 재치 있는 일본 전통의 짧은 시
96) 후쿠오카(福岡) 동부와 오오이타(大分) 북부의 지역
97) 일본의 돗토리현(鳥取県), 시마네현(島根県), 오카야마현(岡山県), 히로시마현(広島県), 야마구치현(山口県)의 5개현을 가리키다.
98) 고토는 규슈 서쪽의 열도로 나가사키항구에서 100km 떨어진 곳에 위치한다. 아이노우라는 고토 중심 항구이다.
99) 후쿠오카현(福岡県) 서쪽. 하카타(博多)만에 면한 해안에 40헥타르의 소나무 숲

한 측량과 정밀한 지도는 오늘날에도 실로 감탄하지 않을 수 없다. 막부 말기, 영국인이 우리나라에 와 근해를 측량시켜달라고 청했기에 이에 막부는 다다타카의 지도를 내어주었다. 영국인들은 이를 토대로 측량을 하려했지만 그 거리에 조금의 오차도 없었기에 실측을 중지하고 우리나라가 이미 이런 정밀한 측량도를 갖고 있다는 사실에 감탄했다고 한다. 요컨대 당시에는 아시아 여러 나라의 문화가 개방되지 않아 학술 또한 발달하지 않았기에 측량 지도와 같은 것은 아시아 중 단 한 나라도 믿을 만한 것이 없다면서 외국인이 경멸과 억측을 했던 것이다. 그러나 오로지 우리나라만은 이미 다다타카의 실측도처럼 매우 정밀한 것을 제작한 사람이 있었다. 이 일로 외국인들은 크게 경외의 마음을 갖게 되었고 국교를 맺는 데에도 대단히 큰 영향을 미쳤던 것이다. 이쯤 되면 다다타카의 공은 더욱 큰 것이라 할 수 있다.

다다타카는 1745년(엔쿄延享 2년)에 태어나 1818년(분세文政 원년)에 향년 74세의 나이로 일생을 마감한다. 18세에 이노 가문의 대를 잇고, 50세가 되어 집안을 아들에게 맡기고는 에도로 나와 6년간 천문, 지리를 배우며 학문에 통달하여 56세 때 처음으로 에조를 측량했고 그때부터 각 지방을 다니며 18년이라는 시간을 들여 전국의 측량을 모두 마쳤다. 그때 나이 73세이다. 1883년(메이지明治 16년) 정4품의 품계를 하사받는다.

제28과 세계 항해 3

얼마 지나지 않아 상상의 배는 이집트 북쪽 해안 알렉산드리아 Alexandria에 도착한다. 이곳은 기원전 300년경 알렉산더 대왕이라는 사람이 지세를 살펴 세운 도읍이다. 오늘날에는 해상 무역의 주요 항구가 되었다. 원래 이집트라는 나라는 먼 옛날 인가가 매우 밀집해 있었고 세계에서 유례없이 번성했던 나라였다는 사실은 여전히 남아 있는 유물을 통해 알 수 있다.

이 나라에서 가장 유명하고 명성이 나 있는 것은 나일 강과 금자탑*의 두 가지다. 나일 강은 세계의 큰 강 중 하나이다. 이 강은 매해 일정한 시기에 물의 양이 불어난다. 물이 불어날 때 마다 비옥한 진흙이 상류로부터 흘러와 온 국토를 뒤덮는다. 이로 인해 농사를 짓는 자는 수고로움 없이 곡식을 잘 수확할 수 있는 것이리라. 그리고 금자탑이라는 것은 세계 7대 불가사의 중 하나로 그 개수가 70여 개 있다. 일반적으로 화강석으로 쌓아올린 방추형100) 모양의 탑인데 그 중 큰 것은 높이 481척(약 126.6m)이 된다고 한다. 요컨대 금자탑은 세 가지 목적으로 만들어진 것이다. 첫 번째는 무

---

100) 밑면이 정사각형인 각 뿔 모양

덤을 위한 것, 두 번째는 기념을 위한 것, 세 번째는 보물을 저장하기 위한 것이라고 한다.

> 나일Nile강의 강물은
> 변함없이 흐르지만
> 변하는 여울은 세상의
> 시험에서 벗어나지 않는다는 증거이리라.
> 수천 년 전 강가가 가득찰 만큼
> 강 가까운 곳과 먼 곳에 살며
> 높고 큰 집 그 수를 셀 수 없을 만큼
> 줄지어 있었건만, 지금은 어느덧
> 모두 몰락하여 풀이 무성하고
> 그 중에 남아 있는 집터
> 그리고 탑과 석불.
> 유물로 이루어진 이집트의
> 영락을 보아도 나일 강
> 변하는 여울은 세상의
> 시험이라는 것은 알아 두어라.

알렉산더 항을 출항할 때에는 항로를 서쪽으로 되돌려 아프리카 대륙의 해안을 따라 남쪽을 향해 배를 운항하다 세인트 헬레나St. Helena에 들러 옛 영웅의 자취를 기리려 한다. 그리고 나아가고 또 나아가 수백 년 전 바스코 다 가마Vasco de Gama라는 사람이 최초로 돌았다고 하는 희망봉을 돌아 인도양을 건너면 대양주101)가 나타

---

101) 오세아니아

날 것이다. 그게 아니라면 고대사에서 유명한 시리아Syria 기슭에 배를 대고 육지로 가 예루살렘Jerusalem을 방문하고, 레바논Lebanon산을 올라 요르단 강이 흘러 들어가는 사해에도 가 볼 수 있으며, 또 바빌론, 니네베Nineveh의 위대한 사적도 찾아가보고, 유프라테스Euphrates 강을 타고 내려오면 페르시아 만이 나올 것이다. 하지만 그곳은 배를 타고 가는 것이 낫다. 어느 곳이건 정했다면 내려져 있는 닻을 끌어올린다. 때마침 불어오는 순풍에 배는 순조롭게 달려 아시아, 아프리카 남쪽 대륙의 경계에 뻗어 있는 산맥을, 신도 아닌 사람의 힘으로 뚫은 운하로 배는 들어선다. 이렇게 그곳도 지나 홍해, 아덴

희망봉

만이라는 곳도 금방이라는 생각이 들 정도로 빨리도 지나간다.

아라비아 해라는 명성에 상상의 배는 사람을 기쁘게라도 하려는 듯 잔잔한 바다 위를 매우 순조롭게 나아가다 코모린Comorin 갑을 감싸고 돌 무렵, 오른쪽에 스리랑카가 보인다. 원래 이 스리랑카는 지금으로부터 2400여 년 전에 석가모니가 설법을 했던 땅이다. 그러니 지금도 여전히 불교만을 믿는 사람들이 많은 것이 아니겠는가. 이어 포크Palk의 좁은 해협을 통과했기에 캘커타Calcutta로 항해를 서두른다.

캘커타는 갠지스Ganges강 어귀에 위치해있으며 방글라데시의 수도라고 한다. 이 갠지스강은 세계 굴지의 큰 강이다. 근처의 토지로 말하자면 아편 산지로 유명한 곳이다. 원래 아편은 꽃이 흰 양귀비 열매의 껍질 상피에 상처를 입혀 나오는 즙을 채집하여 말린 것이다. 이 양귀비를 재배하는 밭은 길이 240~250마일(약 386~402km), 넓이 80마일(약 129km)이나 되는 엄청나게 광대한 규모이다. 12월 말부터 2월 초에 이르기까지 꽃이 활짝 피는데 온 대지에 쌓인 눈을 보는 듯하다. 그러다 열매를 맺으면 아편을 제조한다. 매해 그 수가 대략 63,000상자에 이르고 그 값은 1,929만 달러나 된다고 한다. 이토록 거액의 독약이지만 10 중 9는 중국인의 수요에 공급되어 연기로 사라진다고 한다. 실로 무서운 일이 아니겠는가.

갠지스강의 겨울 하늘
어디가 끝인가 하얀 눈이
내려와 뒤덮으니 분간하기 어렵지만
향은 숨기고 있다네. 양귀비 꽃

이곳에서 상상의 배는 목적지를 동남쪽으로 잡고 오스트레일리아 대륙에서 가장 융성하다는 시드니Sydney에 도착한다. 이 도시는 그 옛날 영국에서 죄수를 유배한 땅이었다. 그 후 양민이 이주하면서부터 죄수 유배를 그만두었다고 한다. 이곳에서 대륙의 해안을 따라 동북쪽을 돌아보면 산호초가 있는데 그 길이가 1,000마일(약 16,094km)에 이른다. 이 산호초는 태평양에서 밀려오는 성난 파도를 막아주기에 지금은 마치 이 대륙을 위한 울타리와 같다. 그 외에도 이 주변의 바다 속에는 녹호綠礁, 환초環礁102)와 같이 다양한 산호섬의 종류가 있다고 한다.

거친 파도를 막아주는 산호초.
선박이 다가오는 산호섬.
이 산호초, 이 산호섬 모두
작은 바다 벌레가 모여들고
밤낮이 반복되어 세월이 흘러
천길 바닥부터 차곡차곡 쌓여 만들어진
산호초도 산호섬도 모두 단단히 서있구나.
눈에 보이지 않는 벌레마저도 숨겨주어라.
힘써 잘 가꾸어라, 자, 세상 사람들이여.
함께 부지런히 힘써라, 자, 세상 사람들이여.

나가고 또 나아가 톨레스Torres 해협을 건너 동인도 제도 사이의 오른쪽, 왼쪽을 각각 돌아보니 장소가 장소이니 만큼 염천의 기후라 초목은 대단히 무성하며 울창하다. 내륙에 있는 높은 산에는 생각지도 못한 흰 눈이 덮여 있어 그 풍광이 말로 형용하기 어렵다.

---

102) 열대 바다에 화산섬이 형성되면서 그 주변에 둥그렇게 형성되는 산호초.

그리고 이 섬 안에는 화산이 유난히 많아 지진도 종종 일어난다고 한다. 그리고 여름에는 무서운 태풍이 불어 항해하는 선박이 매우 위험하다고들 하지만 이번에는 그럴 염려가 전혀 없다.

*금자탑(金字塔): 영어로 '피라미드'라 한다. 무덤 같은 것이다.

제29과 세계 항해 4

　이리하여 상상의 배는 어느덧 동양에서 명성이 자자한 홍콩에 도착했다. 이 항구는 중국 광동廣東 지방의 하구에 있는 작은 섬으로 원래 중국 조정에 속해 있었지만 약 50여 년 전에 있었던 아편 전쟁 이후 영국의 소유가 되었다. 때문에 영국은 이 땅에 군대를 두고 수많은 군함을 주둔시켜 늘 삼엄한 경비를 한다. 본디 중국은 아시아의 대제국이며 대단히 오래전에 나라를 세웠기에 세상에 견줄만 한 곳도 많지 않다. 지금으로부터 4천여 년 전 요순이 다스리던 당시에 이미 문명이 개화되어 새로운 발명 또한 무척 많았다. 그렇기에 안을 공경하고, 밖을 천시하여 스스로를 중국中国, 중화中華라 뽐내어 칭했으며, 다른 나라들은 모두 오랑캐라 여기는 것이 이 나라의 일반적 풍습이었다. 그러나 이전의 원나라 조정도, 지금의 청나라 조정도 모두 이른바 오랑캐 땅에서 일어나 중국, 중화를 빼앗았는데도, 그들이 통치하게 되자 구래의 나쁜 습관을 따라 스스로를 높이고 타국을 경시하여 누차 외국의 신의를 잃어 많은 수모를 겪었기 때문에 근래 들어 크게 반성하며 떨쳐 일어나려 하는 듯하다. 이 나라는 자연과 물로부터 많은 혜택을 입고 있는데, 황하黃河와 양자강揚子江 등은 아시아의 거대한 강으로 나라 전체를 관통해 동쪽으로 흐르고 있고,

이 두 강을 옆으로 관통하는 남북 260여 리(약 102km)에 걸친 운하가 있다. 이는 수나라 때 뚫은 것이라고 한다. 그리고 이 나라에서 천하의 경관이라고 할 만한 것은 만리장성萬里長城이다. 만리장성은 진나라 시황제가 북방의 적국으로부터 침입을 막기 위해 축조한 것으로 길이가 동서로 510리(약 200km)에 달한다. 험준한 산봉우리를 넘고 깊은 계곡을 건너 강을 가로지르며, 그 높이는 2장 5척(약 7.6m), 두께는 1장 5척(약 4.6m)의 견고한 벽이라고 한다.

사람은 석벽, 사람은 성城.
적을 막는 성벽은
산하山河를 지키는 것이 아니로구나.
실로 재미있는 말이 아닌가.
진나라 황제의 선견지명이
이에 이르지 못한 것인가.
쌓아올린 장성은
그 이름처럼 수천 년의
기나긴 세월 동안 남아 있지만
진나라는 어디로 갔는지
흔적조차 찾지 못할 만큼
덧없을 뿐이로다.
그 후의 세상도 몇 번이나
흥하고 망하여 지금은 이제
장성 밖 사람들의
세상이 되었다네. 이리도 덧없다네.

홍콩 섬을 출항하여 방향을 동북으로 잡고 조선의 인천에 정박

한다. 이 나라는 아시아 동쪽 해안에 있는 큰 반도로 우리 쓰시마対
馬와 불과 11리(약 4.32km) 밖에 떨어져 있지 않다. 그렇기에 가장
일찍부터 우리나라와 왕래하고 문학 및 갖가지 기술의 전래도 적
지 않다. 또한 우리나라가 수차례 이를 정벌하기도 했는데, 고대
진구神功황후103)가 직접 정벌하기도 했으며 가깝게는 도요토미豊臣
의 토벌로 모든 이가 아는 바이다.

이렇게 한열寒熱의 땅을 건너고 황무한 땅을 밟아 가난하고 넉넉
한 사람들을 접하기도 하며, 기쁜 일도 경험하고 힘든 일도 잘 견
뎌가며 세계 항해를 마치고 이제야 본국인 일본 땅에 돌아온다.

넓은 세계의 좋은 점과 나쁜 점
나라 곳곳을 보아가며
돌고 또 돌았지만
우리 일본을 세우고, 그리고
천 년 동안 지낼 곳을 갖고 싶다네.
생각만큼 좋은 나라는
어디에도 없었다네.
이제 좋은 나라의 장점을 본받고
나쁜 것은 매우 경계하여
우리 사랑하는 일본이
나라의 빛을 더욱 빛내
다른 나라들의 구석까지
비추기를 바란다네.

---

103) 일본 제14대 천황이자 주아이(仲哀) 천황의 황후로 섭정으로 70년간을 군림했다는
기록이 있다.

제30과 사토 노부히로 전

사토 노부히로佐藤信淵는 데와出羽[104] 출신으로 자를 겐카이元海, 쓰바키엔椿園이라 했으며, 통칭 모모스케百祐라 불렸다. 집안 대대로 의술을 업으로 삼았고 가학家學으로 농정農政을 다루며 4대에 걸쳐 책을 저술해 노부히로에 이르기까지 200여 년 동안 공로를 쌓아 결국 그 가학을 완성시켰다고 한다. 이러한 노부히로의 행동으로 미루어 볼 때 사람 됨됨이가 좋고 영민하며 의지가 강해 일생 체험과 공익, 저작이라는 세 가지에 뜻을 두었다.

노부히로는 어릴 적부터 나라를 다스리고 백성을 구하고자 뜻을 품고 종종 각지를 유람했는데, 마쓰마에松前[105]에 이르러서는 그 지세를 살피기도 했으며, 혹은 오와奧羽[106] 지역의 여러 산을 둘러보았고, 그 마을의 인정, 풍속을 관찰하기도 했으며, 아버지와 함께 시모노下野[107]의 가네야마金山[108]에 체류할 때에는 지역 주민들에

---

104) 현재의 야마가타현(山形県)과 아키타현(秋田県)
105) 홋카이도(北海道) 남쪽 지방
106) 일본 토호쿠(東北) 지방
107) 도치기(栃木) 남부
108) 나고야(名古屋)시와 아쓰다(熱田)구에 걸쳐 있는 지역

게 표고버섯 재배법을 가르치는 아버지를 보고 재배법을 습득하였으며, 때때로 아버지를 따라 산과 계곡을 다니며 지역 산물을 탐색하고 배웠으며, 때로는 광산에 들어가 그 분석법을 탐구했고, 때로는 들로 나가 경작법 등을 보고 다녔기에 대단히 얻는 것이 많았다. 이는 노부히로가 몸소 체험한 것의 요지이다.

장성하여 세상에 뜻을 품고 서쪽 바다로 가 발길이 닿는 곳이라면 그곳의 산물을 반드시 탐색하고 연구했다. 그러다 가끔 고관대작이나 지역 부호의 청에 응하였으며, 혹은 수해를 방지하는 방법을 논하였고, 혹은 소와 말의 목축 방법을 전수했으며, 혹은 논밭을 갈고 씨뿌리는 방법을 탐구했고, 혹은 농사짓는 법을 가르쳐주거나, 혹은 바닷가를 일구어 염전 만드는 법을 가르쳤으며, 혹은 새 농지를 개간해야 하는 이유를 설명하기도 했는데, 이런 것들은 모두 그 성과가 뚜렷하여 지금도 여전히 그 은혜와 혜택을 입고 있다고 할 수 있다. 이것들은 노부히로가 이로움을 가져온 위대한 업적의 요지이다.

노부히로 일생의 큰 뜻은 가학을 대성시키는 데 있었다. 그러므로 세상을 더 둘러보는 시간 대신 방에 칩거하며 저작에 힘을 쏟았고 결국 조부가 남긴 서적과 자신의 저작을 덧붙여 편찬함으로써 대 저서를 완성하기에 이르렀는데, 이름하여 『농정본서農政本書』[109]라 한다. 모두 7부 50권으로 이루어졌으며 기후 살피는 법부터 재배와 경종耕種의 비결에 이르기까지 최소한 농정에 관한 일이라면 모두 망라하고 상세히 기술하여 빠지는 사항이 없다. 그리고 노부히로는 그의 나이 16세 무렵, 우다가와 가이엔宇田川槐[110]의 문하생

---

109) 『농정본론(農政本論)』의 오기라 생각됨.

110) 우다가와 겐즈이(宇田川玄隨, 1756~1798)이다. 우다가와 겐즈이는 의학자이자 난학자이다. 원래는 한방의였지만 스기마겐파크(杉田玄白), 마에도 료타쿠(前野良沢) 등의 난학자, 양의들과 교류하면서 난학으로 전향하게 된다.

이 되어 난학蘭学을 통해 천문, 지리, 역학, 산술 등을 배워 크게 통달했으며, 서양의 역사, 병법, 경제 등의 학문에도 정통하여 각 분야의 저술을 남겼다. 이 또한 노부히로의 저작 업적의 요지이다.

이외에 노부히로가 남들보다 가장 뛰어난 점은 식견이 탁월하다는 것과 언어를 소홀히 여기지 않았다는 것, 두 가지이다. 신분이 높은 사람에게 말을 할 때에는 자신의 주장이 받아들여지지 않더라도 말을 바꾸며 이들에게 아부하지 않았다. 늘 사람들에게 말하길 "지금은 내 말을 세상이 들어주지 않아도 후세에 영웅이 나타나면 반드시 내 말을 받아들여 줄 것이오."라고 했다. 그가 저술한 『혼동비록混同秘録』에도 황거皇居를 에도江戸로 옮기고 명칭을 도쿄東京라 고치며, 모든 관청을 이곳에 두고 특히 육해군을 확충하고, 학교, 병원, 수용시설 등을 건립하며, 각 지방에 산물국産物局을 설치함으로써 나라의 부강을 꾀하고, 교육 발전에 힘을 쏟아야 하는 이유를 역설했다. 과연 그가 주장한 대로 오늘날 메이지明治의 태평성대에 이르러 그의 방책이 맞아떨어지지 않았는가. 실로 탁견을 가진 인재라 할 만하다.

노부히로는 1769년(메이와明和 6년) 6월 15일에 태어나 1850년(가에이嘉永 3년) 1월 6일에 향년 82세에 병사한다. 1882년(메이지明治 15년) 6월, 조정이 노부히로의 위대한 업적을 기려 정5품의 관직을 추서했다. 신민의 광영이라 하겠다.

제31과 빈곤의 원인

인간이 빈곤해지는 원인을 찾아 이를 구제하려고 힘쓰는 것은 공익 중 하나이다. 그리고 그 원인에도 여러 가지가 있으나 그 어려움을 크게 줄여주는 힘이 교육에 있다는 사실은 무릇 세상 사람이 아는 바이다.

어떤 사람의 말에 의하면, "만일 이 세계에서 음주의 풍속을 없앤다면 이전과 같은 사회라고 여기기 어려울 만큼 변화가 생길 것이다."고 한다. 이 말은 한때 세상 사람들을 크게 감동시켰던 것으로 음주의 폐습이 빈곤의 한 원인임은 의심의 여지가 없는 사실이다. 또한 불성실은 빈곤의 원인 중 하나로 모든 악을 끌어당긴다는 사실도 의심할 여지가 없기에 여러분은 부디 이에 주의하여 단호히 그 뿌리를 끊어내기 위해 노력해야 한다. 요컨대 불성실의 악습은 당장은 그다지 해악을 느끼지 못하더라도 나중이 되어서는 매우 무서운 것이 된다. 예를 들어 지폐의 위조, 사기 편취*, 절도 등의 죄를 저지른 사람을 보면 처음에는 불성실의 나쁜 습관에서 자연스럽게 이러한 죄악을 저지르게 된 자가 많은 것처럼 말이다.

무릇 사람은 분수에 맞게 비용을 절약하여 불시의 재난에 대비해야 한다. 이렇게 비용을 절약하는 습관을 갖게 되면 자연스레 모든 악의 유혹에 저항하여 결국에는 이를 거부할 수 있다. 이는 근본적으로 빈곤에 빠지는 것을 예방하는 방법이지만 여전히 이것만으로는 부족하다. 무지와 무기력은 빈곤의 원인 중 하나이기 때문에 어릴 때부터 지식을 쌓고, 힘을 기르기 위해 주의를 기울여야 한다.

그러나 여러분이 지금 학교를 졸업하는 것만으로 여전히 다른 이의 신뢰를 얻어 스스로를 부귀하게 만들 수는 없다. 학교에서 얻는 지식은 대개 서적상의 지식으로 이를 실제로 응용하는 기술에 비하면 그 가치는 하등한 것이다. 요컨대 실제로 응용하는 기술에 능통하게 되면 타인에게 유용한 사람이 될 수 있고, 자신을 부귀한 사람으로 만들어줄 것이다. 어떤 사람이 말하길, "먼저 자신을 유용한 사람으로 만들어야 한다. 그리되면 처음에는 타인이 이 사람을 고용할 것이고, 훗날에는 이 사람을 초빙할 것이다. 이렇게 자신이 더욱 유용한 사람이 되면 앞 다투어 초빙하려는 사람이 많아질 것이다. 따라서 생업에 종사하면서 고된 것을 참고 근면하게 노력하는 실제 훈련을 함으로써 품행을 도야하고 장래의 부귀를 만들어 낼 수 있을 것이다."라고 했다. 소년이여, 이 말을 잘 이해하고 마음에 새긴다면 반드시 빈곤을 면할 수 있을 것이다.

*사기 편취(詐欺取物): 거짓으로 속여 금전과 재물을 취하는 것

제32과 혜성 이야기

오랜 옛날에는 혜성이 무엇인지 알지 못했기에 세상 사람들이 별을 대단히 무서워하여 혜성이 나타나면 병란, 역병, 흉년 등이 올 징조라 여겼다. 심지어 만약 별이 지구에 충돌한다면 이로 인해 지구가 부서질 것이라며 두려워하기까지 했다. 하지만 근래에 이르러 학술 연구가 매우 정교해지면서 원래 혜성은 대단히 가벼운 것이기 때문에 설령 지구에 충돌하더라도 결코 지구가 부서질 염려가 없다는 사실을 발견하게 되었다고 한다.

혜성은 모두 스스로 빛을 발하며 그 공전의 궤도면은 각 높낮이를 달리한다. 그리고 궤도의 형상은 긴 원형 혹은 타원형인 것도 있다. 혹은 포물선형Parabola인 것 있고, 쌍곡선형Hyperbola인 것도 있다. 그 궤도가 가장 긴 타원형인 것은 수만 년이 지난 후에야 다시 우리 태양계로 복귀한다. 하지만 포물선형과 쌍곡선형 궤도의 혜성은 한 번 우리 태양을 통과한 후 다시 다른 태양계를 향해 나아간다. 우리 태양을 돌아 공전하는 방향도 유성과 같이 서쪽에서 동쪽으로 향하는 것도 있으며, 이와 반대로 동쪽에서 서쪽으로 향하는 것도 있어 모두 일정하지는 않다.

혜성에는 빛이 다소 강한 부분이 있다. 이를 머리라 칭한다. 그리고 때로는 그 머리 중앙에 빛이 매우 강한 부분을 볼 수 있다. 이를 중심이라 부른다. 그리고 머리에서 빛이 다소 약하게 흘러나오는 부분이 있다. 이를 꼬리라 한다. 꼬리의 형상은 별마다 달라 긴 것도 있으며 짧은 것도 있고 꼬리가 여럿 있는 것도 있다. 또한 때로는 꼬리가 없는 혜성도 있다. 공전하는 시간이 극히 짧은 것은 대체로 꼬리를 끌지 않는 것이 보통이다. 또한 혜성의 머리와 꼬리는 그 빛이 모두 옅고 투명하여 그 꼬리에서 항성의 빛을 투시할 수 있다.

혜성이 아직 태양에 근접하지 않았을 때에는 태양열을 적게 받아 그 빛도 매우 옅다. 그러다 점차 태양에 가까워지면 그 운행 속도가 증가하며 더욱 더 태양열을 많이 받아 그 빛도 점차 짙어진다. 이리하여 비로소 육안으로도 볼 수 있게 된다. 이때 혜성은 곧바로 격한 변화를 일으키면서 머리에서 가스가 계속 분출된다. 그래서 가스가 별 뒤쪽으로 흐르게 되는데 마치 기차가 질주할 때 뿜어대는 연기가 바람에 의해 기차 뒤쪽에서 나부끼듯이 말이다. 요컨대 혜성의 머리는 태양열을 만나야만 비로소 연소하여 꼬리가 생기는 것이다. 그 꼬리는 태양 빛을 힘으로 삼아 빛을 발하는 것이다. 또한 혜성은 본체가 태양을 보며 나아가든 물러나든 상관없이 늘 그 꼬리가 태양을 등지고 있다. 이 방향은 태양의 배제력排擠力에 의해 변화하는 것이다. 혜성 중 중심이 없는 것은 아마도 별 머리의 성질이 가스로 만들어졌기 때문일 것이다. 하지만 중심이 있는 혜성의 성질이 과연 이와 같은지 아직 확인된 바는 없다. 다만 한가지의 확실한 설은 혜성의 꼬리는 원래 별 머리가 태양열을 받아 연소하면서 생기는 것으로 태양에 가까워질 때마다 그 물질의 양이 많이 감소한다는 사실이다.

제33과 메이지明治시대 문무의 융성

내란을 진압하고 해적에 대비하기 위해서는 무武가 아니라면 성과를 낼 수 없다. 지혜를 얻고, 재능과 예술을 연마하는 것은 문文이 아니면 그 효과를 보지 못한다. 때문에 역대 제왕들은 늘 문교文教를 융성시키고 군비를 엄히 하였는데 이는 오직 국가의 치안과 융성을 가져오기 위한 왕의 생각에서 나온 것이다. 그런데도 무가가 일단 정권을 잡게 되면 위아래 할 것 없이 무를 숭상하고 문을 천시하여 학문과 문예를 승려의 손에만 맡겨놓고는 도외시하였다. 도쿠가와德川 시대111)에 이르러 점차 그 폐해에서 벗어났다고는 하지만 오로지 학문과 무예는 사무라이 계급의 일이라 여겼으며, 농공상農工商들은 이를 파산破産의 근본으로 여겨 나라를 사랑하거나 입신양명을 전혀 하려고 하지 않았는데, 예로부터 이어온 관습이라고는 하나 국가를 위해서는 탄식할 일이 아니고 무엇이겠는가.

지금 천황이 직접 모든 것을 다스리시게 되었고 수장으로 세상의 공정함에 근본을 두시고 지식을 세계에서 찾고자 하는 의중을

---

111) 도쿠가와 이에야스(德川家康)가 막부를 설치한 1603년부터 15대 장군인 도쿠가와 요시노부(德川慶喜)가 봉환한 1867년까지 265년을 가리킨다.

갖고 계신다. 또 무력을 강화하여 해외에 국위를 떨치라는 분부가 있으셨다. 이에 처음으로 육해군의 제도를 제정하시고 이와쿠라 토모미岩倉具視 등을 육해군 군무총독으로 명하셨으며, 각슈인学習院을 세우고 이를 새롭게 다이가쿠료다이大学寮代112)로 하여 학문과 교육을 융성시키셨다. 그 후 다방면에서 변혁을 일으켜 육군과 해군을 나누고, 병마, 군함을 관장케 하셨으며, 문부성을 두어 교육을 총괄하게 하셨다. 이 또한 오늘날의 융성을 가져온 근본이 되었다.

육군의 군제는 전국을 7개 사관師管으로 나누고 각 사관에는 하나의 사단師團을 두었으며 중장中將을 그 수장으로 한다. 즉, 사단장이다. 현재 사단은 도쿄東京, 오사카大阪, 미야기宮城, 나고야名古屋, 히로시마広島, 구마모토熊本에 있으며 홋카이도北海道에는 아직 이를 두지 않았다. 그러므로 6개 사단이 된다. 또한 6개 사관을 나누어 12개 여관旅管으로 하며, 각 여관에는 한 여단旅團을 두고 소장小將을 그 수장으로 한다. 이를 여단장旅團長이라 한다. 현재 여단은 도쿄, 사쿠라佐倉, 센다이仙台, 아오모리青森, 나고야名古屋, 가나자와金沢, 오사카, 히메지姫路, 히로시마, 마쓰야마松山, 구마모토, 오구라小倉에 있다. 매해 군의 관할 지역마다 만20세가 되는 남자를 검사해 그중에서 추첨으로 징병하여 이들을 사단에 3년간 기거, 병역복무를 하게 했다. 현역을 마친 자는 4년 동안 예비 병역으로 복무한다. 예비 병역을 마친 자는 5년 동안 또다시 후비 병역으로 복무한다. 이상을 사단병이라 칭하는 것이다. 또한 징집한 병사 중에서 품행이 방정하고 기예가 숙달된 자를 선발하여 천황 폐하의 친위병으로 삼았다. 이를 근위병이라 한다. 그 외에 헌병, 지원병, 둔전병 등이 있

---

112) 1849년에 세워진 각슈인의 학생이 줄어 1868년 메이지정부는 이를 다이가쿠료다이라 개칭하여 부흥을 꾀하였다. 그러나 같은 해 8월에 폐쇄되었다가 1877년에 도쿄 간다의 긴시초(錦糸町)에 재건되어 오늘에 이른다.

어 각 병역에 복무하게 한다.

해군은 군함과 군인으로 구성되어 있다. 군함은 등급이 7단계로, 승조원 455명 이상을 1등급으로 하며, 39명 이하를 7등급으로 한다. 3등급 이상을 대형함이라 하고, 6등급 이하를 소형함이라 하며, 그 중간 2개 등급을 중형함이라 한다. 또한 수 척의 군함을 편성하여 전대戰隊를 만들면 이를 함대라 부른다. 함대는 다시 3등급으로 나누며, 대함대는 12척, 중함대는 8척, 소함대는 4척으로 구성하는 것이 일반적이다. 대함대는 장관將官이 지휘하며, 중함대는 소장少將 혹은 대좌大佐가 지휘하고, 소함대는 대좌大佐가 이를 지휘한다. 장관이 명을 받아 지휘관이 되었을 때에는 그가 탄 군함을 기함旗艦이라 하고, 대좌가 탄 배를 지휘함이라고 한다.

교육은 문부대신이 총괄하며 부현府県의 장관長官이 명을 받아 이를 관내에서 시행하게 된다. 먼저 부현의 관내를 나누어 학군을 편성하며 학군 내에 소학교 몇 개교를 세우게 한다. 각 정町, 촌村 혹은 몇 개의 정, 촌을 통합하여 공비公費로 세운 학교를 공립소학이라 하고, 한 사람 혹은 몇 사람이 사비私費를 내서 세운 학교를 사립소학이라 한다. 학령은 만 6세부터 14세까지의 8년간이다. 중학에는 두 종류가 있다. 각 부현에서 세운 것을 심상중학尋常中學이라 하고, 지방세로 설립하여 유지하는 것은 부현의 1개교로 제한한다. 심상중학 위에는 고등중학高等中学이 있다. 전국에 5개교가 있으며 국고금으로 설립한 것이다. 제국대학은 대학원과 분과대학分科大學을 포함한다. 법과, 이과, 문과, 의과, 공과로 나누어 가르치는데 이를 분과대학이라 한다. 그리고 대학원은 그 위에 있는 것이다. 또한 고등사범학교는 관립으로 심상사범학교尋常師範學校 등의 직원 및 교원을 양성하고, 심상사범학교는 부현립으로 소학교 교원을 양성한다. 그 외에 상업학교, 직공학교, 농림학교, 음악학교, 미술

학교 등이 있으며 각각의 전문 과목을 배운다.

　이상은 오늘날 우리나라 문무의 상황을 보여주는 조직에 지나지 않지만 봉건시대에 비해 매우 큰 진보가 아니겠는가. 이 모든 것이 우리 천황폐하께서 열의로 세상을 다스리신 덕분이다. 이 성대에 사는 우리들은 그 넓은 은혜의 만분의 일이라도 갚고자 해야 할 것이다.

제34과 술을 절제해야 함

술을 폭음하는 습관은 모든 악의 근원이라 할 것이다. 재판관의 말을 들어보면 감옥으로 보내지는 죄인의 과반은 모두 폭음하는 습관에서 기인한 것이라고 한다. 그러하니 사람은 한 번 폭음하는 습관을 갖게 되면 만사에 게을러져 직무에도 태만해지고 금전을 낭비하게 될 것이 거울을 보듯 뻔하다. 뿐만 아니라 처자식도 돌보지 않고 부모조차 경애하지 않으며 가족을 부양하는데 사용하며 즐거움을 느껴야 할 금전을 오로지 술값으로 낭비하다 결국에는 좋지 않은 세계에 빠져 양질의 즐거움도 얻지 못하고, 점차 친구에게도 버림받아 가련한 인생을 보내게 되는 법이다.

우리나라에서는 매해 무척 많은 양의 청주, 탁주, 소주 등을 주조해 비싼 값을 매기며, 이는 한 사람당 3~4원어치씩 마시는 셈이다. 이 돈은 흔적도 없이 사라질 뿐 아니라 집안의 풍파를 불러일으키고 사람의 목숨마저 앗아갈 수 있다. 정말 무서운 일이 아닐 수 없다. 그러나 술을 절제하는 습관을 갖는다면 그 사람은 무척 즐겁게 세상을 살 수 있으며 집안이 번영해 가는 것은 의심할 여지가 없다.

어느 곳에 면을 제조하는 직공이 있었는데 아내를 데려올 때 약속하기를 이후 아내에게 다섯 잔의 술을 마시게 할 것이며 그만큼의 돈을 써도 상관하지 않겠다고 했다. 이는 자신이 술을 마실 수는 있었지만 술 마시는 것을 아내가 좋아하도록 해야 했기 때문이다. 이리하여 부부 모두 매일 노동을 하고는 반주하는 것을 더할 나위 없는 즐거움으로 삼았다. 하지만 남편은 아내가 술을 마시지 않더라도 구태여 타박하지 않았다. 아내는 남편이 늘 술을 마셔도 걱정하지 않았고 이렇게 나날을 보냈다.

아내가 이 집에 시집 와 채 1년이 되지 않았을 무렵, 남편은 아내의 행동을 보고 조금 부끄러워지는 일이 있었는데, 어느 날 아내를 향해 "당신이 이 집에 시집을 와 아직까지 한 번도 쉬는 날이 없었소. 나는 단 한 푼도 돈을 모으지 못했지만 만약 조금이라도 돈을 모으게 된다면 하루를 쉬고 당신 어머님을 찾아뵐 것이오."라고 말하자 아내는 그 자상함에 기뻐서 눈물을 흘리며 "참말이지, 우리 남편이 우리 어머니를 찾아뵙겠다고 생각해주는 것이 고맙네요. 우리 하루를 쉽시다."라고 했다. 남편은 그 말을 듣고 "하루를 쉬다니, 어찌된 일이오. 당신이 그만한 돈을 갖고 있다는 말이오?"라고 묻자 "아니요, 아니요, 저는 그저 다섯 잔의 술값을 갖고 있을 뿐이랍니다."라고 했다. 그러나 남편은 그 말을 사실이라고는 생각지 않았지만 아내는 작은 서랍장에서 3원 남짓의 돈을 꺼내 남편 손에 건네며, "서방님, 이것으로 하루를 쉴 수 있지요?"라고 말했다.

남편은 아내의 행실에 깊이 느끼는 바가 있어 그 돈을 손에 쥐지도 못한 채 아내의 얼굴을 바라보고 있다가 조금 지나 "당신은 술값을 모아 두었구려. 나도 이제는 술을 마시지 않겠소."라고 말하며 그날은 아내의 어머니를 찾아뵙고 하루를 지낸 후, 다음 날부터 자신이 다짐한 말을 굳게 지켜 일을 했기 때문에 절약의 즐거움을 알게 되었고, 후에는 큰 가게를 내었으며 제조소도 만들고 별장까지도 소유할 수 있는 큰 자산가가 되었다고 한다.

제35과 근래의 문명 1

문명이란 것은 그 의미가 매우 넓다고는 하나 요컨대 인간의 행복을 증진시키고 인간에게 편리함을 준다는 뜻을 갖기에 문명이 점점 진보하게 되면 인간의 행복과 편리함은 더욱더 증진되는 것이다. 그리고 근래 우리나라는 문명의 발달이 점차 빨라져 한층 더 진보하는 추세이다. 그러므로 나는 문명이란 어떠한 것인지 설명하고자 한다.

여러분 중에는 바닷가에 사는 사람도 있을 것이다. 또한, 산에서 생활하는 사람도 있을 것이다. 바닷가에 사는 사람은 무릇 바다를 보고는 있지만 그 모습을 알지 못한다. 산에서 생활하는 사람 또한 다른 사람과의 말이나 글을 통해 그 모습을 알게 된다. 바다는 날씨가 맑고 바람이 없을 때에는 실로 평온하지만, 일단 폭풍이 불면 하늘을 찌르듯 큰 파도가 어마어마하게 일게 되는데 이는 말로 형용하기 어려울 정도다. 그러나 기선의 발명으로 이를 타고 큰 바다를 항해하는 것은 우리가 마치 마차나 인력거를 타고 길을 달리는 것과 같아 파도 속에서도 전복되거나 침몰할 우려가 없다. 이렇게 근래 우리나라에서 크고 작은 기선의 수가 많아져 동북쪽은 홋카이도北海道에서부터, 서남쪽은 오키나와沖縄에 이르기까지 항로를 개척

해 사람을 태우고 물건을 싣고 안전하게 운행하고 있다는 사실은 모두 들어 잘 아는 바일 것이다. 뿐만 아니라 만 리 파도를 넘어 해외 각국과 왕래하는 거대한 기선도 있다고 한다. 여러분, 작은 돛 하나로 그 진퇴를 결정하는 나뭇잎과 다를 바 없는 엉성한 것으로 만들어진 작은 배를 타고 큰 바다를 항해한다고 지금 한번 상상해 보자. 폭풍의 위력, 성난 파도의 기세, 상상만 해도 떨리고 두렵지 않겠는가. 그런데도 옛날 우리나라에 기선이 아직 없을 적에도 사람들이 모두 위험을 무릅썼던 것이다. 이것만 보더라도 문명은 인간의 행복과 편리함을 증진시키는 것이 아니고 무엇이겠는가.

또한, 산에서 생활하는 사람은 물론이거니와 바닷가에 사는 사람도 산길의 험난함을 익히 들어 알 것이다. 평상시에도 고개를 넘으려면 대단히 어려움이 따르며, 특히 눈비가 내릴 때에는 목숨을 잃는 일조차 있었다. 때로는 맹수의 독이빨을 두려워해야 했다. 그러나 철도의 부설로 인해 극히 험준한 산길만 아니라면 일순간에 몇 마일을 가는 것이 흡사 평탄한 숫돌 위를 달리는 것과 같아졌다. 이렇게 이제 우리나라에서는 철도 공사를 많이 해 발 닿는 곳이라면 부설되지 않은 곳이 거의 없다. 그 중 가장 긴 선로라 일컫는 도카이도東海道와 같은 것은 겨우 이틀 밤낮도 채 안 되어 동쪽과 서쪽의 두 수도113) 사이를 왕복할 수 있다. 따라서 사람들은 우리나라에서 가장 험난하다고 일컬어지는 간레이函嶺114)를 넘을 걱정조차 하지 않게 되었다. 여러분이 지금 온종일 걸어서 8리(里, 약 32km)의 험난한 길을 간신히 넘어간다고 상상해 보자. 그 수고로움과 사업이 실로 비견되지 않는다는 것을 깨닫게 될 것이다. 그런데

---

113) 동쪽의 수도는 도쿄(東京), 서쪽의 수도는 교토(京都)
114) 하코네야마(箱根山)

도 지금으로부터 수년 전 철도가 아직 완공되지 않았을 때에는 사
람들은 위험을 무릅썼던 것이다. 이로써 알게 되는 사실이 있다.

문명의 정황

문명은 인간의 행복과 편리함을 증진시켜 준다는 것이다.

이처럼 기선과 철도는 여행객과 화물을 신속하고 평온하게 운송, 송달하여 상호 간 왕복 교통이 매우 편리해졌기에 세상 사람들은 바로 크나큰 이로움을 깨달아 기선과 철도가 다닐 수 없는 곳에는 특별히 도로를 보수하고 개통하여 여행객의 왕래와 화물 운송의 편리함을 가져왔다. 이렇게 우리들은 기선, 철도, 도로의 편의성에 힘입어 갑甲 지역의 화물과 을乙 지역의 산물을 교환하기도 하고, 산간 지역 사람은 용이하게 바닷가로 놀러 가기도 하며, 바닷가 사람은 손쉽게 산으로 이동할 수 있게 되었다. 이 또한 문명의 음덕이 아니고 무엇이겠는가.

여러분 중에는 전신電信이라는 것을 모르는 사람이 있을 수도 있겠지만 보통 우편에 대해서는 모르는 사람이 없을 것이다. 오늘날 우편은 어떤 산간벽지라 하더라도 닿지 않는 곳이 없고, 수백 리 떨어져 있는 바다와 산이라 하더라도 겨우 2전의 요금만 있으면 통상적인 것은 며칠 안에 이야기를 전달할 수 있다. 그리고 전신은 나라 안 도처에 가설하여 수백 리 떨어져 있는 곳이라 할지라도 겨우 15전이면 한 통 10문자로 대략적인 것을 전달하는데 시간차가 거의 없을 뿐 아니라 왕복 수백 리의 거리라도 하루 만에 용건을 마칠 수 있다. 대체로 우편, 전신이 설치된 곳이라면 우리나라 국내뿐 아니라 멀리 해외의 각국과 통신하는데도 속달의 편리함은 말로 다 할 수 없을 정도다. 우편, 전신을 사용하지 않고 옛날과 같이 사람이 걸어서 연락을 전하러 다닌다고 한번 상상해 보자. 강과 바다는 위험하고 산길은 험난하니 그 불편함이 과연 어떠하겠는가. 한 번만 생각해보면 그 불편함과 곤란함을 쉽게 알 수 있을 것이다. 실로 우편, 전신은 문명의 행복 중 행복이며, 편리함 중의 편리함이라고 할 수 있다.

제36과 근래의 문명 2

현재 국가에는 존중해야 할 법률이 있다. 우리들이 반드시 지켜야 할 계약이다. 그 조항과 예규가 질서정연하여 어지러워지지 않도록, 한 나라의 국민이라면 누구라도 이를 어겨서는 아니 된다. 사회의 안녕은 이유 없이 어지럽혀서는 아니 된다. 그러나 옛날에는 성문成文이라 하는 법률도 갖추어지지 않았고, 예규에 준거하는 계약도 성립되지 않았기에 강자는 약자를 이겼고, 부는 가난을 핍박했으며, 도적은 백주 대낮에 횡행하였고, 무뢰배는 도읍을 활보하였으며, 양민은 관민官民 구분 없이 때때로 그 생명, 재산, 권리를 유린당하는 일이 있어도 그 억울함을 호소할 방도가 없었고, 폭군, 추악한 관리, 악한, 간사한 자들로부터 능멸을 받았던 시대가 있었을 뿐이다. 여러분, 눈을 감고 당시의 상황을 가만히 상상해 보고 지금의 사회와 행복과 편리함이 어떠한지를 비교해 보라. 실로 그 차이는 하늘과 땅이라는 것을 깨달아야 한다. 이 또한 문명의 혜택이 아니고 무엇이겠는가.

지금의 교육제도는 크게 정비되어 소학小學에는 고등高等, 심상尋常의 과과가 있고, 중학中學에도 고등, 심상의 두 과가 있으며, 대학大學에는 대학원, 분과대학分科大學의 두 등급이 있는데 낮은 곳에서 높은 곳으로 올라가는 배움의 단계와 순서가 정연하여 복잡하지 않다. 특히, 소학 교육을 위해 큰 도회는 물론 산간벽지에 이르기까지 학교가 설립되지 않은 곳이 없다. 그렇기에 풍진, 발진, 기타 특별한 사정이 없는 한 태어나 6년이 되면 이곳에 반드시 입학하여 정규 학과의 정해진 과정을 이수해야만 한다. 또한, 부府와 현縣에는 그 부와 현이 세운 심상중학교 1개교의 설치를 허가하고, 전국의 상황을 살펴 적합한 곳에 관립 고등중학교를 두며, 대학교는 그 학과 과정을 수준 높은 것으로 하여 모든 학문의 진리 탐구를 목적으로 한다. 따라서 나무 베는 아이와 농사짓는 여자에 이르기까지 다소간 교육을 받지 않는 일이 없고, 중등中等 이상 인사의 자제는 중등이상의 교육을 받는 추세다. 특히 대학에서는 학자가 각자 뜻이 있는 학문을 연구하게 하고 석학과 대학자를 계속 배출하고자 하는데 실로 성행하고 있다고 할 수 있다. 그런데 옛날에는 학교의 설치가 제대로 이루어지지 않았고 교육을 받는데도 제한이 있어 오로지 신분이 무사인 자들만 불완전한 교육을 받을 권리가 있었으며 농업, 공업, 상업 종사자는 교육을 받고 싶어도 받을 수 없는 관습이 있었다. 그러므로 무사 신분 중에 학자가 배출되기는 했지만, 그 교육이 불완전했기에 인간의 행복을 증진시키는 기술이 없었으며, 농공상인들은 거의 무학무지無學無智의 상황이었다. 오늘날 이를 돌이켜보면 그 불편함과 불쾌함이 과연 어떠했겠는가. 그럼에도 이제는 이러한 폐해를 흔적조차 찾아볼 수 없다. 이 또한 문명의 혜택이 아니고 무엇이겠는가.

이렇듯 도로 왕래의 방편이 열리고 소식을 주고받는 이로움은 생겨났으며 법률은 정비되었고 교육은 발전하였기에 지식은 나날이 발전을 거듭하고 있으며, 혹은 이를 밭을 일구고 농사짓는데 응용하여 농산물을 증산하고 있고, 혹은 이를 공작이나 제조에 응용하여 정교하고 아름다운 물건을 만들어 내고 있으며, 혹은 이를 매매와 무역에 응용함으로써 상업의 기회를 잡아 이익을 남기고, 혹은 공예와 기예에 응용하여 예술을 연마하고 있다. 이로써 근래 우리나라는 왕성히 국토 고유의 부를 일으켰으며, 찬연히 문물과 규율의 아름다움을 보여주고 있다. 우리 국민이 행복과 편리함을 누리는 것이 과연 무엇 때문이겠는가.

본디 문명이라는 것은 어지럽게 뒤섞이고 복잡한 것이기에 일일이 그 세세한 것까지 언급할 수는 없지만, 특별히 여기에 기록해야 할 것이 있다. 즉, 우리나라는 무武로 나라를 세우고, 바다에 둘러싸인 나라이기 때문에 해군과 육군의 군비를 갖추는 일에는 특별히 신경을 써야 할 뿐 아니라 국민의 기질 또한 이에 가장 적합하므로 장병들은 용맹스럽게 기술을 익히고, 전함, 총포와 같은 병기는 모두 튼튼하고 정교함이 뛰어나 장병들은 평상시 각자 맡은 바에 힘쓰며 기술을 연마하여 내외의 뜻하지 않은 어려움에 대비하는 기상도 늠름하고 뛰어나기에 하루도 이를 게을리하는 일이 없다. 평시에는 헌병, 경찰이 있어 국민의 안녕을 보호하고 경계가 이르지 않는 곳이 없다. 이 또한 옛날에는 생각지도 못했던 일이다. 그 외 거주, 위생 관련 법규, 질병 예방의 방법, 기근 재해의 구조도 공사의 구분 없이 모두 전력을 다해 각자의 의무를 다하고 있다. 이는 옛날 사람들은 꿈에도 생각할 수 없었던 것이다. 마을과 도시의 길과 규모가 커지고, 가옥의 건축이 크고 화려해졌으며, 가로등 장치의 완비 등은 아마도 예전의 몇 배가 될 것이다. 이는 새삼스레 말할 필요도 없다.

오! 오늘날 우리나라 국민이 이 행복과 편리함을 누리는 것은 모두 문명의 덕이다. 문명은 앞으로 더욱더 발전하여 우리 국민에게 더욱 큰 복리를 안겨 주는 추세이다. 본디 이는 누구의 은덕인가.

곧 우리의 지혜롭고 문무를 겸비한 천황 폐하의 은덕이시다. 우리들 이 성세에 태어나 바다와 같은 은혜를 입게 된 것을 생각하면 몸을 숙여 온 힘을 다해 각자 맡은 바에 정진하고, 직무에 근면하여 폐하의 바다와 같은 은혜에 보답해야만 할 것이다.

고등소학독본 권7 끝

明治廿年六月廿日版權所有屆

明治廿二年十月廿八日出版

文部省大臣官房圖書課藏版

發賣所　大日本圖書株式會社
東京市京橋區銀座壹丁目廿二番地

發賣所　仝　支　社
大坂市東區博勞町四丁目十七番屋敷

（定價金拾八錢）

義務ヲ盡サヾルナシ是レ昔人ノ夢ニダモ見ルコト能ハザリシ所

ナリ若シソレ通邑大都ニ於テ街衢規模ノ宏大家屋建築ノ壯麗街

燈裝置ノ完備ナルガ如キハ昔時ニ超越スルコト幾倍ゾヤ是レ余

ノ贅言ヲ待タザルナリ。

鳴呼今日我國民ガ此幸福ト便利トヲ享受スルハ全ク近世文明ノ

賜ナリ而シテ此文明ハ將來益上進シ我國民ニ益福利ヲ賦與セ

トスルノ勢アリ抑モ是ハ誰ノ賜ナルゾ即チ我睿聖文武ナル天皇

陛下ノ賜ナリ吾人此盛世ニ生レ此洪恩ニ浴スルヲ思ハヽ鞠躬盡

力シテ各其業トスル所ニ勵精シ其職トスル所ニ勤勉シテ陛下ノ

洪恩ニ奉答セズンバアルベカラザルナリ。

高等小學讀本卷之七終

發セリ、我國民ノ是ガ爲ニ、幸福ト便利トヲ享受スルコトハ果シテ
如何ゾヤ。

抑モ文明ノ事ハ繽紛錯雜ナルヲ以テ、一々其些事ニ論及スル能ハ
ズト雖モ茲ニ特ニ揭記セザル可ラザルモノアリ。即チ我國ハ、武ヲ
以テ國ヲ建テ又環海ノ國ナルヲ以テ海陸ノ武備ニハ殊ニ意ヲ注
グノミナラズ、人民ノ性質、最モ是ニ適合スルヲ以テ將卒ハ勇悍ニ
シテ、能ク其技ニ熟シ戎器ハ戰艦銃砲皆其精堅ヲ極メ平常能ク其
業ニ服シ其技ヲ研キ內外不慮ノ難ニ應ズルノ氣象凜然卓立シテ、
一日モ怠ルコトナシ又平時ニ在リテハ憲兵警察ノ設アリテ、人民
ノ安寧ヲ保護シ其注意至ラザル所ナシ、是レ亦昔時ノ、企テ及ブベ
キ所ニアラザルナリ、其他店常衞生ノ法規ト云ヒ、惡疫豫防ノ方法
ト云ヒ、饑饉災害ノ救助ト云ヒ、公私ノ論ナク皆全力ヲ擧ゲテ、是ガ

求メテモ教育ヲ受クルコトヲ得ザルノ習慣ナリキ,故ニ間ニ士分ノ

中ヨリ學者ノ出ヅルコトアリト雖モ,其教育ノ不完全ナルヨリ,人

間ノ幸福ヲ増進スルノ技倆ナク,又農工商ノ如キハ殆ド無學無智

ト謂フトモ可ナルガ如キ狀況ナリキ.今日ヨリ是ヲ思ヘバ,其不便

ニシテ不快ナルコト果シテ如何ゾヤ,然ルニ今ヤ此弊,全ク其跡ヲ

絶チタリ.是レ亦文明ノ餘澤ニアラズシテ何ゾヤ.

ソレ此ノ如ク道路來往ノ便ハ開ケ,音問應復ノ利ハ起リ,法律ハ整

備シ,教育ハ改進シ,是ガ爲ニ智識ハ日ニ月ニ發達上進シ,或ハ是ヲ

耕耘培種ニ應用シテ,農産物ヲ増殖シ,或ハ是ヲ工作製造ニ應用シ

テ精美ノ物品ヲ製造シ,或ハ是ヲ賣買貿易ニ應用シテ,商機ヲ鋭利

ニシ,或ハ是ヲ工匠技藝ニ應用シテ,美術ヲ修飾ス.故ヲ以テ近來我

邦ハ殷然トシテ國土固有ノ富ヲ興シ,燦然トシテ文物典章ノ美ヲ

リテハ、通邑大都ハ勿論、山間僻陬ノ地ニ至ルマデ、學校ノ設置アヲ
ザルハナシ。而シテ風癲癈疾、其他特殊ノ事情アヲザル以上ハ、生レ
テ六年ニ至レバ、必ズ是ニ入學シテ、成規ノ學科程度ヲ履修セザル
ベカヲズ。又一府縣ノ治下ニハ其府縣立ニ係ル尋常中學校一個所
ヲ設置スルコトヲ許シ、全國ノ地勢ヲ觀テ便宜ノ地ニ官立ノ高等
中學校ヲ設置シ、又大學校ハ、其學科程度ヲ高尚ニシテ諸學術ノ蘊
奧ヲ究ムルヲ以テ其目的トナス。故ヲ以テ草童耕女ニ至ルマデ多
少ノ教育ヲ受ケザルハナク、中等以上人士ノ子弟ハ、中等以上ノ教
育ヲ受クルノ便アリ。殊ニ大學ニ於テハ學者各其志ス所ノ學術ヲ
研究シテ碩學大儒ハ、將ニ陸續輩出セントス。實ニ盛ナリト謂フベ
シ。然ルニ昔ハ學校ノ設置完備セズ、且教育ニハ制限アリテ、獨士分
ノミ不完全ナル教育ヲ受クルノ權利アリ、農工商ニ至リテハ、自ヲ

百五十三

ベカラザルナリ。然ルニ昔ハ成文ト稱ズベキ法律モ完備セズ、例規

ニ準依セル契約モ成立セズ、故ヲ以テ、弱ハ富ニ虐ゲ、

盗賊ハ白晝ニ横行シ、無賴ハ都邑ニ跋扈シ、良民ハ官リナク私トナ

ク、時ニ其生命財産權利ヲ蹂躙セラル、コトアルモ是ガ冤ヲ訴フ

ルノ道ナク、偶是アレバ暴君汚吏又ハ惡漢奸豪ノ凌辱輕侮ヲ受ク

ルガ如キ時代モアリシナリ。汝等試ニ嗚目シ當時ノ現狀ヲ默視想

像シテ現時ノ社會ト其幸福及便利トノ如何ヲ比較セヨ、實ニ其間、

霄壤ノ差アルコトヲ發見スルナラン。是レ亦文明ノ餘澤ニアラ

シテ何ゾヤ。

今ヤ教育ノ制度、大ニ備ハリ、小學ニハ高等尋常等ノ科アリ、中學ニ

ハ、高等尋常ノ二科アリ、大學ニハ大學院分科大學ノ二等アリ、其卑

ヨリ高ニ登ル學階ノ順序整然トシテ亂レズ。殊ニ小學ノ教育ニ至

二其事件ノ落着ヲ見ルコトヲ得ベシ.抑モ郵便、電信ノ設タル、猶我

國内ノミナラズ遠ク海外諸國トノ通信ニ關シテモ、其速達ノ便ハ、

言語ニ盡スベカラザルナリ.今試ニ昔時ノ如ク、郵便電信ヲ用ヒズ、

單ニ人ノ脚步ニ由テ、音信ヲ往復スルト想像セヨ.江海ノ危險アリ、

山岳ノ艱難アリ.其不便ハ果シテ如何ナルゾ.一考ノ下、忽チ其不便

ト、其困難トヲ悟ルコト、容易ナルベシ.實ニ郵便電信ハ、文明ノ幸福

中ノ幸福ナル者便利中ノ便利ナル者ト謂フベキナリ。

第三十六課　近世ノ文明　二

今ヤ公ニハ遵ハザルベカラザルノ法律アリ.私ニハ守ラザルベカ

ラザルノ契約アリ.其條目例規秩然トシテ紊レズ、一國人民トシテ

ハ、如何ナル者ニテモ、是ヲ犯スベカラズ.社會ノ安寧ハ、故ナク妨グ

テ旅人ノ往來ト貨物ノ運送トノ利ヲ與シタリ故ヲ以テ吾人ハ汽

船鐵道ノアルガ上ニ又道路ノ便ニ藉リテ甲地ノ貨物ト乙地ノ物

産トヲ変換シ又山國ノ人ハ容易ニ海濱ニ遊ビ海濱ノ人ハ容易ニ

山國ニ至ルヲ得ルニ至リタリ是レ又文明ノ餘澤ニアラザレバ能

ハザルナリ．

汝等ノ中ニハ或ハ電信ノ事ヲ知ラザル者アラントモ料ルベカラズ

ト雖モ郵便ニ至リテハ、大抵其事ヲ知ラザル者ナカルベシ方今郵

便ノ如キハ、如何ナル寒村僻邑タリトモ達セザル處ナク、海岳數百

里ヲ隔ツル地ト雖モ其税金僅々二錢ヲ以テ尋常一様ノ事ハ數日

ヲ出デズシテ辨ズルコトヲ得ベシ又電信ハ國中到ル處ニ架設シ、

數百里相距ルノ地ト雖モ一音信十文字僅ニ十五錢ヲ以テ大抵ノ

事辨ニ差固ナキノミナラズ、其往復スルヤ數百里外ト雖モ、一日中

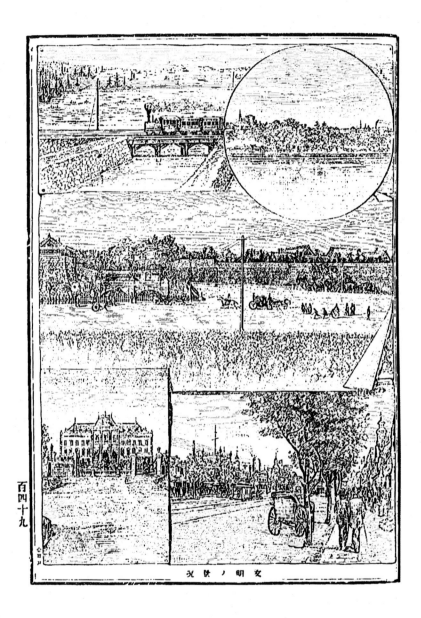

文明ノ快況

ノ上ヲ走ルガ如シ而シテ今ヤ我那ニハ、鐵道ノ工事盛ニ起リ至ル

所ニ殆ド其架設アラザルハナシ就中尤モ長キ線路ト稱スル東海

道ノ如キ僅ニ二晝夜ヲモ費ヤサズシテ東西兩京ノ間ヲ往復スル

コトヲ得ベシ故ニ人亦我那第一ノ險路ト稱シタル函嶺ヲ輪ユル

ノ愚ヲ爲サヽルナリ汝等今試ニ終日步行シテ僅ニ此八里ノ險路

ヲ輪エ得ルモノト想像セヨ其勞力ト事業トノ實ニ相償ハザルヲ

悟ルナラシ然ルニ今ヨリ數年前此鐵道ノ設未ダ完カラザリシ時

ハ、人皆此危險ヲ冒シタリ是ニ由テ觀ルモ文明ハ人間ノ幸福ト便

利トヲ增進スル者ナラズヤ

汽船ト鐵道トハ此ノ如ク旅人ト貨物トヲ迅速平穩ニ運輸送達シ

テ彼我ノ間ニ頗ル往復交通ノ利ヲ開キシカバ世人ハ忽チ其洪利

ヲ覺知シ汽船鐵道ノ通シ能ハザル處ニハ特ニ道路ヲ修繕開通シ

百四十八

ニシテ快速ナルコトハ皆能ク聞知スル所ナルベシ・シカノミナラ
ズ、萬里ノ波濤ヲ越エテ海外諸國ト往來スル巨大ノ汽船モアリト
聞ケリ・汝等、今試ニ一片ノ布帆ニ由テ其進退ヲ決スル木葉ニ等シ
キ粗製ノ小船ニ乘シテ此大海ヲ航スルト想像セヨ、暴風ノ威怒濤
ノ勢ヲ想像スルモ悚然トシテ、怖レザルヲ得ンヤ然ルニ昔汽船
ノ、未ダ我邦ニアラザリシ時ハ、人皆此危險ヲ冒シタリ・是ニ由テ觀
ルモ、文明ハ、人間ノ幸福ト便利トヲ增進スル者ナラズヤ・

又、山國ニ生活スルモノハ勿論海濱ニ住居スルモ、ノモ、山路ノ險難
ヲ聞知スルナラン平時ニテモ其跋越ハ頗ル艱難シ極メ殊ニ雨雪
ノ時ノ如キハ或ハ一命ヲ損スルコトアリ、又時トシテハ猛獸ノ毒
牙ニ罹ルコトナキニ非ズ、然ルニ鐵道ノ創設アリテヨリ非常ナル
險阪峻路ニ非ザレバ、一瞬間ニ數哩ヲ行クコト、恰モ平坦ナル砥石

明ノ發達噫々乎トシテ上達スルノ勢アリ故ニ余ハ文明トハ如何

ナル事ナルカヲ說カント欲スルナリ．

汝等ノ中ニハ海濱ニ住居スル者モアヲン又山國ニ生活スル若モ

アヲン海濱ニ住居スルモノハ固ヨリ海ヲ目擊シテ能ク其有樣ヲ

知ルナヲン又山國ニ生活スルモノモ他人ノ談話ト交辭トニヨリ

テ、其有樣ヲ悟レルナヲン海ハ天晴レ風無キ時ハ誠ニ平穩ナルモ、

若シ一旦暴風ノ起ルコトアヲバ天ヲ衝クガ如キ怒濤捲キ來リ其

凄マシキコト言語ニ名狀スベカラズ然ルニ汽船ノ發明アリテヨ

リ是ニ乘シテ大海ニ航スルニ吾人ガ馬車人力車ニ駕シテ坦路ヲ

走ルガ如ク縱令風濤ノ難アリト雖モ殆ド轉覆沈沒スルノ憂ナシ．

而シテ近來我邦ニハ大小ノ汽船數多アリテ東北ハ北海道ヨリ西

南ハ沖繩縣ニ至ルマデ其航路ヲ開キテ、人ヲ載セ物ヲ運ビ其安全

夫ハ妻ノ振舞ニ深ク感シ入リ其金ヲ手ニダニ取ヲデ妻ノ顔ヲ打

トヾ云ヒケル．

ナ守リ居タリシガ、ヤ、アリテ汝ハ酒代ヲ貯ヘシヨナ吾モ今ハ酒
ヲ飲ム事ヲ思ヒ切ルベシト云ヒヾ其日ハ妻ノ母ヲ訪ヒテ曰ヲ慕
ヲシ翌日ヨリハ已ノ誓ヒシ言葉ヲ固ク守リテ働キシカバ今ハ節
儉ヲスル事ノ樂シクナリ行キ後ニハ大キナル店ヲ出ダシ製造所
ヲモ造リ別莊ヲモ持テル大身代トナリシトゾ．

第三十五課　近世ノ文明　一

文明トハ其意義極メテ廣シト雖モ要スルニ人間ノ幸福ヲ増進シ、
又人間ニ便利ヲ賦與スルノ謂ニシテ文明ガ愈發達上進スレバ人
間ノ幸福ト便利トハ愈發達上進スル者ナリ而シテ近世我邦ハ文

敢テ咎メズ、妻ハ、夫ガ常ニ酒ヲ飲ム專ヲ憂トセズシテ、月日ヲ送リ

ケリ.

妻ノ此家ニ嫁セシヨリ、凡ソ一年モ立チヌラント思フ頃ニ夫ハ、妻

ノ振舞ヲ見テ少シ恥デタルニヤ或ル日、其妻ニ向ヒ、汝此家ニ嫁セ

シヨリ、未ダ一度モ休日ヲセシ事ナシ、サレド予ハ、一錢ダニ貯ヘズ、

若シ少シニテモ貯ヘアラバ、一日ノ休ミヲナシテ、汝ノ母ヲ訪ハン

ト云ヒケレバ妻ハ其親切ヲ喜ビ涙ヲ流シテ、サテモ我夫ニハ我母

ヲ訪ハント思ハル、コソ忝ケレ、我レ其一日ノ休ミヲ償ハント云

フ.夫ハ是ヲ打チ聞キ、一日ノ休ミヲ償フトハ何事ナルゾ.汝斯ル金

錢ヲ所持スルニヤト云ヘバ否ヤ吾ハ只五勾ノ酒代ヲ所持セリト

云フ.サレド夫ハ其言ヲ眞實トハ思ハザリシガ、妻ハ、小篳筒ヨリ三

圓餘ヲ出ダシ夫ノ手ニ渡シテ我夫ヲ是ニテ一日ノ休ミヲ償ハン

リヌベシ.

我邦ニテ清酒濁酒燒酎ナドヲ年々ニ造リ出ダス事ハ夥シキ高ニ

テ是ヲ金高ニシテ一人三四圓ヅヽ飲ミ盡ス割合ナリ此金ハ消滅

シテ痕跡ナキノミナラズ家內ノ風波ヲ起シ又其人ノ生命ヲモ專

フニ至ルベシ恐ルベキ事ナラズヤサレド酒ヲ節スル習慣ヲ得ル

トキハ其人ハ頗ル樂シク世ヲ過グシ家道ノ榮エ行クハ疑ナキ事

ナリ.

或ル處ニ木綿製造ノ職工アリシガ妻ヲ娶ル時妻ニ約束スルニハ、

此後妻ニハ五勺ヅヽノ酒ヲ飲マシムルユヱ、ソレニ當ルダケノ金

錢ヲ貿ヤスモ苦シカラズトナリ是ハ已ニ酒ヲ飲メバ妻ニハ酒ヲ

飲マシムル事ヲ喜マネバナリ斯クシテ夫婦トモ日々勞働シテ、妻ハ、

晚酌スルシ此上ナキ樂ミトセリサレド夫ハ妻ノ飲マヌ事アルモ、

比スルニ、其進歩幾許ゾヤ是レ皆我天皇陛下ノ鋭意治ヲ圖ラセ給

フニ由ルナリ此盛代ニ遭遇スル者其洪恩ノ萬一ヲ報スル事ヲ思

ハズシテ可ナランヤ.

第三十四課　酒ヲ節スベシ

酒ヲ暴飲スルノ習慣ハ諸惡ノ源ト云フ可シ裁判官ノ言ヲ聞クニ、

獄舍ニ送ルル、罪人ノ過半ハ皆暴飲ノ習慣ヨリ起ルトゾサレバ

人ハ一タビ暴飲ノ習慣ヲ得ルトキハ萬事皆懶クナリ、職業ヲ怠リ、

金錢ヲ浪費スル事鏡ニ照ラシテ見ルガ如シ、ソレノミナラズ妻子

ヲ顧ミズ父母ヲモ愛敬セズ家族ヲ扶持シテ、快樂ヲ得ベキ金錢

ヲ、只管飲酒ノ料ノミニ費ヤシ果テハ不善ノ境界ニ陷リ、高等ノ快

樂ヲモ得ズ、次第ニ朋友ニモ見捨テラレ、憫ムベキ生涯ヲ送ルニ至

公費ヲ以テ建ツル者ヲ公立小學ト云ヒ、一人若クハ數人ニテ、私費ヲ以テ建ツル者ヲ私立小學ト云フ・學齡ハ滿六年ヨリ十四年ニ至ル八個年ナリ・中學ニハ二種類アリ・各府縣ニテ建ツル者ヲ尋常中學ト云ヒ、其設立維持ノ地方稅ニ係ルモノハ府縣ニ一個所ヲ限レリ・尋常中學ノ上ニ、高等中學アリ・全國ニ五校ヲ置キ國庫金ヲ以テ建ツルモノナリ・帝國大學ハ大學院ト分科大學トヲ合ム者ナリ・法科理科文科醫科工科ヲ敎授スル所ヲ分科大學ト云フ・而シテ大學院ハ其上ニ立ツモノナリ・又高等師範學校ハ官立ニシテ尋常師範學校等ノ職員及敎員タルベキモノヲ養成シ・尋常師範學校ハ府縣立ニシテ小學ノ敎員タルベキモノヲ養成ス・其他商業學校、職工學校、農林學校、音樂學校、美術學校等アリテ、各專門ノ學科ヲ授ク・

以上ハ、今日我國文武ノ形勢ノ一斑ニ過ギザレ圧、是ヲ對建時代ニ

海軍ハ軍艦ト軍人トヨリ成ル者ナリ、軍艦ノ等級ニ七階アリ、乘組人員四百五十五人以上ヲ一等トシ、三十九人以下ヲ七等トス、三等以上ヲ大艦トシ、六等以下ヲ小艦トシ、其中間二等ヲ中艦ト稱ス、又數艘ノ軍艦ヲ編成シテ、戰隊ヲ作ルトキハ、艦隊ト稱ス、艦隊ハ更ニ分チテ三等ト爲ス、大艦隊ハ十二艘中艦隊ハ八艘、小艦隊ハ四艘ヲリ成ルヲ通例トス、大艦隊ハ將官是ヲ指揮シ、中艦隊ハ少將若クハ大佐是ヲ指揮シ、小艦隊ハ大佐是ヲ指揮ス、將官ノ命ゼラレテ指揮官トナル時ハ其乘リ組ミタル軍艦ヲ、旗艦ト稱シ、大佐ノ乘リ組ミタル者ヲ、指揮艦ト稱セリ。

教育ノ事ハ文部大臣是ヲ總攬シ府縣ノ長官其命ヲ承ケテ、是ヲ管内ニ施行スルナリ。先ヅ府縣ニハ、其管内ヲ區劃シテ、學區ヲ編成シ、其學區内ニ若干ノ小學校ヲ建テシム。一町村若クハ、數町村聯合シ、

陸軍ノ軍制ハ、全國ヲ區劃シテ七師管トシ、各師管ニ一師團ヲ置キ、中將其長官トナル、即チ師團長ナリ、現在ノ師團ハ東京、大坂宮城名古屋廣島熊本ニシテ、北海道ハ未ダ是ヲ置カズ、故ニ六師團ナリ、更ニ六師管ヲ分チテ、十二旅管トナシ、各旅管ニ一旅團ヲ置キ、少將其長官トナル、是ヲ旅團長ト稱ス、現在ノ旅團ハ東京佐倉、仙臺青森名古屋、金澤、大坂姫路廣島、松山熊本、小倉ニ置ケリ、每年軍管每ニ滿ニ十歲ニ當ルノ男子ヲ撿査シ、其中ヨリ抽籤ニテ徵兵ヲ取リ、是ヲ師團ニ三年間屯在セシメテ、兵役ニ服セシム、其現役ヲ終ハリタル者ハ四年間、豫備兵役ニ服ス、其豫備兵役ヲ終ハリタル者ハ、五年間又後備兵役ニ服ス、以上ヲ師團兵ト稱スルナリ、又徵兵ノ中ヨリ品行方正、技藝熟達ノ者ヲ選ビテ、天皇陛下ノ親衞兵トナス、是ヲ近衞兵ト稱ヘリ、其他ニ憲兵志願兵屯田兵等アリテ、各兵役ニ服セシム、

ビ、稍其弊風ヲ脱シタリト雖モ猶學問武藝ヲ以テ、士人以上ノ事ト

ナシ、農工商ノ輩ハ是ヲ破產ノ基トシテ、毫モ國ヲ愛シ、身ヲ立ツル

ノ道ヲ講ゼザルニ至リシハ浩歎ノ然ラシムル所ト云フト雖モ豈

又國家ノ爲ニ嘆ズベキ事ナラズヤ。

今上天皇ノ、萬機ヲ親裁セラル、ニ及ビ、首トシテ天地ノ公道ニ基

キ智識ヲ世界ニ求ムルノ聖旨アリ又大ニ兵備ヲ盛ニシテ國威ヲ

海外ニ輝サントノ詔アリ是ニ於テ始テ海陸軍ノ制ヲ定メラレ若

倉其視等ヲ以テ、海陸軍務總督ニ命シ、又學習院ヲ建テ更ニ之ヲ改

メテ、大學寮代トシ、以テ交教ヲ與ス其後種々ノ變革アリテ遂ニ陸

軍、海軍ノ兩省ヲ置キ以テ兵馬船艦ヲ管掌セシメ又文部省ヲ設ケ

テ教育ノ事ヲ總攝セシム・是レ則チ今日ノ隆治ヲ致シタル緣由ナ

り。

同ジキカハ未ダ確説ノ據ルベキ者ナシ、只一ノ確説ト爲スベキ者ハ彗星ノ尾ハ、モト星首ノ日熱ニ逢ヒテ、燃燒スルヨリ生ズルヲ以テ、太陽ニ近ヅク毎ニ其物質ノ量多ク減少セザルヲ得ズトノ說即チ是ナリ．

第三十三課　明治時代文武ノ隆盛

內亂ヲ鎭メ外寇ニ備フルハ、武ニアラザレバ、其績ヲ致スベカラズ．人智ヲ磨キ、才藝ヲ長ズルハ、文ニアラザレバ、其效ヲ見ルベカラズ．是ヲ以テ、歷代帝王、常ニ文教ヲ盛ニシ、武備ヲ嚴ニセシルヽハ專ラ國家ノ治安隆盛ヲ圖ルノ叡慮ニ出ヅルモノナリ．然ルニ．武門ノ一タビ政權ヲ擅ニセシヨリ、上下共ニ武ヲ貴ビテ、文ヲ賤ミ、遂ニ學問文藝ヲ以テ僧徒ノ手ニ委ネ是ヲ度外ニ置クニ至レリ．德川氏ニ及

彗星ハ未ダ太陽ニ近ヅカザル時ハ、日熱ヲ受クルコト少キニ由リ、其

光輝甚ダ薄シ、既ニシテ漸ク太陽ニ近ヅクニ及ビ、其運行ノ速力益、

増加シ從テ日熱ヲ受クルコト愈多キニ由リ、其光輝モ亦從テ濃厚

トナルナリ、是ニ至リ始テ肉眼ニテ見ルコトヲ得ベシ、此時彗星ハ、

忽チ激烈ノ變動ヲ起シ、其首ヨリ頻ニ瓦斯ヲ射出ス、而シテ其瓦斯

ノ星背ニ反流スルコト猶彼汽車ノ疾走スルニ際シ、其烟ガ風ノ為

ニ車後ニ耀クガ如シ、蓋彗星ノ首ハ初メ日熱ニ逢ヒテ燃燒シ、是ガ

為ニ尾ヲ生ズ其尾ハ、日光ヲ藉リテ光彩ヲ發スル者ノ如シ、又彗星

ノ、太陽ニ於ケルヤ、其本體ノ是ニ對シテ進ムト退クトニ拘ラズ其

尾ハ常ニ太陽ニ背ク者ナリ、是レ其方向ハ、太陽ノ排擠力ニヨリテ

變ズルニ由ルモノナシン、彗星ノ、心ナキ者ハ、其星首ノ本質恐ラク

ハ瓦斯ヨリ成ル者ナラン、然レモ心アル彗星ハ、其本質果シテ是ニ

再ビ我太陽系ニ復歸スルコトアルベシ.然レドモ抛物線形ト雙曲線形トノ軌道ヲ具フル彗星ハ一タビ我太陽ヲ經過スルノ後再ビ他ノ太陽系ニ向ヒテ行クナルべシ.又我太陽ヲ周リテ公轉スル方向モ或ハ遊星ト同ジク西ヨリ東ニ向フ者アリ或ハ是ニ反シテ東ヨリ西ニ向フ者アリテ更ニ一定スルコト無シ.

彗星ニハ光輝ノ稍濃キ處アリ是ヲ稱シテ首ト云フ.又時ニハ其首ノ中央ニ光輝ノ最モ濃キ處アルヲ見ルヽ是ヲ稱シテ心ト云フ.又其首ヨリ流出スル稍淡キ處アリ.是ヲ尾ト云フ.尾ノ形狀ハ各星一樣ナラズシテ或ハ長キアリ.或ハ數尾ノ者アリ.又時ニハ無尾ノ彗星アリ.其公轉ノ時間甚ダ短キ者ハ概ネ尾ヲ曳カザルヲ常トス.且彗星ノ首尾ハ其光皆淡薄透明ナルヲ以テ.其尾中ヨリ.恆星ノ光輝ヲ透視スルコトヲ得べシ.

第三十二課　彗星ノ話

古昔ハ彗星ノ何物ナルカヲ知ラザルガ爲ニ世人頗ル其星ヲ恐怖シ、彗星出ヅルコトアレバ、兵亂疫癘凶荒等ノ來ルベキ前兆ナリト思ヘリ。甚シキハ此星萬一地球ニ衝突スルコトアレバ、是ガ爲ニ地球ノ破碎セントコトヲ恐ル、ニ至レリ。然レヒ近世ニ至リ學術ノ研究頗ル其精妙ヲ極メ彗星ハ其體甚ダ輕虛ナル物ニシテ假ニ地球ニ衝突スルコトアルモ決シテ破碎ノ患ナキコトヲ發明セリト云フ.

彗星ハ皆自ヲ光輝ヲ發スル者ニシテ、其公轉ノ軌道面ハ各其高低ヲ異ニセリ。而シテ軌道ノ形狀ハ或ハ圓長ナル橢圓形ノモノアリ、或ハ抛物線形 Parabola ノモノアリ。或ハ雙曲線形 Hyperbola ノモノアリ.

其軌道ノ橢圓ニシテ、最モ圓長ナルモノハ、數萬ノ年數ヲ經ルノ後、

籍上ノ智識ニシテ、是ヲ實地ニ應用スルノ術ニ比スレバ其價値猶

下等ノ者ナリ。蓋實地ニ應用スルノ術ニ通ズレバ、他人ニ對シテハ、

有用ノ人ト爲リ、已ニ在リテハ富榮ノ身ト爲ルベシ、或ル人ノ語ニ

云ク、先ヅ己ノ身ヲ有用ノ人トナス可シ、然ルトキハ、他人、初ニ在リ

テハ、是ヲ雇ハンコトヲ諾シ、後ニ至リテハ、是ヲ招聘スベシ、而シテ

已レ益々有用ノ人トナルニ從ヒ競ヒテ、是ヲ招聘スル人多カランサ

レバ、生業ノ起種ニ於ケル、拮据勉勵ハ、實地ノ試驗訓練ニシテ、因テ

以テ、其人ノ品行ヲ陶冶シ、且後來ノ富榮ヲ造リ出ダス可シト。少年

ノ者、此語ヲ玩味シテ、是ヲ心ニ銘ズルトキハ、必ズ貧困ヲ免ル、コ

トヲ得ベシ。

詐欺取財　イツハリアザムキテ金錢財物ヲ取ルコト

然ト其根ヲ断ツコトヲ務ムベシ蓋シ不誠實ノ惡習ハ、目下ノミ其

審ヲ感ゼザルモ後來ニ至リテハ甚ダ恐ルベキ者ナリ今試ニ紙幣

贋造詐欺取財竊盗ノ如キ罪人ヲ見ルニ其初メ不誠實ノ惡習ヨリ、

自然ニ斯ル罪惡ヲ馴致セシ者多キガ如シ。

凡ソ人ハ分限ニ應シテ其費用ヲ節シ以テ不時ノ災難ニ備ヘザル

可ラズ斯ノ費用ヲ節スルノ習慣ヲ得ルトキハ、自然ト諸惡ノ誘引

ニ抵抗シ、遂ニ是ヲ拒グコトヲ得ベシ是等ハ固ヨリ貧困ニ陷ルコ

トヲ預防スルノ方法ナレドモ未ダ是ノミニテ足レリトセズ彼無智

識ト無氣力トハ亦貧困ニ陷ルノ一原因ナレバ少年ノ時ヨリ宜シ

ク智識ヲ磨キ氣力ヲ養フコトニ注意セザル可ラズ。

サレド汝等今學校ヲ卒業シタルノミニテハ未ダ他人ノ信用ヲ得

テ己ヲ富榮ナラシムルコト能ハズ學校ニテ得タル智識ハ概ネ書

百三十二

二歳ニシテ病歿ス明治十五年六月朝廷信淵ノ偉蹟ヲ賞シテ正五

位ヲ追贈セラル臣民タル者ノ光榮ト謂フベキナリ.

第三十一課　貧困ノ原因

人ノ貧困ニ陷ル原因ヲ尋ネテ是ヲ救治セシコトヲ務ムルハ、一ノ

公益ナリ而シテ其原因ニモ種々アルベケレに教育ハ大ニ其難澁

ヲ輕減スルノ力アルコト世人ノ一般ニ知ル所ナリ.

或ル人ノ説ニ若シ此世界ヨリ飲酒ノ風ヲ除キ去リタラバ前ト同

一ナル社會トハ認メ難キ程ノ變化ヲ生ズルナラント云ヘリ此説

ハ、一時大ニ世人ヲ感動セシメシ者ニテ飲酒ノ弊風ハ貧困ノ一原

因ナルコト疑モナキ事實ナリ又不誠實ハ貧困ノ一原因ニシテ諸

惡ノ誘引トナルコト、疑ナキ者ナレバ汝等ハ宜シク是ニ注意シ斷

テ、大ニ其道ニ達シ、兼テ西洋ノ歴史、兵法及經濟等ノ學ニモ通シ、各

其著ヲ「爲セリ。足レ信淵ガ著作功勞ノ大要ナリ。

此他信淵ガ最モ人ニ超ユル所ハ識見ノ卓越ナルト言語ヲ苟モセ

ザルトノ二事ナリ。其言ヲ貴紳ニ進ヘルニ當リ、說ノ容ヲレザルコ

トアルモ、辭ヲ枉ゲテ之ニ阿附セズ。常ニ人ニ語リテ曰ク吾言ヲ今ハ

俗耳ニ入ラザレモ後世英雄ノ起ルアラバ、必ズ吾言ヲ採用スベシ

ト。其著ニ述セル混同祕錄ニ於テ、皇居ヲ江戸ニ奠メテ名ヲ東京ト改

メ、諸官省ヲ此ニ設ケ殊ニ陸海軍ヲ擴張シ、文學校、病院、貧院等ヲ創

立シ、又各地方ニ物產局ヲ布置シテ國ノ富強ヲ謀リ、教育ノ進化ヲ

務メザルベカラザル所以ヲ論セリ。果シテ然リ、今日明治ノ昭代ニ

輕シテ其盡策符節ヲ合ハスルガ如シ。寔ニ卓見ノ士ト謂フベシ。

信淵明和六年六月十五日ヲ以テ生レ嘉永三年正月六日享年八十

物産ヲ探索研究シタリ其時々侯伯富豪ノ需ニ應ジテ或ハ水害ヲ

防止スルノ法ヲ論シ或ハ牛馬ノ牧畜法ヲ授ケ或ハ耕種ノ法ヲ講

明シ或ハ農法ヲ説示シ或ハ海濱ヲ修メテ鹽田ヲ與スコトヲ教ヘ、

或ハ新田ヲ開墾セザルベカラザルノ理由ヲ説明セシガ是等ハ皆

其成蹟顯著ニシテ、今尚其恩澤ヲ蒙ル者アリト云ヘリ是レ信淵ガ

與益偉蹟ノ大要ナリ．

信淵畢生ノ大志ハ家學ヲ大成スルニアリ．故ニ四方漫遊ノ暇ハ一

室ニ籠居シテ著作ニ從事シ、遂ニ祖父ノ遺書ト已ノ著作トヲ添刪

編纂シテ、一大著書ヲ爲セリ是ヲ名ケテ農政本書ト云フ總テ七部

五十卷ニシテ、氣候ノ審驗ヨリ、培栽耕種ノ秘訣ニ至ルマデ苟モ農

政ニ關スル事實ハ網羅詳論シテ、遺漏スル所ナシ又信淵八年十六

ノ頃宇田川槐園ノ門ニ入リテ蘭學ヲ學ビ天文、地理、歷算等ヲ修メ

百二十九

是ヲ承述シ信淵ニ至リ、二百餘年ハ功勞ヲ積ミテ、遂ニ其家學ヲ大

成セリト云フ而シテ信淵ノ行爲ハ上ヨリ推度スルニ其人ト爲リ英

邁剛毅ニシテ、畢生ノ志ス所ハ體驗ト興益ト醫作トノ三者ニアル

ガ如シ.

信淵、幼ヨリ國ヲ治メ民ヲ濟フノ志ヲ抱キ歴各地ヲ漫遊シ或ハ松

前ニ到リテ、其地勢ヲ察シ、或ハ奧羽ノ各地諸山ヲ漫遊跋渉シテ其

都邑ノ人情風俗ヲ觀察シ、其曾テ父ト下野ノ金山ニ滯留スルヤ父

ガ其土民ニ椎茸ノ製造法ヲ授ツルヲ見テ是ヲ習得シ又時トシテ

ハ父ニ隨ヒテ山谷ヲ跋渉シテ、其諸産物ヲ探求講習シ、或ル時ハ鑛

山ニ登リテ其分析法ヲ研究シ、又ハ原野ニ出デ、耕作ノ法ナドヲ

視察シテ、大ニ自得スル所アリ.是レ信淵ガ實歷體驗ノ大要ナリ.

既ニ長ジテ、四方ノ志ヲ抱キテ西海ニ遊ビ足跡ノ及ブ所ハ必ズ其

ノ地ニハ歸リ來ニケル．

廣き世界のよきあしき．

めぐり來しかど、去うすがに

千歳のやどを志めばやと、

いづちの地にもあらざりき．

あしきハ、いたく警めて、

國の光をいやましに

輝うさんといのるるあり．

國のさまざま見つき、つ、

わが日の本をお沈て、また

おもふばうりのよき國ハ、

いさよき國のよきをまね、

わがいつくしむ日の本の

外つ國々のててまでも

第三十課　佐藤信淵ノ傳

佐藤信淵ハ、出羽ノ人ニシテ學ヲ元海、椿園ト號シ、通稱ヲ百祐ト云
フ、家、世々醫ヲ業トシ、農政ヲ以テ其家學トナシ、祖孫四世相繼ギテ

百二十七

長き歲月殘れども、

とふべき跡もなきまでに、

其後の世もいくそたび

長城外の國人乃

香港島ヲ拔錨シテ、針路ヲ東北ニ取リ、朝鮮ノ仁川ニゾ泊テニケル.

此國ハ、亞細亞ノ東岸ニアル大牛島ニシテ、吾對馬ヲ距ルコト僅ニ

十一里餘トスサレバ最モ夙クヨリ吾國ト交通シ、文學及百工ノ技

術ヲ傳ヘシコト少カヲズ又吾國ヨリ之ヲ征討セシコトモ屢アリ

テ古クハ神功皇后ノ親征アリ近クハ豐臣氏ノ討伐ノ如キハ皆人

ノ知ル所ナリ.

カクテ寒熱ノ地ヲ涉リ豐磽ノ境ヲ踏ミ、貧富ノ人民ニ接シ、ウレシ

キニモ逢ヒ、ウキニモタヘ、世界ノ周航ヲ卒ヘテ、今ゾ本國ナル日本

秦てふ國ハ、いづらそと、

さかなくなりしのみならず、

與り亡びて、今ハしも

世となりぬるぞ、あぢきなき.

猛省シテ振興セントスルモノニ似タリ・此國ハ天然ニ水利ニ富ミ、

黄河揚子江ノ如キハ亞細亞中ノ大河ニシテ國中ヲ貫キテ東ニ流

レ、又此兩河ヲ横ニ貫キテ南北二百六十餘里ニ亘レル運河アリ・コ

ハ隋ノ世ニ鑿デルモノナリトゾ・又此國ニ在リテ天下ノ奇觀トモ

謂ヒツベキハ萬里ノ長城ナリ・此長城ハ秦ノ始皇帝ガ北方敵國ノ

侵入ヲ防ガンガ爲ニ造築セシモノニシテ、東西長サ五百十數里ニ

達セリ・峻嶺ヲ越エ、深谷ヲ亘リ川河ヲ斷チ、其高サ二丈五尺、厚サ一

丈五尺ノ堅壁ナリト云フ・

人ハ石垣、人ヱ城・

山河の固めにあらずとぞ・

燊皇帝が叡智もて、

築きにたりし長城ハ、

敵を防ぐの城壁は、

げにれもしろの言の葉や・

思ひのこゝに及ばずや・

其名にかけて幾千とせ、

百二十五

斯クテ想像ノ船ハ、イツシカ東洋中ニ名モ高キ香港ニコヽハ着キ

ニケレ此港ハ、支那廣東ノ河口ニアル小島ニシテ、元來支那當朝ノ

所屬ナリシガ殆ド五十年ノ昔鴉片ノ戰爭以來英吉利國ノ有トナ

リタリ、サレバ其國ヨリ此地ニ鎮臺ヲ置キ數多ノ軍艦ヲ繋ギ警備

常ニ嚴カナリ抑モ支那ハ、亞細亞中ノ一大帝國ニシテ其建國ノ久

遠ナルコト、世ニ比ヒ多カラズ堯舜ノ世ハ、今ヲ距ルコト四千餘年

前ニシテ、其頃已ニ文物開ケ發明モ甚ダ多カリキ然ルニ此國一般

ノ風習トテ、内ヲ尊ビ外ヲ卑ミ、自ヲ中國ナリ、中華ナリト誇稱シテ、

其餘ノ國ヲバ悉ク夷狄トセリ、然ルニ前ノ元朝トイヒ、今ノ清朝ト

イヒ、皆所謂夷狄ノ地ヨリ起リテ、中國、中華ヲ押領セシガ、其是ヲ押

領スルニ及ビテハ、亦舊來ノ陋習ヲ襲ギ、自ヲ尊大ニシテ他國ヲ輕

悔シ、屢信義ヲ外國ニ失ヒ、汗辱ヲ蒙ルコト多カリシカバ近年、大ニ

礁とも島とも墜め立てぬ、

勉めて螢めいざ世の人、目に見ぬ蟲さへかくしも有れ、

行キ行キテ、トルレス Torres ノ海峡ヲ渡リ、東印度諸島ノ間ヲ、右ニ左共にいそしめいざ世の人。

ニサマザマニ乘リ廻リツ、眺ムレバ所ガラトテ氣候炎熱ナレバ、

草木ハイト能ク繁茂シテ欝蒼タリ內地ナル高山ニハ思ヒマウケ

又白雪ヲ戴キ風色云フバカリ無ク見エニケリ又此島ノ中ニハ火

山特ニ多クシテ、地震モ屢アリト云フ、且夏月ノ間ニハ恐ル可キ颶

風アリテ航海ノ船舶頗ル危險ナリト聞キツル二、此度ハ絕エテサ

ル憂モ有ヲズナン。

金字塔英語ニテ「ピヲミッド」ト云フ墓ノ如キ者ナリ。

　　第二十九課　世界ノ周航　四

降り去くばかりまがへども、　香やと隠るゝ、豊聚の花。

是ヨリシテ想像ノ船ハ行クテヲ東南ニ取リツ、豪太刺利ノ大陸ニテ、最モ昌盛ノ聞エ有ルシドニー Sydney 府ニゾ着キニケル此府ト成レル所ハ、ソノカミ英國ヨリ罪有ル人ヲ流シ、地ナリ其後良民ノ移住スル事ト成リシヨリ以來罪人ノ居所ト爲スコトヲ止メタリトゾ爰ヨリ大陸ノ海岸ニ沿ヒテ東北ヲ繞リ見レバ珊瑚ノ礁アリ、長サ一千餘哩ニ亘レリ此礁恰モ大平洋ヨリ打チ寄スル怒濤ヲ防ギ、今此大陸ノ爲ニ棚壁ト成レルガ如シ其他モ尚此アタリノ海中ニハ、綠礁環礁ナドゝ云ヘル珊瑚島ノ種類イト多シトゾ聞エタル。

怒濤を遮る珊瑚の礁、

船舶寄せ來る珊瑚の島、

小さき海蟲寄り集り、

此礁此島何れも皆

千尋の底より積み成しつゝ、

よる盡たゆまず、月日を經て、

カルカッタハガンジス Ganges 河ノ川口ニ在リテ孟加拉州中ノ首府

ナリト云フ此ガンジス河ハ世界ニ屈指ノ大河ナリ其近傍ノ地ヲ

云ヘバ名高キ鴉片ノ産地ナリ抑モ此鴉片ハ花白キ罌粟ノ實ノ莢

ノ上肌ニ傷ケテ流レ出ヅル汁ヲ採リテ乾カシタル者ナリ此罌粟

ヲ培植スル田畝ハ或ハ長サ二百四五十哩廣サ八十哩餘リニ亘リ

テイト廣大ナルモノアルナリ十二月ノ末ヨリシテ二月ノ初ニ至

ル迄花ハ盛リニ開キテ滿地積雪ヲ見ルガ如シ巳ニシテ實ヲ結べ

バ彼鴉片ヲ製セリ年々其數大凡六萬三千函ニ至リテ代價八千九

百二十九萬有餘弗ニ及ベリトゾ。カバカリ多額ナル毒剤ナレド十

ガ九ハ支那人ノ需用ニ供シテ烟ト成ル所ト聞ク實ニ恐ル可キ事

ナラズヤ。

ガンジス　河の冬の空、

　　　いづこをてとめら雪の

百二十一

チ下リテ波斯灣ニヤ出デヌ可キ。サレド夫ハ殊更ニ船ノ場ニ乘ツテヤ惡

シカリナン何レニ定メタラマシカバト思ヒ沈メル錨ヲバシヤチ

卷ニシテ引キ上ゲタリ折シモ追手颪スナホニ船ハ平カニ走リテ、

亞細亞亞弗利加兩洲ノ境ニ立テル山脈ヲ神ナラヌ人ノ力ニテ切

リ通シタル堀河ニ船ハ入リヌ斯クテソコヲモ打チ過ギテ紅海亞

丁灣ナド云フ所モ昨日今日ト思フ程ニ早クモ渡リ果テニケリ。

亞剌非亞海ト名ニハ立テヒ想像ノ船ハ油ヲ流セルガ如ク凪ギ

タル海ノ面ヲ、イト平カニ進ミテ、コモリン Comorin ノ海角ヲ乘リ廻

ル程ニ錫蘭島ハ、右ノ方ニ見エタリ。此錫蘭島ハ、今ヲ距ルコト

二千四百餘年前ニ、彼釋迦佛ガ、教法ヲ修メタリシ土地ナリ。サル故

ニ、今モ尚佛教ヲ信ズル人多クアリトカヤ。程無ク、ポーク Palk ノ瀨

戸ヲモ過ギシカバ、カルカッタ Calcutta ニゾ急ギケル。

ザレバ、古史ニ名高キシリヤ Syria ノ岸ニ船ヲ寄セ陸ヨリ行キテゼリュサレム Jerusalem ヲ訪ヒ、レバノン Lebanon 山ヲ攀ぢ登リ、ヨルダン河水ノ注ギ入ル死海ニモ行キテ見ル可ク、又ハ巴比倫ニ、ニネヴェ Nineveh ノ偉業ノ蹟ヲモ尋ネ訪ヒ、ユーフレーテス Euphrates 河ヲ打

海景

變る淵瀬ぞ世の中の

數千年前岸も狹に

高廈大堂數知れず

衰へ果て、草深き

又あらゝさや石佛

榮枯を見ても、ナイル河

ためしとこそハ知るべけれ。

アレキサンドリヤノ港ヲ船出スル折ニハ針路ヲ西ノ方ニ振リ換

ヘテ、亞弗利加洲ヲ岸傳ヒ南ニ向ケヾ船ヲ避リ、セント、ヘレナ St. Hele

ニ立チ寄リテ昔ノ英雄ノ跡ヲ弔ハン又行キ行キテハ數百年前、

バスコ、デガマ Vasco de Gama ト云ヒシ人ガ始テ乘リ廻リシト云フ喜

望峰ヲ繞リ印度洋ヲモ渡リ越エテ大洋洲ニ出ヅ可キカサモアヲ

ためしに洩れぬ志るしや

河の遠近營みし

立ち續きしも、今ハ早

中に殘れる殿作り、

形見と成れる埃及の

變る淵瀬ぞ世の中の

ト古キ世ニ在リテハ、人煙甚ダ稠密ニテ世界ニ無雙ノ昌盛ヲ極メ

タリシ國ナリトハ、今尚存セル遺物ニ因リテゾ知ラレタル。

此國ニ在リテ、最モ名高ク世ニ聞エタルハ、ナイル河ト、金字塔トノ

二ツナリ、ナイル河ハ世界大河ノ其一ニ居レリ、此河ニハ年々時ヲ

定メテ水カサ増シ加ハル事アリ、此水出ヅル毎ニ膏腴多キ泥土ヲ、

上流ヨリ流シ來テ、國ノ全面ヲ被フ是ニ因リテ民ハ勞セ

ズシテ能ク米穀ヲ收ムトカヤ、又金字塔ト云ヘルハ世界七奇ノ其

一ニシテ、其數七十餘箇存セリ、概ネ花剛石モテ壘ミタル方錐形ノ

塔ナルガ、中ニモ大ナルハ、高サ四百八十一尺アリト云フ、蓋金字塔

ハ三ツノ目的アリテ造リシ者ナリ。一ツニハ墳墓ノ爲ニシ二ツニ

ハ記念ノ爲ニシ、三ツニハ財寶ヲ貯藏スル爲ナリトゾ。

ナイル Nile の河の河水ゑ、　　變る事無く流るれど、

百十七

忠敬ハ延享二年ニ生レ、文政元年享年七十四歳ニシテ歿ス。年十八

ニテ伊能氏ヲ嗣ギ、五十歳ニ至リ、家ヲ其子ニ托シテ、江戸ニ出デ、

天文地理ヲ學ビ、六年ノ間ニ其學ニ通シ、年五十六歳ノ時始テ蝦夷

ノ測量ニ従事シ、ソレヨリ各地方ニ及ボシ、遂ニ二十八年間ヲ經テ全

國ノ測量ヲ爲シ了レリ。時ニ年七十三歳ナリ。明治十六年二月正四

位ヲ贈ラル。

第二十八課 世界ノ周航 三

幾程モ無クシテ、想像ノ船ハ埃及ノ北岸ナルアレキサンドリヤAlex-

andriaニゾ着キニケル。此所ハ紀元前三百年バカリノ比ホヒニ、歴山

大王ト云ヒシ人、地勢ヲ推シ量リ創テ建テシ都ナリ。サレバ今ニ至

リテハ、海上貿易ノ一要津ト成レリ。抑モ此埃及ト云フ國ハ、イタイ

抑モ忠敬畢生ノ精神ハ地圖ニアリ．故ニ測量ノ精緻ナルト、地圖ノ詳密ナルトハ今日ニ在リテモ實ニ感歎セザルヲ得ザルナリ幕府ノ晩世英吉利國人、我邦ニ來リ近海ヲ測量センコトヲ請ヒシニヨリ、幕府是ニ忠敬ノ地圖ヲ付與セリ彼英人等是ニ據リテ測量ヲ試ミシニ其里程毫モ差異ナキヲ以テ實測ノ事ヲ止メ、我邦ガ既ニ此ノ如キ精緻ナル測量圖ヲ有セルヲ驚嘆セリト云フ蓋當時ニ在リテハ亞細亞ノ諸國、文化未ダ開ケズ學術、未ダ進マザリシニヨリ測量地圖ノ如キモ、亞細亞洲中、一國タリトモ信憑スベキモノナシト、私ニ外人ノ輕侮臆斷セシ所ナラン．然ルニ獨我邦ニ於テハ既ニ忠敬ノ實測圖ノ如キ精詳ヲ極メシモノヽ、編著アリ此事タル外人ヲシテ大ニ徹畏ノ意ヲ生ゼシメ國交際上ニモ非常ナル影響ヲ及ボシタルコトナラン此ニ至リ、忠敬ノ功益、大ナリト謂フベシ．

百十五

年ノ老ト雖モ畢生ノ精力ヲ此ニ注ギ、心身衰憊シテ寸毫モ他ニ餘

念ナカルベシ。然ルニ忠敬ハ、此艱難ノ中ニアリテモ綽々トシテ餘

裕アリ。故ニ時トシテハ物ニ感ジ機ニ觸レテ狂歌ヲ詠ジテ其情ヲ

洩ラシ其志ヲ述ブルコトアリ。六十六歳ノ時豐前ニ在リテ春ヲ迎

フ其狂歌ニ曰ク、

　測量のとしも、六十六ヶ國中國こえて西國の春。

又五島ノアヒノ浦ト云フ所ヲ測量セシ時、六十九歳ノ春ヲ迎フト

テ一首ヲ詠ジテ曰ク、

　七十に、ちかき春にぞあひの浦、九十九島をいきの松原。

是レ一時ノ戲作ニ係リ固ヨリ粗野ヲ免レザレモ言外ニ不撓ノ精

神ノ洩ルヽアリ、一讀シテ忠敬ノ氣象ヲ知ルヲ得ベシ、實ニ忠敬ノ

如キハ老イテ益壯ニ難ニ當リテ愈屈セザルノ人ト謂フベシ。

忠敬ハ獨測量ニ精シキノミナラズ、亦頗ル經濟ノ道ニ長ゼリ、伊能

氏ハ本來闇里ノ豪族ナリシカモ、忠敬ノ養父長由ト云フ者ハ不幸

ニシテ蚤世セシカバ家道頓ニ衰ヘタリ、然ルニ忠敬ハ、其家ヲ嗣ギ

ショリ恢復ヲ以テ已ノ任トナシ、家人ニ率先シテ日夕經營シ、奢侈

ヲ去リ、節儉ヲ務メタルヲ以テ、年四十前後ニシテ既ニ家産ヲ復シ、

富裕ノ身トナリタリ、天明三年及ビ六年ノ大磯饉ニ私財ヲ損テ、郷

里及近村ヲ賑シ、貧民ヲ救恤スルコト多ク、爲ニ地頭ヨリ優賞ヲ受

ケタリト云フ、此一事ニテモ其經濟ニ長シタルヲ見ルベシ、

又忠敬ハ此ノ如ク測量ト云ヒ、經濟ト云ヒ、頗ル精確緻密ノ思想ニ

富メルガ上ニ、亦風流洒落ノ感情モ、大ニ人ニ勝ル所アリ、其山海ヲ

測量スルヤ、雨雪ノ苦アリ、風濤ノ危アリ、其艱難ハ言フベカラザル

ナリ、若シ尋常ノ人ニシテ、此ノ如キ大難、業務ニ從事セシナリバ、壯

所ノ沿海地圖ノ凡例ヲ讀ミテ知ルベシ即チ其蝦夷ニ至ルヤ空手

徒歩シテ胸數ヲ以テ原野ノ里程ヲ推算セリ又沿海ヲ測量スルヤ、

岸ノ危險ニシテ至ルベカラザル所ハ小舟ニ乘シ風浪ヲ冒シ其灣

曲ニ從ヒ繩ヲ引キテ里程ヲ實測セリ又夜ハ常ニ種々ノ器械ヲ用

ヒテ恆星ヲ視察シテ其赤道緯度ヲ推算セリ就中忠敬ノ最モ苦心

セシ者ハ二一度ノ里數ヲ發明スルニアリ其自ラ言フ所ニ據レバ雨

天ノ時ノ如キハ縱令深更ナリト雖モ雨曇ルレバ即チ不完全ナル

器械ニ據リ掌デ推算セル恆星赤道緯度ヲ用ヒテ毎星ノ北極高度

ヲ測リ求メ遂ニ可及的ノ精力ヲ盡シテ、一度ハ二十八里ニ分ナル

コトヲ發明セリト云フ.

第二十七課　伊能忠敬ノ傳　二

忠敬ガ始テ測量ニ從事セシ年ハ、五十六歳ノ時ニシテ、最初ハ官ニ

請ヒ私費ヲ以テ蝦夷地方ヲ測量セシガ、寛政十二年、全ク其業ヲ卒

レリ是ヨリ後ハ官ヨリ特ニ忠敬ニ命ジテ、各地ヲ測量セシメタリ。

即チ享和元年ニハ伊豆以東ノ沿海ヲ測量シテ、陸奥ノ南部ニ至リ

テ止ム同二年ニハ出羽ヨリ越後ヲ測量シ同三年ニハ伊豆以西、駿

河遠江參河尾張ノ沿海ヨリ、美濃近江越前加賀能登越中越後佐渡

ノ地方ヲ測量シ盡セリ又命ヲ奉ジテ、山陽、山陰、西海南海ノ四道及

壹岐對馬二島ノ沿海ヲ測量シテ、其事ヲ完結セリ此ノ如クシテ、遂

ニ毎次ノ各圖ヲ集合シテ、日本全國ヲ大成シ是ヲ幕府ニ進呈セリ。

此外伊豆ノ七島及箱根湖ヲモ測量シ又江戸府内ノ全圖ヲモ製シ

テ幕府ニ進呈セリ而シテ此間忠敬ノ勤勉ト其勞苦トハ自記スル

百十一

レテ、天文方ニ隸屬ス抑モ小普請組ハ、卑賤ノ散官ナレバ當時ニ在リテ、商人ヨリ是ニ擢デラレタルハ、亦異數ト謂フベシ。

忠敬ノ天文方ニ隷スルコト、爲リタルハ、全ク星暦ヲ好ミ其術ニ精シキヨリ出デタルナリ。而シテ忠敬ノ暦學ニ從事シタルハ、寛政六年ニアリ同年始テ家事ヲ子ノ景敬ニ委ネテ、獨身江戸ニ來リ、諸暦家ニ就キテ暦學ヲ研究シ、其疑ヲ質セシニ、一トシテ釋然スル所ナシ。此際、會々幕府ニ於テ改暦ノ擧アリ當時此學ニ有名ナル高橋東岡ト云フ者ヲ、大坂ヨリ江戸ニ招致セシカバ忠敬ハ、直ニ東岡ヲ訪ヒ、蘊奥ヲ叩キ始テ西洋暦法ノ精密ナルヲ知リ是ヨリ舊學ヲ棄テ是ヲ學ビシガ、幾モナクシテ、且是ヲ完成セシコトノ迅速ナルコト、ナ、忠敬ガ、地圖ノ精密ニシテ、其推步測量ノ理ヲ究メタリ宜ナルカ豊尋常ノ人ニシテ、此僅々ノ歳月ヲ以テ此偉効ヲ奏スルコトヲ得。

忠敬ハ人ト爲リ眞率朴直ニシテ、邊幅ヲ修メズ、精力絕倫、未ダ嘗テ

艱難ニ屈撓セシコトアラズ。年七十ヲ踰エ、白霜頭ヲ被フノ老人

トナルト雖モ、其氣魄ハ蓬勃トシテ猶少壯ノ如シ。是ヲ要スルニ、忠

敬ハ篤志ト勉力トヲ以テ、本邦未曾有ノ偉功ヲ奏セシ者ニシテ、而

シテ其畢生ノ志ス所ハ地形ノ測量ニアリ。故ニ幕府ヨリ測量ノ命、

下ル每ニ、欣然トシテ其業ニ從事シ、險岨ノ跋涉ヲ厭ハズ、怒濤

ノ航海ヲ恐レズ、東西奔走スルコト數十百里ニシテ、風雨寒暑ノ如

キハ毫モ忠敬ノ志操ヲ沮喪スルコト能ハザリシト云フ。

忠敬ノ家ハ其地ノ富豪ナレバ、世々酒及醬油ヲ釀造ヲ業トシタレ

バ閭里ノ一商估ニ過ギザリキ。然ルニ忠敬ニ至リ、測量ノ功ニ由テ、

氏ヲ稱シ刀ヲ佩ブコトヲ許サレ、遂ニ各地ノ一大圖ヲ完成シテ、是

ヲ幕府ニ進呈スルニ及ビテ、廩米ヲ賞賜セラレ、小普請組ニ擢デラ

百九

トヲ許ス.

其後頻年佛蘭西葡萄牙孛漏生瑞西白耳義丁抹伊太利等ノ請ヲ許、

シテ偶ニ通信互市ヲ約ス.大政維新ノ後ニ及ビ瑞典那威墺地利布

哇秘魯清朝鮮等ノ十有餘國ト亦好ヲ結ビ船舶往來シテ内外相親

ミ相愛シ貿易交聘ノ盛ナルコトハ復昔日ノ比ニアラズ.

第二十六課　伊能忠敬ノ傳　一

我國古ヨリ德川幕府ノ晩世ニ至ルマデ本邦ノ地理ニ精シキ者ハ、

伊能忠敬ニ踰ルモノ莫シ忠敬始メ三郎右衞門ト稱シ後ニ勘解由ト

改ヘ下總國香取郡佐原村ノ人原姓ハ神保氏ニシテ神保貞恆ノ第

三子ナリ出デ、伊能氏ヲ嗣グ故ニ其姓ヲ冒ス伊能氏ノ先ハ大和

國高市郡西田郷ヨリ出デシト云フ

許ス、六月、米艦盡ク歸ル、

蕁テ和蘭甲比丹ヲ遣シテ、書ヲ長崎廳ニ致シテ、爾後ハ、和蘭ヲ過ス
ル、總テ米露ニ齊シカランコトヲ謂ヘリ、又英吉利ノ軍艦モ、長崎ニ
來リ、自今英船ノ邊海ニ來ル者ハ、何地何港ヲ論ゼズ、入リテ投錨シ、
其糧肉薪水ノ缺乏スルニ當リテハ、時ニ是ヲ給セレコトヲ謂フ幕
府、水野筑後守忠篤ヲシテ、船舶ノ入港ハ、長崎箱館ニ限リ需ムル所
ノ品物ハ臨時其望ニ應ズベキコトヲ許サシム、已ニシテ露船一艘、
標幟ヲ立テ國字ヲ以テ、於呂之也ノ四字ヲ書シ攝津海ニ入リテ、書
ヲ奉ジテ、市廳ニ達センコトヲ謂ヘリ、諸藩兵ヲ出ダシテ是ニ備フ
ルコト甚ダ嚴ナリシカバ、露船退キテ加田浦ニ泊シ、又轉ジテ下田
ニ泊ス、幕府筒井肥前守政憲川路左衞門尉聖謨等ヲ遣シ使節ブー
チヤーチンニ接シテ、條約ヲ假定シ下田、長崎箱館ニテ、互市スルコ

百七

寛等モ亦各建議スル所アリシト云フ、老中阿部伊勢守正弘等曰ク、

太平日久シクシテ、士氣振ハズ、未ダ我ヨリ兵端ヲ啓ク可ラズ、若カ

ズ姑ク是ト和シテ、軍備ノ整フヲ待タンニハト、乃チ伊澤政義等ヲ

遣シ、ペルリーニ横濱ニ會シテ、是ヲ饗セシム、此時ペルリー又書ヲ

上リテ言フ、條約定ヲザレバ、爭端止マズ、規程立タザレバ、民心方ニ

惑フ、且碇泊ノ船薪水糧食ヲ乞ヒ、其直ヲ償ハヾ是ヲ給セヨ、海底ヲ

測量シ、或ハ士卒ノ陸ニ上ルヲ禁スルコト勿レト、政義直ニ是ヲ幕

府ニ報ズ、幕府遂ニ其書ヲ納レテ、條約ヲ假定シ、是ニ米一百斛ヲ賜

フ、去年六月ヨリ、幕府兵ヲ諸藩ニ徵シ、武相豆總ヲ戍ラシム、其兵凡

ソ三十餘萬人ト聞エタルガ、是ニ至リ、皆罷メテ國ニ歸ラシム、ペ、レ

リーハ、和議成ルヲ以テ、政義等十餘人ヲ請シテ、其船ニ饗ス、爾來幕

吏、屢ペルリート會シ、遂ニ下田箱館長崎ノ三港ニ、互市スルコトヲ

第二十五課　外國交通　二

安政元年（西暦一千八百五十四年）正月、ペルリー再ビ軍艦七艘ヲ帥ヰテ、浦賀ニ至

ル、既ニシテ進ミテ本牧ノ沖ニ碇泊ス、幕府浦賀奉行伊澤美作守政

義、町奉行井戸對馬守覺弘、儒者林大學頭韑等ヲ遣シテ、是ヲ賞メテ

曰ク、外國船ニテ妄ニ內海ニ闖入スルハ國家ノ嚴禁スル所ナリ、宜

シク速ニ浦賀ニ退ク可シト、時ニペルリー病ト稱シ、副將ヲシテ答

ヘシメテ曰ク、客歳ノ報ヲ得バ去ラン、事猶辨ゼザラバ直ニ江戸ニ

赴キテ決裁ヲ取ラン、外人ヲシテ徒ニ往還ニ勞セシムルコト勿レ

ト、遂ニ進ミテ神奈川ニ入リ、品川海ニ迫ル、是ニ於テ德川中納言齊

昭、十事ヲ疏シテ、米國ト和ス可ヲザルコトヲ論ジ、細川齊護、立花鑑

百五

ヲザレバ決定シ難シ其間多少ノ月日ヲ經ベシ因テ明年、長崎在留

ノ和蘭人ヲシテ報ヲ傳ヘシメン宜シク本國ニ歸リテ其成否ヲ候

テトペルリー曰ク此事何ゾ和蘭人ノ手ヲ煩サン明年我レ再ビ來

ル可シト四艘皆遂ニ浦賀シ去ル

此年七月露西亞ノ使節ブーチャーチン Poutiatine 軍艦四艘ヲ帥井テ、

長崎ニ至リ、國書ヲ上リ、三大重事ヲ講ヘリ。一ニハ隣國ノ好ヲ結ビ

テ、永ク音信ヲ通ゼン。二ニハ樺太ノ界ヲ正シ、邊土ノ民ニ利ヲ失フ

コト勿ヲラシメン。三ニハ、交易場ヲ海口ニ開キテ、互ニ貨物ヲ交易シ、

又カムシヤッカ Kamtchatka 北亞米利加ニ行ク本國ノ船ガ物ヲ求ムル

時ニハ貴國是ニ給セヲレヨト。長崎奉行水野筑後守忠篤是ヲ幕府

ニ報ズ。幕府特ニ西丸留守居間井肥前守政憲、勘定奉行川路左衞門

尉聖謨及儒者古賀謹一郎等ヲ長崎ニ遣シ、使節ニ答書ヲ與ヘテ是

ヲ延キ奉行井戸石見守弘道等ニ命シテ、是ニ接シ權リニ其國書ヲ

受ケシム其略ニ云ク北亞米利加合衆國大統領ヒルモール、ミルラ

ルド Fillmore Millard 命シテ水師提督ペルリーヲ遣シ敬ミテ書ヲ大日

本國大君殿下ニ呈シ好ヲ結ビ以テ互市ヲ開カンコトヲ謀フ我國

ニハ、金銀珠玉多ク出テ、貴國ニモ亦物ヲ産スルコト多シ共ニ有無

ヲ通セバ必ズ大ナル利益アラン是ヲ試ミルコト五年或ハ十年ニ

シテ若シ不便ナルコトアラバ貴國ニテ是ヲ罷メヨ且我使節ノ支

那ニ行ク者或ハ漁船ノ鯨ヲ捕ル者貴國ノ近海ニ於テ難ニ遇ヒ船

ヲ破ラル、トキハ謂フ幸ニ是ヲ救ヘ又蒸氣船ハ石炭糧食飲水ヲ

貯フルコト固ヨリ多量ナラザルニヨリ、其缺乏ニ及バ、是ヲ給セ

ヨレヨ必ズ報ズルニ銀錢雜貨ヲ以テセント弘道等曰ク外國ト信

ヲ結ブハ實ニ國家ノ一大事ナリ天朝ニ奏聞シテ衆議ヲ盡スニア

百三

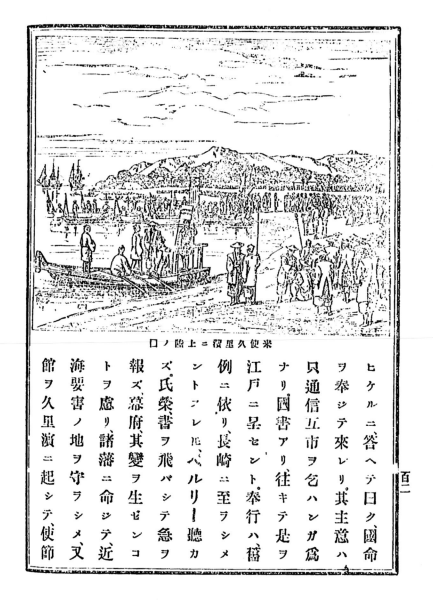

来使久里上陸ノ口

ヒケルニ答ヘテ日ク國命
ヲ奉シテ來レリ其主意ハ
只通信互市ヲ名ハンガ爲
ナリ國書アリ往キテ是ヲ
江戸ニ呈セント奉行ハ舊
例ニ依リ長崎ニ至ラシメ
ントシレルニ、ペルリ―聽カ
ズ氏榮書ヲ飛バシテ急ヲ
報ズ幕府其變ヲ生ゼンコ
トヲ慮リ諸藩ニ命シテ近
海娶害ノ地ヲ守ラシメ又
館ヲ久里濱ニ起シテ使節

絶ニルルコトナク、我レ只坐シテ是ニ應ズルニ至リシハ、亦時勢ノ變

ト謂フ可シ.

弘化三年　西暦一千八百四十六年閏五月、北亞米利加合衆國ノ使節ゼームス、ビッド

ル James Biddle 軍艦二艘ニ、大凡七八百ノ兵士ヲ搭シテ浦賀ニ來リ、書

ヲ上リテ日ク、我國嘗テ好ヲ支那ニ結ベリ、冀クハ貴國ニテモ亦我

國ト通信セラレンコトヲ其制度ノ如キハ唯命是レ從フベシト.幕

府浦賀奉行大久保因幡守忠豐フシテ是ニ答ヘシメテ日ク、我邦ニ

テハ外國ト通交スルコトヲ禁ゼリ.且凡ソ外國ノ事ハ、長崎ニテ處

理スル國法ナレバ、此港ニテ處理スベキニアラズ.故ニ再ビ來ルコ

ト勿レト.六月米艦遂ニ還リ去レリ.

嘉永六年　西暦一千八百五十三年六月、合衆國水師提督ヘルリー、Perry 軍艦四艘ヲ

率井テ浦賀ニ突入ス.奉行戸田伊豆守氏榮更ヲ遣シテ其來意ヲ問

百一

國ハ、ことごと榮ゆれど、

英吉利佛蘭西、日曼耳、

これの五國ハ五本有る

長き短き其はまて、

處も有れば讓るべき

わがかたをのみ營みて、

觀ふさまぞあちきなき。

別きて名高き強國ハ、

墺地利に、魯西亞あり。

揩に等しくおのづから

働く如く長じたる

事も有らんを劣らじと

並び立ちつゝ打ち守り、

第二十四課　外國交通　一

古ハ我國人三韓ニ渡り漢土ニ行キ、中世ハ安南印度諸國ト通商セ

シモ多クハ指我ヨリ倡ヘ出ダシヽナリ、近世、西洋ニテ航海ノ業、大

ニ開クルニ及ビ歐米人ノ我國ニ來リテ通商変易ヲ求ムル者續々

奢靡ノ風習ヲ改メ、勉強節儉、大ニ爲ス所アラントスル勢見エタリ。

斯クテ又想像ノ舟ハ、イツシカジブラルタル Gibraltar 海峽ニヅカ、

リニケル此海峽ハ、地中海ノ門口ニシテ、右側ニハジブラルノ岩石

峙チ、左側ニハ、シユータ Ceuta 山高ク聳エタリ・昔時ハ是ヲ合稱シテ

ヘルキユールス Hercules ノ柱トゾ云ヒシ・サルハ當時希臘ノ英雄ヘル

キユールス Hercules ト云ヒシ人、此所マデ航行シ、其記念ノ爲ニトテ、

岩石ノ上ニ二本ノ柱ヲ建テタリシニ因ルトカヤ・是ヨリ地中海ノ

北ヲ浦傳ヒ伊太利ノ勝地ヲ探リ希臘ノ舊趾ヲ訪ヒ墺地利ノ都マ

デモ行キテ見ント思ヒシカドモ、舟ヲ寄ス可キ所ナラネバ殘リ多ク

モ歐羅巴ノ地ヲ離レ、亞非利加ノ方ヘコソハ乘リ出デケレ。

五大洲中、殊更ニ、　ちひさけれども抜け出で、

今ぞ時めく歐羅巴。　所々に地を占むる、

ラザルナリ。

更ニ此國ヨリハ東北ニ針路ヲ取リ北海ニ帆ヲ揚グッ、、バルチック

Baltic 海ニ乗リ入リ露西亞ノ常都ノ聖彼得堡ニゾ着キニケル抑モ

此帝國ハ北方ノ一帶ニ在リテ歐羅巴全土ノ過半ヲ占メ逆寒特ニ

嚴シクシテ他國ヨリ侵入スル事ノ難ケレバ恰モ猛虎ノ嶼ヲ負へ

ルガ如ク歐羅巴中ニ雄視セリ其歸ルサ日耳曼帝國ニ過レリコレ

モ亦強大ノ國ニシテ兵力ノ充備ハ云フモ更ナリ學術升進シテ教

育國內ニ普及シ世人ヲシテ歐羅巴中ノ大學校ノ地ト稱セシムルニ

至リシナリ佛蘭西ハ其西ニ隣レル大國ニテ英吉利トハ、一葦ノ海

水ヲ隔ツルノミ國富ミ、且開ケタル所ニシテ其首府巴黎ノ如キハ、

世界第一美麗ヲ極メシ都ナリ然ルニ此國ハ、一千八百七十年ニ當

リテ日耳曼ト兵ヲ交へ痛マシキ敗北ヲ取リシ後國民奮然トシテ、

豐饒ニシテ穀物ヨクミノリ廣大ナル森林アリ又内地ニ入レバ大
ナル五ッノ湖アリ此湖ハ世界ニ類ヒナキモノニテ其水ハ皆集マ
リテ、**セントローレンス** St. Lawrence 河トナリテ東ノ海ニ注グ加拿陀
ノ地ニ久シク足ヲ止メシヨリハ、コ、ノ母國ト聞エタル英吉利ニ
コソハ行クベケレト、ヤガテ又想像ノ舟ヲ浮べテ東ヲ指シテ走ラ
セシニ程無ク舟ハ英倫ノ一港ニ着キタリ此國ノ緯度ハ我千島ノ
邊ト同ジケレド氣候ハ遙ニ温和ナリ。サルハ**ガルフストリーム** Gulf
Stream ト云フ熱帶地方ヨリ流レ來ル潮アルガ上ニ温暖ト濕氣ヲ
帶ビタル西南ノ風常ニ吹キ入ルガ故ナリ是ニ因テ農工ノ業盛ニ
興リ商賣ノ道夙ク開ケテ世界貿易ノ中心トモテハヤサレヌ首府
タル倫敦ノ賑ヒハ世ニ比ブベキ所モ無ク其國王ノ領地ヲ云ヘバ、
廣ク世界ノ内ニ亙リテ太陽ノ沒スルヲ見ズト云フモ、強言ニハア

九十七

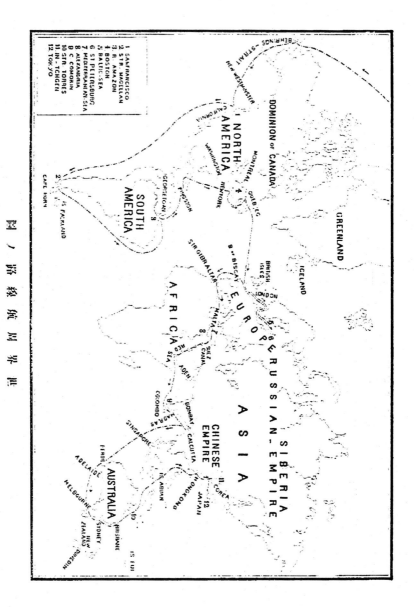

図 / 航線使用要圖

シテ、コ、ニ來リ住ミシニ始レリ此地ハ、五州ニ分レ其人民ハ貝管
職務ニ勉強シタレバ合衆國ノ中ニテモ取ワク繁榮セリトゾ。
三百餘年、そのかみハ、
林の中にゐをあさる
さつ矢たばさみ、さまよへる
住みつる人もあらざりし、
幾千百年荊棘刈り、
人の住み來む國々に、
そも何事にりよるならん。
否々人の力にぞ。
コ、ヲモ離レテ更ニ北ニ進メバ加拿陀ノ地ニ到リ菩キヌ。コハ英
吉利ノ領ナル北亞米利加地方ノ重立チタル部分ナリ。此地ハ甚ダ

野にも山にも立ち去ける
熊おほかみやさる狐、
土人の外にたえてまた
其亞米利加の國ハ今
淵塹しをたがへしつ、
塔さる榮えをいたせるハ、
天の時にり地の理にり、

（원전）고등소학독본 권7　215

第二十三課　世界ノ周航　二

想像ノ船路ヲ更ニ西北ニ取リテ漕ギ行ケバ、船ハ西印度ノ島ニゾ着キニケル。ゾモ此アタリノ島々ハ、イツモ夏ノ如キ時候ニテ、畫ノホドハ日光照リハタ、キ夜ハ星影キラメキテ穀物ハ云フモ更ナリ諸ノ果物、イト多クテ其味ノ美マキハ世ニ類ヒモナク諸ノ香木ハ常ニ香ヒ、山ハ高クシテ峻ク流ハ細クシテ速シ、其景色畫ニモ文ニモ盡シ難クシテ是ゾ西方ノ樂土トモ云フベキ所ナラント思ハレヌ。コ、モ打チ過ギテ北ニ進メバ亞米利加合衆國ノ東北部ナル新英倫ニ着キヌ桑港ヨリ鐵道ニテ來ランニハ十日ニモ足ラヂ、此アタリニ着キヌベシトゾ此地ヲ新英倫ト云フハ十七世紀ノ頃ホヒニ英國ナルピューリタン Puritan トイフ宗徒ノ、本國ヲ脱走

ナルガ故ニ斯ル大河ハ出デ來シノミナラズ、サバカリ雨ノ多キガ

上ニ、熱帶ニ位スレバ植物ノ成長スルコト特ニ宜シキガ故ニ數百

萬方哩ニ亘ル廣大ノ森林モ出デ來シナリ。

アマゾン Amazon 河をゆく船ハ、のぼれどのぼれど、水また水、

えてもかぎりも走らぬみの　立ちこもりたるセルバス Selvas の

森の下かげゆく人ハ、　ゆけどもゆけども森又森、

幹に纏へる蔦かづら、　枝にかゝれる日蔭ぐさ、

日かげさへぎり、をちこちの　たづきも走らぬ其中に、

所えがほに猿なき、　蝙蝠かけり胡蝶とび、

聞きも知らねば見も走らぬ、　鳥のさまざまさへづりて、

うき世の外の所かと、　思ひぬものこそふかるらめ。

常磐かきえ（久シク替ラズシテ動カヌ。）　夕づゝ星（水星ニテ即チ宵ノ明星ナリ。）

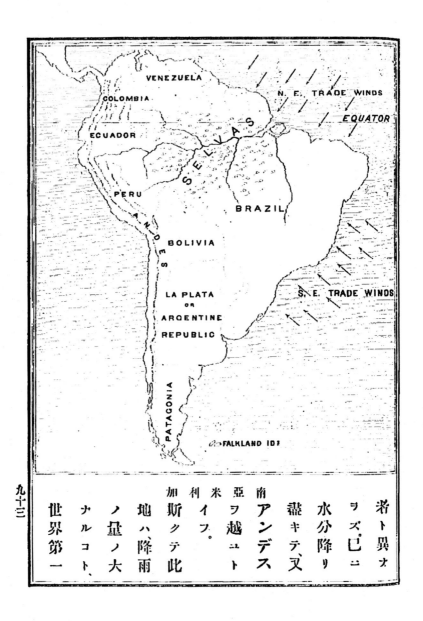

世界第一
ナルコト、
ノ量ノ大
地ハ降雨
加斯クテ此
利
亞ヲ越ユト
南アンデス
盡キテ又
水分降リ
ヲズ巳ニ
將ト異ナ

米イフ。

九十三

ヲ賀ヤシ、此海峽ヲ通過シテ、渺茫タル大洋ニ出デ、西北ニ針路ヲ取

リ、ラドロン Ladrones 島ヲ過ギ、ヒリッピン Philippine 島ニ至リ、千五百二

十一年四月二十六日ニ此島ノ土人ト爭鬪シテ死ニタリ、氏ノ此大

洋ヲ航行スル間ハ天氣快晴ニシテ風波靜謐ナリシカバ、大平洋ト

ハ名ヅケタリトゾ、

此海峽モ打チ渡リ、ホーグランド Falkland ヲ右ニ見テ、大西洋ヲ東北

ヘ航行シテ、世界無雙ノ大河ト、大森林トアル南亞米利加ノ地ニ着

キヌ、抑モ此地ニテハ北東ノ貿易風ハ北大西洋ノ水氣ヲ帶ビテ大

陸ノ北濱ニ直角ニ吹キ來リ、山又谷ヲ越ユル間ニ其水分ハ驟雨ト

ナリテ、地ニ降リ、益進ミテ、アンデス Andes ノ山腹ニ到レバ、愈ニテ水

分、悉ク落下シ、空氣ハ極メテ乾燥ニナリ、アンデスノ高嶺ヲ越エ又

南東ノ貿易風ハ更ニ多クノ水分ヲ帶ビ來リテ、雨ヲ降ラスコト前

九十二

夕づゝ星のかげ遠き
西比利亞國の沙濱こえ、
はるぐゝ來ぬるこゝ杜りは
さじてやゆかん、いざさらば.

北西よりぞ、駒あべて、
揣察加なる岬まで、
諫楠へ朝日うけ

ト詩人モントゴメリー Moutogomery ガ詠シタル言ノ葉ヲ吟誦シテ酒
ギ出ヅル想像ノ船ハ北亞米利加ノ西岸ナル桑港ニゾ着キニケル。
此港ハ大平洋ヲ渡リテ亞細亞亞米利加ノ間ヲ往來スル要津ナリ.
コ、ヨリ亞米利加ノ東方ヘハ鐵道ニテ行クナレド此旅ハ船ナレ
バ、ヤガテコ、ヲモ漕ギ出ダシ南方ヲ指シテ行ク船ハ祕魯智利ノ
諸山ヲバ東ノ方ニ見ヤリツ、イツシカマゼランノ海峡ニハ入リ
ニケリ.

昔此海峡ノ發見者、マゼラン氏ハ東ヨリ乗リ込ミテ、一個月ノ長キ

そも此旅ハ船に帆も、

ありこそハせねぁらずとも、

何物かまた止むべき。

ゆかんと、はやる心をば、

北の極ある海にす〼、

瀧骨も舵楼も、

思ひ立ちぬる心をば、

颶風の如く、此海を

常磐かきはに動きおき

さてそこよりぞ、ふなでせん。

爰ニ我等ガ想像ノ船ハ、ハヤベーリング Behring ノ海峡ヲ過ギテ西比

利亞ノ東岸ニ着キヌ此國ハ亞細亞ハ北部ニアル廣大ノ國ニシテ、

國内ニ三大河アリ、オビー Obi レナ Lena 二、セイ Yenisei ト云フ其源ヲ

南方ノ暖地ニ發シ北氷洋ニ注グ、サレバ其上流ハ倘水ノ流ル、ニ、

下流ト河口ハ氷張リ詰メテ流通ヲ塞ギ止ムルヲモテ、水ハ溢レ

テ數十萬里ノ地ニ汎濫シ、世界無二ノ大沼地ヲナスコトアリトゾ。

ヤガテ此地ヲ立チ去リテ東南ノ方ニ向ハントスカ、レバ

サレバ此三個月ノ航海モ尚時ト金トヲ要スレバ我等ハ之ヲ費ヤサズニ、只想像ノミヲモテ此周航ヲナサントス、倘此航海ヲナサンニハ、數百年ノ間此地球上ノ海陸島嶼ヲ探訪セシ航海者又ハ漫遊者ノ見聞セシモノト、又日記紀行ノ書類トヲ據トハナスベシ・海ハ世界ノ大小陸地ヲ悉ク環繞スル廣大無邊ノモノニシテ始終ハリモアルコトナシ、昔時冒險ノ航海者ハ其乘ル船ニ增サリタル堅牢ノ心ヲ賴ミトシテ、此海ニ船ヲ浮ベタリ。イデヤ我等モ此漫漫タル大洋ニ想像ノ船ヲ浮ベツ、遍ク諸國ヲ歷遊シテ其概略ヲ探訪セン。先ヅ其心ヲ北極ニ置キ、ソコヨリ出船セントス・

天地と共に極みなく、
あを海源を、おもひやる
思ひ起して其海の

始め終はりも、あらしほの、
心のみにて渡らんと、
岸を慄ひに、ゆかまくす。

八十九

積ムベキホドノ小船ナリキ其後五十年ニシテ、英吉利ニザー、ブラ

ンシス、ドレーキ Sir. Francis Drake トイフ大膽ナル人アリケリ、又世界

ノ周航ヲセバヤト思ヒ起シテ、十五噸積ヨリ百噸積ニ至ルバカリ

ノ小船五艘ヲ整ヘテ其船隊トハシタリトゾ、今日大西洋ヲ航海

スル船ハ三千噸乃至四千噸積ナラザルハナシ、又當時ヲ思ヒヤル

ベキナリ.

マゼラント云ヒ、ザーブランシスドレーキト云ヒ、各其航海ニ三年

ノ長キ歳月ヲ費ヤシ、又カピテインゼイムスクック Captain. James Cook

氏ハ四年ノ星霜ヲ經タリシヲ、今ハ頗ル容易ニシテ、船ハ蒸氣ノ力

モデ駛セ、又其船中ニハ爵ヲ散シ悶ヲ遣ルベキ物サヘ具ハリテ、彼

マゼラン氏ガ三年ノ長キニ換ヘ僅ニ三個月ノ間ニシテ世界ノ周

航ヲナシ果ッベシトハ亦心安キ事ナラズヤ。

三百年ノ昔ニアリデハ、至極ノ難事ニシテ、颶風疫癘飢渇ノ危難ノ

如キハ、云フマデモナク又海岸線ノ定カナラザル事、殘忍ノ野蠻人

ニ出デ遇フ事其他種々ノ危險多カリシハ、今ハタ數ヘ盡スベクモ

アラズ、ゾモ世界ノ周航ヲ始テナシタル人ハ葡萄牙ノ航海者マゼ

ラン Magellan 氏ナリ氏ハ西暦一千四百七十年ニオポルト Oporto トイ

フ地ニ生レタル人ナリ

マゼラン氏ハ一千五百十九年ノ九月二十日ニ出帆シ針路ヲ西ニ

取リデ一ノ海峽ヲ發見セリ此海峽ハ今尚氏ノ名ヲ以テ稱セリ氏

ハ此處ヲ渡リ過ギテ同二十二年ノ九月六日ニ其船隊ハ本國ニ歸

リキ此船隊ハ僅ニ五艘ニシテ然モ今日ニテハ長途ノ航海ニ充ツ

ベシトハ思ハレヌ小船ナリキ此五艘ノ内ニテ最モ大ナルモノモ、

百三十噸ノ荷ヲ積ムニ過ギズ其小ナルモノハ僅ニ六十噸ノ荷ヲ

八十七

元素ヲ二類ニ區別スルハ前ニ述ブルガ如シト雖モ是レ只其大概

ニシテ確乎タル限界アルニアラズ例ヘバ砒素及アンチモニー

timony ハ、其性質、一半ハ金屬ニ類シ、一半ハ非金屬ニ類スルガ如シ又

金屬中ニ、テモ其産出甚ダ稀ニシテ、其性質及化合物等ノ尚未ダ分

明ナラザル若少シトセズ。然レモ今試ニ金屬ト非金屬トノ別ヲ立

ツレバ概ネ左ノ如クナルベシ。即チ金屬ハ熱ト電氣トノ良導體ナ

レド非金屬ハ概ネ其不良導體ナリ又金屬ハ光線ヲ反射スルノ力

強シト雖モ非金屬ハ概ネ此力弱キ者ナリ但非金屬中、一二ノ鑛物

ハ、猶此力ヲ有スルモノアルナリ.

第二十二課　世界ノ周航　一

世界ノ周航ハ、今日ニアリテハ、サマデ困難ナル事ニハアラザレド、

テ非金屬ハ僅ニ二十五種アルノミ.

元素ノ天地間ニ散布スル所在ハ皆相同ジカラズ、即チ大氣ハ纔ニ

二元素ヨリ成リ、海中ニハ凡ソ三十元素ヲ含有シ、地球全體中ニハ、

盡ク諸元素ヲ保存セリ。蓋方今知ル所ノ物ハ六十有餘元素ナレド、

此他ニ尚未ダ發明セザル者、地中ニ存在スルモ亦知ルベカラズ。何

トナレバ化學ノ術近世日ニ新ニシテ、物體ノ成分ヲ檢査スル方法、

盆々精密トナルニ從ヒ、新元素ヲ發明スルコト、少カラザレバナリ。又

方今元素トナス者モ、後世或ハ精密ナル新法ヲ設ケテ、是ヲ分離シ、

更ニ單純ナル物體ヲ見ルニ至ルモ亦知ルベカラズ。彼ポッタースPot-

ash及ソーダ Soda ハ、古來是ヲ單體トナシタレド、近代ニ至リテ其複

體ナルコトヲ發明セリ。是ニ由テ推ストキハ、將來亦此ノ如キ事ナ

シト云フベカラザルナリ.

ノ實體ニ、熱ヲ發スルコト、猶彼砲彈ガ、的ニ中ルトキ、其抵抗ニ由テ、
熱ヲ發スルノ理ニ同シ、蓋温熱大ナルトキハ光ヲ發スルモノナル
ヲ以テ、流星ハ空氣ノ摩擦ノ爲ニ、大熱ヲ發シ、遂ニ吾等ノ目ニ觸レ、
發散シテ瓦斯トナリ、其背後ニ光尾ヲ曳クニ至ルナリ．

第二十一課　萬物ノ元素

凡ソ天地間ノ萬物ハ、純然タル單體ノモノアリ、或ハ數物相合シテ、
複體トナルモノアリテ、其數幾千萬ナルヲ知ラズト雖モ、歸スル所、
六十有餘ノ元素ノ外ナヲズ、其元素ヲ分チテ、二類ト爲シ、一ヲ金屬
ト云ヒ、一ヲ非金屬ト云フ、鐵黄金、鉛、水銀錫等ハ、金屬ニシテ、酸素水
素等ノ氣體及硫黄、木炭等ノ固形體ハ、非金屬ナリ。金屬ハ非金屬ニ
比スレバ、其數甚ダ多ク、方今既ニ知ルヽ所ノ金屬四十八種アリ。而シ

後二三年ノ間、時トシテ猶群流星中ノ小群ヲ見ルコトアリ。

十一月群流星ハ、橢圓形ノ軌道ヲナシテ、太陽ノ周圍ヲ公轉スル者

ナリ其太陽ニ近ヅク時ハ、地球ノ軌道ニ達シ、太陽ニ遠カル時ハ天

王星ノ軌道外ニ及ブ其軌道ノ面ハ黃道ノ面ニ傾クコト十七度ニ

シテ其公轉ノ方向ハ東ヨリ西ニ向ヒテ運行スル者ナリ。

地球ハ一分時間ニ、一千一百哩ヲ運行シ流星モ亦一分時間ニ同里

程ヲ運行スルナリ。而シテ地球ガ、流星ニ近ヅクコトアレバ流星ハ、

地球ノ引力ニ牽引セラレ忽チ其速力ヲ增シテ、一分時間ニ二千八

百哩ノ速力ヲ以テ我大氣中ニ突進スルナリ巳ニ我大氣中ニ入レ

バ、大氣ノ摩擦セラレテ、次第ニ其運行ノ速力ヲ減ズルコト猶運轉

スル所ノ蒸氣車ガ制輪機ノ摩擦ニ由テ次第ニ運轉ノ速力ヲ減ズ

ルニ異ナラズ又此流星ガ、大氣中ニ入ルトキハ其摩擦ニ由テ流星

八十三

陽ノ周圍ヲ回轉スルコト、猶彗星ノ如キ者アリ吾等ガ、流星ノ雨ノ

如ク降ルルコトヲ見ルハ、即チ我地球ノ、公轉スルニ際シテ此群星ノ

中間ヲ通過スルニ由テ然ルモノナリ。

然レ仜流星ハ其軌道ノ各部ニ散在スルニアラズ其軌道ノ一部ニ

群集シテ、一簇ヲナス者ナリ故ニ我地球ガ其流星ノ軌道ヲ經過ス

ルノミニテハ未ダ流星ノ雨降ニ逢フコトヲ得ズ我地球ガ、流星ノ

軌道ヲ通過スル時偶其流星ノ一簇ニ逢フガ爲ニ始テ其雨降ヲ見

ルナリ。蓋此群流星ハ凡ソ三十三年餘ニテ太陽ヲ公轉スル者ナレ

バ、我地球モ三十三年ヲ經テ斯ル流星ノ雨降ニ逢フナリ然レ仜流

星ノ群簇ハ其軌道ニ沿ヒテ散布スルコト、大河ノ如クナルヲ以テ、

我地球ハ、一タビ其雨降ニ逢フノ後尚二三年ヲ經ルニアラザレバ、

全ク群流星ノ場所ヲ離ル、コトヲ得ズ。故ニ流星ノ雨降ヲ見ルノ

第二十課　流星ノ話

暗夜、仰ギテ蒼天ヲ觀レバ、流星ト稱スル物ヲ見ルコトアル可シ、此

流星ハ、時トシテ雨ノ降ルルガ如クニ多キコトアリ、或ル學者ノ說ニ

ハ、流星ノ我地球ノ大氣中ヲ經過シ、暗夜ニ肉眼ニテ見得ベキモノ、

其數平均一日ニ七百五十萬ニ下ラズ、是ニ望遠鏡ニテ見ルコトヲ得

ベキ小流星ヲ加フルトキハ、其數實ニ四億萬ニ至ルベシト云フ、流

星ノ群ヲナス者二個アリ、一ヲ十一月群流星ト云ヒ、一ヲ八月群流

星ト云フ、八月ト十一月ニ當リ、我地球ガ、公轉シテ此二群ノ中間

ヲ經過スルニ際シテ是ヲ見ルニ由リ、斯ク名ヅケタルナリ、蓋此群

流星ハ天空ノ各處ニ散在スルモノニアラズ、各星相引キ相集マリ

テ、斯ク群簇ヲナス者ナリ、其群流中ニハ橢圓形ノ軌道ヲナシテ、太

八十一

下流ナル芬蘭灣ノ水暴漲シテ溢レルニ由リ、ネヴァノ河水ハ灣中

二流レ落ツルコト能ハズ、遂ニ兩岸ニ溢レ出デ、洪水トナルゾコハ

五六年ゴトニ必ズアルコトニテ、イト畏ルベキ事ナリ。サレバ府内

ニテ夜會ヲ催シテ、人々參集シタル時ニ洪水ノ合圖ヲ聞ク時ハ、互

ニ暇乞ヲモセズシテ、倉皇解散シ、ヤガテ馬ニ鞭ウチテ府内ノ小高

キ處ニ逃グルナリ其洪水ノ俄ニ出ヅルコトノ數ナルハ、コレニテ

知ルベシ其中ニテ最モ甚シキハ千七百七十七年ト千八百二十四

年トノ洪水ナリ。サレバ聖彼得堡ニ於テハ、毎年春季ニ當リ、西風ノ

吹クコトアレバ、上ハ皇帝ヨリ下ハ最貧ノ賤民ニ至ルマデ、終夜マ

ドロミモセズシテ起キテ居ルコトアリ又ハ水ノ增減ト風ノ方向

トノミヲ打マモリ、面色ヲ青クシ、胸ヲ痛メテ、四方八方ニ奔走スル

コト連夜ニ及ブコトアリト云ヘリ。

八十

役ノ爲ニ數千人ノ賤民ハ其生命ヲ失ヒシト云フ.セント、アイザック

寺院ハ、最モ宏壯ニシテ且美麗ナリ此寺院ハ稍倫敦ノセントポー

ル St Paul 寺ニ似タレ𛀈全ク羅馬ノパンセオン Pantheon ト云ヘル寺

院ノ規模ヲマネビテ建築シタル者ナリ此寺院ノ表ノ方ハ芬蘭ヨ

リ出ヅル大理石及花剛石ヲ用ヒテ建築シ、紅色ノ花剛石ノ一本石

ノ柱四十八個アリ又内ノ方ハ金、銀、黃銅、大理石、瑪瑙石、綠靑ニテ飾

レリ.ネヴァ河岸ニハ極メテ美麗ナル花剛石ヲ以テ築キ立テタル

埠頭アリ又此都府ニハ、一百七十七個ノ橋梁アリテ、其內ノ三十六

個ハ石造十九個ハ鐵製ナリ.

此都府ノ常ニ危難ニ遭フハ、ネヴァ河ノ汎濫スル事ナリ.ソハ此河

ノ上流ニ大ナル湖アリ春季ニ至レバ氷解ケテ、水滿チ溢ルヽマ、

ニ其水ハ、ネヴァ河ニ落チヌ此時若シ西風強ク吹キツレバ此河ノ

七十九

羅巴洲ノ他ノ都府ヨリモ多クシテ、一千人毎ニ四十四人ニ當レリ。

殊ニ訝シキ事ハ二十歳ヨリ二十五歳マデニ死スル者甚ダ多ク犬

カタ一千人ゴトニ一百人即チ十分一ノ割合ナリ。

前ニモ述ベタルガ如ク聖彼得堡ノ家屋ハ廣大ナルヲ以テ名ヲ得

タリ其最モ廣大ナルハ海軍省ニシテ其長サ殆ド半哩ニ亘レリ又

此都府ニハ宮殿ノ多キコト欧羅巴洲ノ他ノ都府ニ勝リテ露西亜

皇帝ノ爲ニ設ケタル宮殿合ハセテ十二個アリ其中ノ八個ハ石ヲ

以テ作リ四個ハ木ヲ以テ造レリ又冬宮ト名ヅケテ毎年七八個ノ月

間露西亜皇帝ノ住居セラル、宮殿ハ世界中最大ナル厦屋ノ一ニ

シテ八年ノ星霜ヲ經テ始テ造リ果テタリト云フ其後千八百三十

七年、回禄ノ災ニ遇ヒシカバ露帝ニコラス(Nicolas)ヨリ、一年ノ内ニ再

建スベシト命シテ、直ニ工事ニ掛リ、命令ノ如クニ造リ終ヘシガ此

聖彼得堡ノ人口ノ増殖スル
コトハ倫敦又ハ巴黎ノ如ク
ニハ速ナヲネド猶甚ダ速ナ
リ、ヅハ千七百五十年ノ人口
ハ僅ニ七萬五千ニ過ギザリ
シガ、千八百四年ニ八二十七
萬トナリ、千八百五十八年ニ
ハ五十二萬トナリ現今ニ至
リテハ府内ノ人口、七十萬ア
リトゾ、ザレビ其内十萬人ハ、
總テ外國人ナリ又此府ニ於
デ、毎年死スル者ノ割合ハ、歐

聖彼得堡

二就テモ、イタク反對セルモノアリ此都府ノ北部ハ、人口甚ダ稀ニ

シテ、長ク廣キ街道ニ只一輛ノ逖客車ト、二三ノ徒歩ノ人ト往來ス

ルノミナレ圧、其南部ニハ人口ノ人ト多キコト、倫敦巴黎ニモ劣ヲ

ザルベシ.

第十九課　聖彼得堡　二

此都府ノ街道ハ、長ク廣クシデ、其兩側ニ、高キ家屋建ナ列レリ、殊ニ

ネブスキブロスペクト Nevski Prospekt ト云ヘルハ、長サ三哩ニ亘リ、廣

サ六十ヤード Yard ニ亘ル街道ナリ、若シ府內ノ人民老若男女ヲ併

セテ悉ク皆此都府ニ出デ、逍遙セシムルコトアラバ、人々ノ立テ

ル間ハ、十歩アマリヅ、隔タルベシト云フ、都府ノ廣大ナルニ比ブ

レバ、人口ノ稀少ナルコト、推シテ知ルベシ.

ヲズ.

聖彼得堡ノ家屋ノ廣クシテ、大ナル街道ノヨク整ヘルハ、歐羅巴洲

ノ他ノ首府ニハ見モ及バヌ事ナリ.此都府ノ家屋ノ樣式ハ、モスコ

ウ Moscow キーブ Kiev ナド云フ露西亞ノ他ノ都府ノ樣式ニハ似ルベ

クモアラズシテ、歐羅巴ノ各國ヨリ、各種ノ樣式ヲ借リ來リテ、一ツ

ニシタル一種ノ樣式ト云フベシ・サレバ始テ此地ニ來レル者ハ都

府ノ廣大ナルヲ觀テ、驚クノミナラヲズ家屋ノ外面ニ鏤メタル金銀

ノ日光ニ照ラサレテ輝クヲ見テ、讚賞セヌ者ナシ.府内ノ事物互ニ

相反對スルモ亦甚シク其家屋ヲ視レバ、古代ノ希臘即チビザンチ

ーン Byzantine ノ樣式ト、近頃ノ樣式ト、甍ヲ並べ、又往來ノ人ヲ視レバ、

東洋人及韃靼人ノ着用スル衣服ト、佛蘭西人弁ニ英吉利人ノ着用

スル今樣ノ フロック、コート Frock-coat ト、袖ヲ連ヌ.又府内人口ノ多少

七十五

ノ如クナレリ佛蘭西ノ遊歴者マルキード、キユスチーヌ云ク聖彼

得堡ノ氣候ニハ何物モ損ハレヌハナク家屋ノ極メテ舊ク見ユル

者モ實ハ昨日建テタルナリ斯ク毎年ニ其家屋ヲ改ムルコト

ナカリセバ數年ナラズシテ此地ハ總テ一面ノ沼地ニ變ズベシサ

レバ露西亞ノ職工ハ冬季ニ打チ破レシ者ヲ夏季ニ至リテ修繕ス

ルヲ常ノ業トセリト．

夏季ノ中ニテ最モ長キ日ハ殆ド十九時間アリテ黄昏ヨリ夜ノ明

ケ渡ルマデニ分明ナル限界ナク此時節ニハ都テ晝ノミアリテ夜

ナキ有様ニテ中夜ト雖モ只晝間ノ日光ノ少シク薄ヲギタルマデ

ノ事ナリ此時澄ミ渡レル月ノ光ト、カスカナル日ノ光ト、打チ合フ

時ハ、淸白ナル河水宏壯ナル宮殿、金ヲ鏤メタル大伽藍花剛石ノ埠

頭ヲ照ラシテ、光リ輝キタル有樣ハ筆モ言辭モ及ブベキコトニア

七十四

極南ニアリ、此ハ外部ナル霜ト水トノ勢力ノ中ニ在リテ、彼ハ、内部
ナル火ノ勢力ノ傍ニ在リ、此ハ礦礀ナル國ノ中心ニ在リテ、彼ハ、歐
羅巴洲ノ、最モ霄腴ナル地方ニ在リ、故ニ外部ヨリ見ルモ、内部ヨリ
見ルモ聖彼得堡ト、ネーフルストハ反對スルコト最モ甚ジ。

聖彼得堡ハ、ネヴァ Neva 河ノ兩岸ニ跨リテ二個ノ小サキ島ノ上ニ建
テリ、此都府ハ北緯六十度ニ在リテ、倫敦ヨリ北ノ方十度ニ在リ、其
氣候ハ夏ハ、酷ダ暑ク、冬ハ極メテ寒シ、仲夏ノ長キ日ニハ温熱積リ
テ、物ノ陰ナル寒暖計モ、一百度以上ニ昇リ、冬季ノ間ハ零點ヨリ下
五十四度ニマデ降リ、暑中ノ濕氣ノ家屋ノ瓦石ト其縫際トニシミ
込ミシ者、冬季ニ至リテ盡ク凍リテ膨服スルニ由リ、府内ノ最モ堅
牢ナル家屋モ、ソレガ爲ニ崩ル、者多シ、サレバ聖彼得堡ニ於テハ、
府内ノ家屋ハ、毎年盡ク建テ直サデハ叶ハヌト云フコト、一種ノ諺

公行スルニ至レリ。文久年間ニ、是ヲ護持院原ニ移シ、改メテ開成所
ト云フ。是ヨリ留學生ヲ英吉利、魯西亞ノ二國ニ送リ、又ハ和蘭人ヲ
聘シテ教師トナスガ如キ、其學修ノ道、大ニ開ケ洋學、日ヲ逐ヒテ盛
大トナリ、遂ニ今日ノ帝國大學ヲ見ルニ至リシハ、モト是レ洋學所
ノ次第ニ變化シ來レルナリ。

第十八課　聖彼得堡　一

聖彼得堡 St. Petersburg ハ、人類ノ剛毅ト忍耐トヲ揭ゲタル記念標ノ
一ト云フベシ。此都府ハ氣候寒ク、土地瘠セタル沼地ニシテ、情ナキ
天ノ下ニアリサレバ此都府ハ、每年强キ霜ニイタク攻メラレ、又防
グベキヤウモナキニ苦メラルゝガテ此都府ノ地ハ以太利ノ都府

ネープルス Naples トハ、全ク表裏ノ差アリテ、此ハ、極北ニ在リテ、彼ハ、

ヲ開クノ始トナス玄澤著ス所ノ重訂解體新書、環海異聞、蘭死摘芳、

北邊探事、六物新誌等ハ皆有用ノ書ナリ。

是ヨリ洋學ハ次第ニ進歩シ文政天保ノ頃ニハ蘭學ヲ以テ家ヲ立

ツル者少カラズ青地林宗ハ物理學ヲ講究シテ、氣海觀瀾ヲ著ス是

ヲ理學ノ始トナス安岡玄眞ハ宇田川玄隨ニ續ギテ醫範提綱ヲ著

シテ、人體ノ内外部ヲ詳說ス玄眞ノ子宇田川榕庵ハ舍密開宗植學

啓源ヲ著ス是ヲ化學ト植物學トノ始トス箕作阮甫ハ玄眞ニ學ビ

テ、地理歷史ヲ講シ泰西春秋、八紘通誌ヲ著ス其子省吾モ坤輿圖識

ノ著アリ是レ皆力ヲ洋學ニ盡シテ、今日ノ隆盛ヲ助ケシ者ナリ。

其後、西洋諸國ノ來リテ交易ヲ求ムル事アリシカバ安政年間ニ幕

府始テ學舍ヲ江戶ノ九段坂ニ建テ士人ノオアル者ヲ選ビテ洋學

ヲ修メシム是ヲ洋學所ト云フ是ニ至リ洋學ノ禁解ケテ始テ其學

七十一

言語文字ヲ學ビテ飜譯ニ着手セシガ、一日ニ一語ヲ理解スル能ハ

ザル事アリ、或ハ一句ヲ譯スルニ、數日ヲ費ヤス事アリ、漸ク年ヲ經

ルニ從ヒ、譯語モ稍熟シ、四年ノ間ニ其草稿ヲ變ズルコト十一回ニ

シテ始テ譯シ畢ハリ名ヅケテ解體新書ト云フ是ヲ蘭書飜譯ノ始

トス。

仙臺ノ人大槻玄澤ハ玄白等ノ飜譯ニ從事スルヲ聞キ江戸ニ來リ

テ玄白ノ門人トナル玄白其志ヲ愛シ誘導到ラザル所ナシ玄澤ハ、

獨醫術ヲ修ムルニ止マラズ廣ク和蘭ノ書ヲ讀マント欲シ更ニ前

野良澤ニ從ヒテ和蘭學ヲ修ムサレド其意ニ滿タザル所アリシカ

バ、長崎ニ遊學スルコト數年江戸ニ歸ルノ後蘭學階梯ヲ著シ其文

章ノ概略ヲ示ス此書ヲ見テ蘭學ヲ修メント志ス者極メテ多シ後、

幕府ヨリ毎年銀二十枚ヲ給シテ蘭書ヲ和解セシム是ヲ幕府洋學

譜記シテ歸ル、其後再ビ長崎ニ遊學セシカドモ、通事ハ只、和蘭ノ言語
ヲ知ルノミニテ、讀書、譯文ノ業ニ通ズル者ナシ、故ニ講究數年ヲ費
ヤスモ、其要ヲ得ズ、只、數百ノ譯書、醫書數部トヲ得タルノミ、江戸
ニ歸リシ後、其譜記スル譯語ニ據リ、彼此參考シ、六七年ヲ經テ、少シ
ク自得スル所アリシカバ、漸クニシテ飜譯ニ着手スルヲ得タリ、蓋
ス所、和蘭譯文略蘭譯筌、助語參考等アリ、世人稱シテ蘭化先生ト云
フ。

桂川氏ハ、世々和蘭外科術ヲ以テ、幕府ノ醫師トナル、其始祖ヲ甫筑
ト云フ、四世ノ孫、甫周ハ杉田玄白ト共ニ、前澤ノ門人トナル、玄白ハ、
小濱侯ノ醫師ナリ、嘗テ和蘭ノ身體解剖書ヲ求メシカバ、是ヲ實際
ニ試ミシトス、偶々、官命アリテ、死囚ノ臟ヲ見セシムルニ、圖中載スル
所ト分毫ノ差違ナシ、玄白、大ニ悟リ、此書ヲ飜譯セント欲シ、先ヅ其

僅ノ文字ヲ知ルノミナリキ.

其後文藏ハ命ヲ奉シテ長崎ニ往キ西善三郎等ト共ニ、和蘭學ヲ研

究シテ稍得ル所アリシガ、善三郎ハ譯語ノ選ビ方ニ力ヲ盡シ、モ、

其功ヲ遂ゲズシテ死セリ.文藏ハ獨留リテ學修スルコト數年、平常

使フ所ノ言語四百餘ヲ記憶シ、且其文字ノ呼法體制等ヲ知リテ江

戸ニ歸レリ.此時、吉宗已ニ薨シテ、事皆昔日ノ如クナラズ又師友ト

書籍トニモ乏シカリシニヨリ、文藏ノ著ス所ハ僅ニ和蘭文字略ノ和

蘭話譯等ニ過ギズ.

其頃中津ノ藩醫ニ前野良澤ト云フ人アリテ異書ヲ讀ムコトヲ好

メリ.或ル時和蘭書ノ殘編ヲ見テ其書ヲ讀マント欲シ、文藏ノ門人

トナル.文藏其篤志ニ感ジ已ノ知ル所ヲ盡シテ是ヲ授ク.中津侯モ、

其志ヲ嘉シ、良澤ヲ長崎ニ遊學セシム.良澤、和蘭ノ言語六七百言ヲ

我國ノ文化ニ關シ、一大不幸ト云ハザルヲ得ズ。然レモ獨和蘭トノ

通商ハ、全ク其跡ヲ絶チタルニ非ザリシカバ醫術、砲術、地理ノ學ヲ

講ズルモノハ、猶其間ニ絕エザリシナリ。

後殆ド百年ヲ經テ將軍德川吉宗天文曆數ヲ學ブニ及ビ、和蘭ノ其

術ニ精シキヲ知リ、長崎ノ人西川如見ヲ召シテ親シク其事ヲ問フ。

是ニ至リ通事西善三郎吉雄幸作等相謀リテ、和蘭ノ書ヲ學ビ是ヲ

讃マンコトヲ請ヒシガ、遂ニ其許ヲ得テ讀書ニ從事ス。吉宗更ニ和

蘭ノ書ヲ求メ、是ヲ見テ其圖面ノ精密ナルニ感シタレバ、猶其說ク

所ヲ知ラント欲シ、江戶ノ人靑木文藏ヲ幕府ノ儒者トナシ、野呂玄

丈ト共ニ和蘭學ニ從事セシム。是ヨリ和蘭ノ使者、江戶ニ至ル每ニ、

文藏等就キテ其言語ヲ聞キ又通事ニヨリテ其意義ヲ知ルコトヲ

得タリ。サレド使者ノ來ルハ、一年一回ニ過ギザレバ、數年ニシテ僅

六十七

誌シ、和蘭ノ學問ハ新井白石ニ始マルト云ヒシモ亦是ガ爲ナリ。

白石ハ學問ニ深クシテ其著述多キノミナラズ當時ノ政事ニ與リ

テ、其功少シトセズ實ニ其幼時天下一ト書キシモ、自ラ其事業ヲ識

言セシ者ト云フベキカ、

封侯　タイミャウニナルフ。

經史　經書ト歷史トノフ。

來聘　オリミ物ヲ持テ來テ御目ミユスルフ。

閻羅王　エンマフ。

進講　ゴゼンニテ講釋スルフ。

第十七課　洋學ノ興隆

將軍德川家光耶蘇教ノ禍害ヲ憂ヘ外國ノ商船ニ令シテ橫文ノ書

籍ヲ舶來スルコトヲ禁ゼシカバ、是ガ爲ニ歐洲諸國トノ通商ヲ斷

チタルノミナラズ、西洋學術ノ傳來ヲモ阻退スルニ至リシハ實ニ

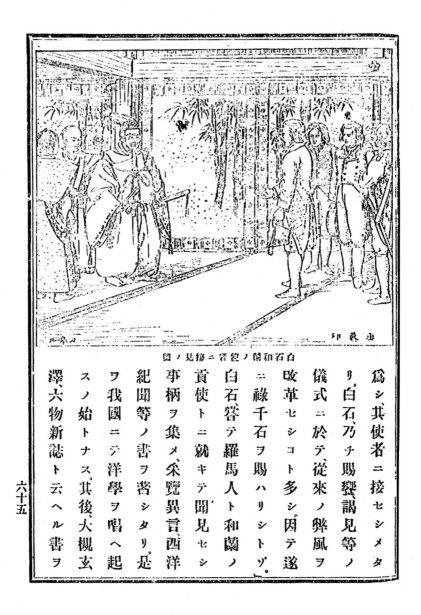

白石和蘭ノ使者ニ接見スルノ圖

爲シ其使者ニ接セシメタ
リ。白石乃チ賜饗謁見等ノ

儀式ニ於テ從來ノ弊風ヲ
改革セシコト多シ因テ遂

ニ祿千石ヲ賜ハリシトゾ。
白石嘗テ羅馬人ト和蘭ノ

貢使トニ就キテ聞見セシ
事柄ヲ集メ采覽異言、西洋

紀聞等ノ書ヲ著シタリ足
ヲ我國ニテ洋學ヲ唱ヘ起

スノ始トナス。其後大槻玄
澤、六物新誌ト云ヘル書ヲ

六十五

白石三歳ニシテ字ヲ書クコトヲ知リ常ニ天下一ト云フ三字ヲ書

キテ戯ト為シタリ六歳ニシテ能ク書籍ヲ讀ム七歳ノ時父母ニ從

ヒテ演劇ヲ観タリシガ家ニ歸リテ其始末ヲ語ルニ少シモ遺忘ス

ル所ナカリシトゾ十歳ニシテ侯ノ側ニ給事シ常ニ侯ニ代リテ書

簡ヲ草スルニ殆ド大人ノ如クナリシト云ヘリ。

年巳ニ長ズルニ及ビ嘗テ歎ジテ曰ク、大丈夫生キテ封侯ヲ得ズバ、

死シテ閻羅王ト為ルベシト是ヨリ專ラ書籍ヲ研究シ諳ク經史百

家ノ書ニ通ゼリ德川家宣ノ未ダ將軍タラザリシトキ白石召サレ

テ其儒官トナリ待遇殊ニ厚シ進講畢ハレバ必ズ坐ヲ賜ヒ國家ノ

事ヲ説カシメタリトゾ後ニ家宣立チテ將軍ノ職ニ就クニ及ビ白

石亦待講ト為リ祿五百石ヲ賜ヒ事大小トナク必ズ召シテ諮詢セ

リ朝鮮ノ使者來聘ヒシ事アリシガ其時白石ヲ從五位下筑後守ト

サヘアリ、時ニ明石志賀之助、仁王仁太郎ト云ヘル者アリテ膂力衆
人ニ勝レシガ、寛永中其徒ヲ集メ、江戸四谷ニ於テ相撲ヲ興行セリ。
勸進相撲ハ此時ニ始レリトゾ。

第十六課　新井白石ノ傳

新井白石ハ名ヲ君美ト云フ、江戸ノ人ナリ、其父正濟ハ久留里侯ニ
仕ヘシガ、白石ノ幼ナリシ時侯是ヲ愛シ、常ニ其膝下ニ侍セシメタ
リ、或ル日盛岡侯來リテ、白石ノ容貌ヲ見テ是ヲ奇トシテ曰ク我レ
未ダ嗣子ナシ願クハ此子ヲ養ヒテ吾子ト爲サント侯曰ク是レ吾
子ニアラズ侍臣ノ子ナリ、盛岡侯曰ク然ラバ我ニ此子ヲ與ヘヨ我
レ其成長ヲ侍チテ、禄千石ヲ與ヘント請ハレシカド、侯固ク是ヲ辭
シタリトゾ。

六十三

ル若續々世ニ出デタリ又歌舞妓ト云フモノ世ニ出ヅルニ至レリ。

抑モ歌舞妓ハ天正ノ頃京師ニ於テ出雲ノ神子阿國ガ爲シ、ヲ以

テ始トス阿國ガ諸國ヲ徘徊シ江戸ニ來リテ興行セシハ慶長十一

年ナリト云フ又淨瑠璃ハ初メ琵琶法師瀧野澤住ヨリ興リ目貫屋

長三郎薩摩淨雲等是ニ嗣ギ、一番ヅ、ノモノ多カリシガ延享寛延

ノ頃ニ至リ段續キノ作出デ遂ニ局面ヲ一變シタリ且其始ハ皆操

ニ用ヒシト雖モ、元祿享保ノ頃ヨリ歌舞妓俳優モ、本色ノ踊ノミヲ

專門トセズ、人形ノ仕形ヲ摸シテ、段續キノ芝居ヲ爲シ舊風ヲ一變

シ、今ノ芝居ト爲リ是ヨリ田樂絶エテ、歌舞妓盛ニ行ハレ時人是ヲ

見テ其風俗ヲ傚フニ至レリ家光又相撲ヲ好ミシカバ世ノ人モ是ヲ

ヲ好ミ江戸城ノ外廓ノ閑地ニ集リ士民互ニ勝負ヲ角セリ家光、

亦時々夜ニ乘ジテ近臣兩三人ト共ニ此處ニ遊ビ是ト角力セシ事

烟草ハ慶長ノ頃ニ我邦ニ來リシ者ニテ、人々爭ヒテ是ヲ愛セリ。初

メ是ヲ用フルヤ其葉ヲ卷キ竹筒ニ入レテ烟ヲ吸ヒシヲ後ニハ眞

鍮ノ烟筒ヲ用ヒテ諦取渡シノ禮アリ。秀忠、是ガ爲ニ財ヲ費ヤス事

夥シキヲ憂ヘ堅ク是ヲ禁ゼシモ、年ヲ經ルニ從ヒ、却テ盛ニ行ハル

ルニ至レリ。明曆年中江戸ニ大火アリシガ、時ノ老中松平伊豆守信

綱、此火事ハ烟草ヲ好ム者誤リテ火ヲ失セシニ由ル者ナラント思

ヒ、山田ト云ヘル者ニ命シテ烟草ヲ好ム者誤リテ火ヲ落シテ、床席

ヲ燒クノ狀及其者ノ刑セラル、有樣ヲ畫カシメ、烟草ノ害ヲ衆人

ニ示シ、事サヘアリキ。サレド今ハ貴賤トモ一般ニ是ヲ用フル風

トハナレリ。

家康ノ時圍碁ニ本因坊算砂アリ將棊ニ大橋宗桂アリテ其ニ幕府

ニ仕ヘ子孫相繼ギテ其業ヲ執リシカバ名人高手ノ古人ニ勝リタ

第十五課　德川時代ノ風俗　二

慶長以前ニハ東國ノ人髯ノ少キモノヲ臆病者ナリトテ嘲リシガ、

其後ハ髯ヲ剃ルノ風次第ニ行ハレタリ。又男子ハ前髪ヲ剃リ落シ

テ元服ヲ表シ、女子ハ眉ヲ落シ鐵漿ニテ齒ヲ染メ、且島田髷ヲ改メ

テ丸髷トナスヲ成人ノ式トナス。天和中ニ紀宗直ト云ヘル人アリ

テ、能ク禁中ノ故實ニ通ゼリ。或ル時工人ニ命シテ耳搔ノアル簪ヲ

作ラシメ、是ヲ女子ノ頭飾トナサシメタリ。此簪ハ八十年程ノ中ニ忽

チ海內ニ弘マリ、今ハ一般ノ風トナレリ。樺笄ノ類モ瑪瑙ヲ用

ヒ木屑ノ緒ニモ天鵞絨ヲ用フルニ至リシハ皆享保以後ノ事ナリ。

又以前ハ男子ノホ、カブリ、又ハ覆面ナド盛ニ行ハレシガ、家綱ノ

時ニ是ヲ禁ゼシ事アリ。ホ、カブリト云フハ絹又ハ布ニテ面ヲ覆

ヒ其上ニ笠ヲ戴クナリ。覆面トハ絹布ニテ半面ヲ覆フ者ナリ。

其頃ハ、上下トモニ質素ナリシカバ、女ノ帯ニ、緞子繻子ナドヲ用フ
ル者アリシカド、其廣サハ、一幅ヲ用ヒシニハアラズ、是ヲ五ツ切又
ハ三ツ切ニシテ帯トナスナリ。明暦ノ大火後ハ次第ニ奢侈ニ流レ、
男子モ、木綿服ヲ着スル者少ク、女子ノ帯モ二ツ切ヲ用ヒ、後ニハ遂
ニ一幅ノ緞子繻子ヲ用フル事トナリ、是ヲ丸帯ト唱ヘタリ。又雨中
ニハ、女子ノ歩行スルニ浴衣ヲ被ル事ナリシガ、享保年間ニ布合羽
ノ始マリショリ、浴衣ヲ被ル事ハ、一般ニ廢レタリ。其後衣服ハ次第
ニ奢侈ニ流レテ際限ナカリシカバ、時ニハ華文ヲ染メ出セル衣服
ハ代銀百五十匁以上ノ者ヲ用フベカラズナド云ヘル制限ヲ定メ
シモ、其令ハ遂ニ行ハレザリキ。百五十匁ハ、今ノ金二圓五十錢ニ當
レリ。

ノ礪ナルヲ譏レリ其後外國ト通信ヲ開クニ及ビ或ハ外國ノ風習

ヲ慕フモノアリ或ハ我國固有ノ風ヲ守ルモノアリ或ハ庶人ノ刀

ヲ佩ビテ武人ニ混ズルモノアリ或ハ武人ノ刀ヲ脱シテ農商ニ変

ハルモノアリテ、其容態一様ナラザリキ。

德川氏ノ初代ニハ貴賤トモ木綿服盛ニ世ニ行ハレタリ是レ專ヲ

節儉ヲ貴ブニ出ヅルナリ又其頃ヨリ雨合羽ヲ用フル事行ハル雨

合羽ハ紙ニテ造リタル袖ナシニテ是ニ油ヲ塗リタル者ナリ後世

ノ坊主合羽ト云フ者是ニ同ジ又細川三齋ト云フ人ハ甚ダ茶ノ湯

ヲ好ミシカバ冬日ハ茶ノ湯ニハ足ノ冷エンコトヲ恐レ其母木綿

ニテ足袋ヲ作リテ是ニ與ヘタリトゾ、其以前ニハ斯ル時ニハ革足袋

ヲ穿ツ事ナリシガ此時ヨリシテ、一般ニ木綿足袋ヲ用フル事トナ

レリト云ヘリ.

第十四課　德川時代ノ風俗　一

家康幕府ヲ開クニ及ビ、朝廷ヲ尊ビ、神佛ヲ敬シ、專ラ力ヲ文武ニ盡
シテ、大ニ粗暴ノ風ヲ改メタリ。且自ラ節儉ヲ守リ、常ニ華美ヲ去リ
テ、質素ヲ宗トセシカバ、民皆是ニ傚フニ至ル。秀忠ノ時、庶人ノ擅ニ
大刀ヲ插ス事ヲ禁ゼシカバ、亦粗暴無禮ノ風ヲ矯メンガ爲ナリ。家治、
明和年中ニ、田沼玄蕃頭意次ヲ老中トナスニ當リ、稅金ヲ納ムレバ、
博奕ヲモ許シ、ニヨリ博徒各黨ヲ結ビテ是ヲ公行シ、又禁ズベカ
ラザル勢トハナレリ。

松平越中守定信繼ギテ老中トナルニ及ビ、節儉ヲ貴ビ、武備ヲ嚴ニ
シ、大ニ從前ノ弊ヲ改メシカド、其職ヲ退クヤ、人々再ビ奢侈ニ流レ、
其弊風ハ却テ前ニ倍セリトゾ。天保中、家慶天下ニ令シテ衣服器具
ノ奢侈ナルモノヲ禁シ、是ヲ御趣意ト云ヒシガ、世ノ人ハ却テ其令

五十七

ト婚姻ヲ結ブヲ例トセリ第一ノドージハ紀元八百九年ニ始テ叙

爵セラレ其後ドージノ爵ニ叙セラレシ者七十九名アリ最後ノド

ージノ廢セラレタルハ千七百九十七年ナリキ。

羅馬ハ往古世ニ知ラレタル世界ノ中心タリ又武勇ニ因テ立タ

ル最モ強大ナル國ニシテ當時名アル國々ハ何レモ貢物ヲ羅馬ニ

納メザルハナカリキ蓋當時ハ兵器ト武藝トヲ以テ權力威勢ノ源

泉ト認メ又地中海ヲ以テ地球ノ中央ナル無二ノ大海ト認メシナ

リ然ルニ今ハ貿易商業ハ權力威勢ノ源泉トナリ大西洋ハ萬國往

來ノ大道トナレリサレバ權力威勢ノ潮流ハ羅馬及地中海ノ海岸

ノ方ニ流レズ而テ英倫ト大西洋トノ彼方ナル合衆國ニ向ヒテ流

ル、ナリ。

冷船ハ馬車ノ用ヲ爲ス府内ハ常ニ物靜ニシテ騒シカラズ。

廣き狹きが街道に皆

みちひの潮の通ひつゝ、

かの宮殿の石の上に、

海の藻屑はひまもなく、

この城門の邊りには、

人の足跡更になく、

いともさかしき海づらに、

往來の道ぞ横たへる。

我等陸より舟に乗り、

浪にたゞよふ都府に入り、

其町々を漕ぎ回り、

ゆられゆられて行く時ぞ、

夢路をたどるこゝちする。

ヴェニス Adriatic ハ往古強大ナル共和國ノ首府ナリキ。其共和國ハ、アドリヤ

チック Adriatic 海上ニ威權ヲ振ヒ、シプラス Cyprus モーレヤ Morea ノ地ヲ

サヘ其所領トセリ。此國ノ大統領ヲドージ Doge ト云フ。ドージハ、公

爵ノ義ニシテ、毎年ニ一回盛大ナル儀式ヲ行ヒテ、アドリヤチック海

五十五

モ堅固ナル者ハアピアン道路ナリ、ソハ四角ナル石片ヲ敷キテ造
リタル者ニシテ、今尚存在セリ。

千八百五十九年以太利新王國ノ建チシ時、フロレンス Florence ハ其
國都トナレリ、フロレンスハ以太利ノ一大都府ニシテ、アルノ Arno
河邊ニ建テリ、海岸ヲ距ル.コト五十哩ニシテ美麗ナル丘岡ニテ繞
ラセリ、府内ノ ホーリ、クロッス Holy Cross 寺ハ有名ノ寺院ニシテ英國
ニ ウェストミンスター Westminster 寺アルガ如シ、此寺院ニハ以太利ノ
大家ナル ダンテー Dante ミケルアンゼーロ Michael Angelo ガリレオ Galileo
等ノ遺骨ヲ收メタリ、此フロレンスハ、千八百七十年ニ至リテ、國都
ヲ止メラレテ、今ハ羅馬ガ其國都トハナレリ。

ヴェニス Venice モ亦以太利ノ一大都府ナリ、此都府ハ海中ニ建チテ、世
界中ニテ最モ奇異ナル都府ノ一ナリ、其運河ハ街道ノ用ヲ爲シ、其

ノ上ニ抜ヶ出デ、巨大ナル圓頂閣ノ前面ニハ遊歩場噴水井等ヲ

設ケテ美麗ニ美麗ヲ添ヘタリケル。

地上ニアル羅馬ノ外ニ更ニ地下ニアル羅馬アリ。地下ノ羅馬ハ宗

教上ノ事ニ因テ殺サレタル初世ノ耶蘇教徒ノ塚ニシテ其數五十

個アリ。此塚ニ埋マレタル者數千人ナリシナルベシ。此塚ハ、故ヲニ

築キタル者ニアラズ、往古羅馬府ヲ建築セシ時其材料ノ爲ニトテ

地中ヨリ石ヲ切リ出ダシタル後ニ殘リシ石ノ隧道コソ即チ此塚

ヲ成シ、ナレ目今巴黎ノ南部ノ地下ニモ此類ノ塚アリ。

古代ノ羅馬ハ水ニ乏シキコトナクシテ美麗ナル暗渠九條ヲ設

ケ、近傍ノ丘岡ヨリ水晶ノ如キ清水ヲ通ハシタリ。然レド其後此暗

渠ヲ用フルコトヲ止メ、今日ニナリテハ唯三條ノ暗渠ヲノミ用フ

ルナリ。又古代ノ羅馬人ハ道路ヲ造ル事ニ最モ巧ナリ其道路ノ尤

册ヲ藏セリト云フ、

聖彼得寺ハ世界第一ノ大寺ト世ニ云ヒナセリ此寺ノ圓頂閣ハ詩畫ノ二道ニ秀デタリシミケルアンゼー口「ボナロッチ Michel Angelo Buonarotti ガ七十二歳ノ時ニ畫キシナリ此寺ヲ建築スルニ八百七十六年ノ星霜ヲ經テ經費ハ一千萬磅ナリト云フ内ノ方ノ飾ノ美麗ナルハ世界ノ他ノ寺院

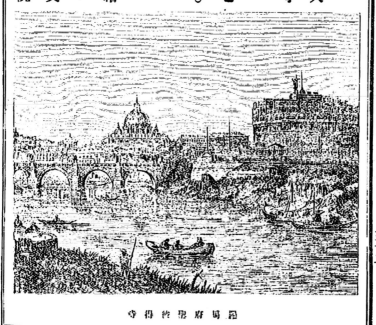

羅馬府聖彼得寺

羅馬ニハ三百餘ノ寺院アリテ其中ニハ華美ヲ盡シ巧緻ヲ極メタ
ル者多シ又八十餘ノ宮殿アリ又羅馬ノ貴族ノ住居セル廣大ナル
邸宅此處彼處ニ散在セリ又市街ノ處々ニ噴水井アリテ清冽和暖
ノ空氣中ニ銀色ノ水柱吹キ出デ往來ノ人ハ是ヲ見テ心ヲ悦バシ
メザルモノナシ。サテ羅馬ノ建築ノ最モ大ナルハ、ヴァチカン Vatican
及聖彼得 St. Peter 寺ナリ。

ヴァチカンハ世界第一ノ大厦ナリ。コハ羅馬法王ノ冬季ニ駐驆セ
ル、宮殿ニシテ、一萬一千個ノ房室ト八個ノ大階樓トアリ殿内ニ
ハ又二十個ノ内庭ト許多ノ花園トアリテ樹木花卉ヲ植ヱ噴水井
ヲ設ク又殿内ニハ世界技藝上ノ作物ヲバ古今ヲ言ハズシテ廣ク
集メ又世界各國ノ言語ヲ以テ書キタル書籍十萬册寫本二萬五千

五十一

今代ノ羅馬ハ周圍十二哩ノ城壁ヲ繞ラシ、十六個ノ城門アリテ、城

内ハ甚ダ廣ケレド、人民ノ住居スル處ハ僅ニ其三分ノ一ニ過ギズ。

其他ハ開市園葡萄園及ビ人民ノ遊歩塲ニテ、其外概ネ荒蕪ノ地ナリ。

又街道モ、コルソト名ヅクル處ハ道幅モ廣ク縦モ直クシテ長サ一

哩ニ亘レ共、其外ハ概ネ皆狹隘ニシテ屈曲シ、石ヲモ敷カザレバ塵

埃多ク充チ滿チタリ。又朽チカヽリタル茅舍ハ、極メテ美麗ナル宮

殿ト建チ並ビ、觀ル者ハ、ゝロニ懷舊ノ涙ヲ催シヌベシ。

然レ圧羅馬ノ都府ハ、自ヲ世ニ類ヒナキ趣アリ、ソハ教院官殿僧院、

圖書館遊歩塲噴水井銅像其餘多クノ公廨官舍到ル處ニアリ、其形

狀樣式ハ、家ゴトニ異ニシテ同ジサマナルハナケレバ、常ニ觀ルモ、

厭ハシキ心ハ起ヲザルベシ。

コリシアムハ、カク淺間シキ場ナリシガ、今ハ哀ヲ催ス地トナリテ、其建築ハ年々ニ崩レユキ、壁ヤアーチニハ千樹百草花咲キテ、稚木ハ回廊ヲ掩ヒ演戲場ノ中央ニハ、十字架ヲ建テ彼觀客ノ座下ニハ、鳥ノ巣ノミゾ多カルサレバ此處ニ來ル者ハ、イヅレモ往古ノ樣ヲ追想シテ袖ヲシボラヌモノハナシトゾ.

中頃ニ至リテ羅馬ハ國モ狹クナリ、人口モ減少シテ英國ノ五等ノ市邑ト均シクナリヌ.殊ニ第十四世紀ノ頃羅馬法王ノ羅馬ヲ去リ、佛蘭西ノ南部ナルアヴ井ニヨン Avignon ニ留マリシ後ハ羅馬ノ人口僅ニ一萬七千バカリニナリヌ.又今日ノ羅馬ハ往昔ノ皇帝政治ノ羅馬ニ比スレバ、一都府トモハンヨリハ其記念物ト云ヒテ可ナラン、何トナレバ羅馬ニテハ往古ノ遺趾ハ、今代ノ建築ヨリ多ク往古ニ於ケル人々ノ事蹟ハ、今日ノ生ケル人ノ事情ヨリ多ケレバナリ.

四十九

キュス Telemachus ト云ヘル者偶羅馬ニ來リ此演戲ヲ觀テ殘忍ナル有

樣ヲ痛マシク思ヒケレバ直ニ場中ニ飛ビ下リ觀客ニ打向ヒ此演

戲ヲ止メシコトヲ請ヒ求メシニ觀客却テ怒ヲ成シ互ニ石ヲ投ジ

テ終ニテレマキュスヲ打チ殺セリ然レドモテレマキュスノ死後ニハ斯

ル戲ハ跡絶エテ衆民ニ觀セシ事ハ曾テアラ・ザリキ。

我輩今日コリシアムノ遺趾ヲ打見ルダニ且ハ身ノ毛モヨダチ且

ハ胸モ打騷ガル、モノヲ況ヤ我輩若シ當時ニ生レテ八萬ノ觀客

ガ、演戲場ノ勝負ニノミ日ヲ注ギ、今人ノ夢ニダニ見ザル慘狀ヲ目

前ニ見シコトアラバ如何ナルコ、チカスラン當時羅馬人ハ痛ク

血ヲ流スヤウノ事ヲ樂ミトシケレバ道義ヲ守リテ改メザル若又

ハ羅馬ノ國法ニ背ケル若ヲバ演戲場ノ内ニ投ジテ野獸ノ食トセ

シコトマヽアリキ.

昔羅馬の兵隊が、　敵と戰ひ打ち勝ちて、

分捕じたるえものをば、　つみかさねたる其うへに、

圓項閣を建てたるに、　いともよくこそ似たりけれ。

此建物ハ眞劍ニテ試合スル戲又ハ野獸ト人ト戰フ戲ヲ演センガ

爲ニ設ケタル者ニテ、其面積ハ五エークルアリ觀客ノ席ハ演戲場

ヨリ上ノ方ニ在リテ、一層ハ、一層ヨリ高クシテ恰モ登ルガ如ク凡

ソ八萬人ノ觀客ヲ容レ得ベシ。

コリシアムニ於テ、始テ演戲アリシ時場內ニテ殺サレシ獸類ハ、五

千頭ニ及ビタリ。又アドリアン Adrian (又ハ Hadrian) 帝ガ、其誕生ノ日ヲ

祝シテ演戲ヲ開キシ時獸類ノ戰ヒテ死セシ者、一千頭ニ及ビタリ

ト云フ但シ此內ニ牡獅子、牝獅子各一百頭アリ斯クテ此演戲ハ其

後久シク續キタリシガ紀元四百三年ニ至リ東洋ノ修道士テレマ

四十七

古代ノ羅馬ハ、最初ハ、ダイベル Tiber 河ノ東岸ニ建テテ、海ヲ距ルコ
ト十六哩ノ處ニ在リシガ此都府ハ、ヴェスパシアン Vespusian 帝ノ世ニ
至リテ頗ル隆盛ヲ極メ、人口殆ド二百萬ニナリテ、今ノ巴黎ノ人口
ニ均シカリキ.但シ其人口ノ三分一ハ奴隷ナリ.古代ノ羅馬ニハ、美
麗ナル祠堂巨大ナル宮殿其外樣々ノ記念物甚ダ多シ.又此都府ノ
周圍テハ花園遊園アリテ園中欝蔥トシテ樹木生ヒ繁リ宏壯ナル
家屋美麗ナル銅像此處彼處ニ散在セリ當時此都府ニハ宮殿一萬
七千噴水井一萬三千、皇帝及將軍ノ銅像四千、馬上ノ銅像二十七浴
塲一萬劇塲三千アリシトイフ
古代羅馬ノ最大ノ建築ハ、コリシアム Coliseum ナリ.コリシアムハ楕
圓形ニ作リ.其周圍ハ二哩ノ三分一其高サハ一百五十七呎アリ.
アーチ Arch の上に又アーチ、かさぶり合へるありさまハ、

見テ、前日退クニ當リテ、一士人ヲ見タリシガ、彼ハ誰ゾト問ヒシニ、
俠ノ曰ク彼ハ吾ガ爲ニ經書ヲ講ズル岡山ノ臣熊澤了介ト云フ者
ナリト。正雪色ヲ正シ我レ其貌ヲ熟視シ其意ヲ察スルニ君再ビ彼
ノ如キ者ヲ近ヅクルコト勿レト云ヒシトゾ。

第十二課　羅馬　一

古代ノ羅馬ハ當時世ニ知ラレタル全世界ノ首府ナリキ。其府ノ建
設ハ紀元前七百五十四年ナリト云フ。此都府ハ初ハ一ノ小サ
キ市邑ナリシガ年ヲ逐ヒテ廣大ニ成リユキ終ニハ世界中ニテ最
モ盛ナル都府トナレリ。サレバ當時ハ名アル國々ヲ攻メ取ランガ
爲ニ兵隊ヲ出ダシ歐羅巴、亞細亞、亞弗利加ノ三大陸ヲ取リ鎭メン
ガ爲ニ總督ヲ遣シナドシタリキ。

レバ集義和書ノ中ニモ藤樹ヲ論議セシ者少シトセズ物徂徠ト云

ヘル人蕃山ヲ評シテ蕃山ハ百年來儒者ノ巨擘ニシテ八才ハ熊澤、

學問ハ仁齋ナリト云ヘリ蕃山又自ヲ嘆ジテ云ヘルヤウ今世ノ僧

ハ多ク僧侶ノ行ナシ若シ釋迦ヲシテ見セシメバ是ヲ何トカ云ハ

ン吾儒ノ道モ亦然リ孔子ヲシテ今ノ儒者ヲ見セシメバ豈ニ慨嘆

セザランヤト.

蕃山嘗テ紀伊侯ニ至リ入ルニ及ビテ、一士人ヲ見ル容貌秀逸ニシ

テ常人ニ異ナリ相共ニ目ヲ張リテ注視シ遂ニ一言ヲ交ヘズシテ

別ル蕃山侯ニ見エテ今、一士人ヲ見タリ彼ハ仕臣ナルカ處士ナル

カト問フ侯ノ曰ク彼ハ吾ガ爲ニ兵書ヲ講ズル處士由井正雪ト云

フ者ナリト蕃山是ヲ聞キ我レ其貌ヲ熟視シテ其意ヲ察スルニ君、

再ビ彼ノ如キ者ヲ近ヅクルコトナカレト云ヘリ他日正雪又侯ヲ

シテ去レリ、

蕃山モ亦退隱ノ志アリシカド、禮遇殊ニ厚クシテ、俄ニ職ヲ辭スル

コト能ハズ、其後再ビ江戸ニ來ルニ及ビ事ヲ共ニスル人ト隙アリ、

因テ職ヲ辭シテ京都ニ遊ビ又去リテ明石ニ隱ルヽ明石侯松平信之、

モト蕃山ヲ師トセシカバ是ヲ遇スルコト甚ダ重シ侯ノ、古河ニ移

サル、ニ及ビ蕃山亦起ニ從フ巳ニシテ蕃山封事ヲ幕府ニ上リ大

ニ政事ヲ論議セシニヨリ幕府命ジテ是ヲ古河ニ禁錮シ特ニ妻ヲ

携フル事ヲ許サル幽囚トナリ、コト數年ナレド、少シモ憂フル色

ナシ、平日人ト問答セシ所ヲ集メテ集義和書外書數十卷ヲ著ス年

七十三ニシテ遂ニ幽囚中ニ死セシカバ是ヲ鮭延寺ニ葬レリ其墓

ヲ拜スル者、今尚絕エズト云フ、

蕃山ノ學問ハ藤樹ニ學ビタル者ナレド其意見ハ相同ジカラズ、サ

四十三

メテ、其習フ所ヲ傳ヘシム是ニ於テ藤樹始テ蕃山ニ接見セリ蕃山、

時ニ年二十三ナリ.

其後、七年ヲ經テ備前侯、大ニ蕃山ヲ用ヒント欲シ更ニ是ヲ招ク蕃

山因テ再ビ侯ニ仕ヘシニ侯ノ信任愈厚ク遂ニ番頭ニ擢デ、國政

ニ與ラシメ祿三千石ヲ賜フ是ニ於テ蕃山其優遇ニ感ジテ力ヲ國

政ニ專ニシ貧困ヲ救ヒ節義ヲ表シ賭博ヲ禁シ淫祠ヲ毀チ武備ヲ

嚴ニシ文教ヲ布キタル如キ凡ソ其新政、一トシテ人ノ耳目ヲ驚カ

サルハナシ譽テ侯ニ從ヒテ江戸ニ至リシニ、諸大名爭ヒテ是ヲ

招キ禮遇殊ニ厚シ時ニ板倉周防守重宗蕃山ニ向ヒ子ハ明君ニ仕

ヘテ言フ所聽カレ謀ル所用ヒラル千載得ガタキノ値遇ナリ然レ

巳子其終リヲ善クセント思ハヾ速ニ退隱シテ再ビ世事ヲ言フコ

ト勿レ是レ功成リ身退クノ時ナリト云ヒシカバ蕃山深ク是ヲ謝

四十二

フ人呼ビテ藤樹先生ト云ヘリ藤樹ノ門人ニテ備前侯池田光政ニ

仕フル者數人アリ熊澤蕃山ハ其一人ナリ蕃山ハ又了介ト稱シ小

字ハ次郎八後助右衞門ト改ム其父野尻一利ハ尾張ノ人ナレヒ京

都ニ住シテ熊澤氏ノ女ヲ娶リテ蕃山ヲ生ム蕃山出デ、母ノ家ヲ

繼ギシカバ其姓ヲ冒シテ熊澤ト云ヘリ

蕃山年十六ニシテ備前侯ニ仕ヘ嘗遇曰ニ厚シ已ニシテ蕃山辭シ

テ遊學セントシ京都ニ來リテ良師ヲ求ムレヒ未ダ其人ヲ得ズ偶

同宿ノ人近江小川村ニ中江藤樹ト云ヘル人アルコトヲ告グ且具

ニ其人ト爲リヲ語レリ蕃山是ヲ聞キテ大ニ喜ビ今ノ世此人ヲ拾

テ、誰ニカ從ハントテ直ニ行キテ業ヲ受ケン事ヲ請フ藤樹ハ伺

未ダ人ノ師トナルニ足ラズト云ヒテ是ヲ辭セシガ蕃山益請ヒテ

其家ヲ去ラズ二夜其廡下ニ寢ネタリ藤樹ノ母足ヲ見テ藤樹ニ勸

四十一

一百倍ノ多キニ至ルベシ。然レ共他ニ照明力ヲ強クシ以テ完全
ナル物象ヲ映ゼシムルノ工夫ナキトキハ何程放大力ヲ強クスト
モ其器殆ド無効ニ屬スベク又物鏡ニシテ其功用ヲ盡サヽレバ少
シク放大力ヲ增スモ忽チ物象ノ不明ヲ來タシ諦視スルコト能ハ
ザルニ至ルモノナリ。

望遠鏡ニハ地球上ニテ遠隔セル物體ヲ見ルノ望遠鏡アリ、又天體
ヲ見ルノ望遠鏡アリ。而シテ其構造ニハ前ニ示シタル如ク光線ヲ
屈折セシメテ其物象ヲ見ルノ望遠鏡アリ、或ハ光線ノ反射ニ由テ、
物象ヲ見ルノ望遠鏡アレ共、今一々是ヲ示サズ。

　　　第十一課　熊澤蕃山ノ傳

昔近江國ニ近江聖人ト呼バレシ人アリ其名ヲ中江與右衞門ト云

四十

強カル可シ。

放大力ハ第一ニ物鏡ノ燒點ノ長サニ關スルモノナリ。今假ニ物鏡
ノ心ヲ中心ト爲シテ、一圓ヲ畫キ物鏡ノ燒點ヲシテ其圓周中ニ在
ラシメバ物象ノ大小ハ常ニ其圓ノ大小ニ準ズベシ例ヘバ二個ノ
物鏡アリ是ニ映ズル物象ノ大サ同ジク一度ニ亙ルトセバ半徑十
二吋ノ圓ヲ畫クモノニ於テハ半徑十二吋ノ圓ノモノヨリ物象更
ニ大ナルベシ再ビ之ヲ言ヘバ燒點ノ長サ十二吋ナル物鏡ニ於テ
ハ燒點ノ長サ十二吋ナルモノヨリハ物象更ニ大ナルベキコト言
ヲ待タズ第二ニ、眼鏡ノ放大力モ亦全鏡放大力ノ計算中ニ加ヘザ
ルベカラズ蓋眼鏡ノ放大力ハ物鏡ノ燒點ノ長サト眼鏡ノ燒點ノ
長サトノ比例數ニ準シテ增減スルモノトス例ヘバ物鏡ノ燒點ノ
長サヲ一百吋トシ、眼鏡ノ燒點ノ長サヲ一吋トセバ其放大力ハ即

面ヨリ大ナルコト千倍ナルトキハ、其受クル所ノ光線モ亦是ニ準

シテ、千倍多カル可シ、是ヲ以テ物鏡ノ燒點ニ生ズル所ノ物象ハ、是

ヲ我眼中ノ水晶體ヲ經過シテ網膜中ニ生ズル所ノ物象ニ比スレ

バ、其明ナルコト亦殆ド千倍ニ近キノ理ナリ、又照明力ハ物鏡ノ面

ノ粗密ニ關ス、茲ニ同大ノ物鏡二個アラン、二甲鏡ノ面ヲ精密ニ研

磨シ、乙鏡ノ面ヲ

粗糙ニ研磨シ、此

精粗ノ二鏡ヲ取

リテ物象ヲ照

シ、視レバ甲鏡ノ

照明力ハ必ズ乙

鏡ノ照明力ヨリ

望遠鏡

ハ、前後ニ裝置セル二個ノ鑿ニシテ、前ナルヲ物鏡ト
云ヒ、後ナルヲ眼鏡ト云フナリ。今望遠鏡ヲ以テ遠隔
セル物ヲ見ルトキハ、其光線來リテ物鏡ヲ經過シ、直
ニ是ヲ屈折シテ物鏡ノ燒點ニ會シ、茲ニ物體ノ倒像
ヲ生ズ。而シテ此倒像ヨリ發スル光線ハ、眼鏡ヲ經テ、
眼中ニ入ル蓋此器ヲ以テ物象ヲ視ルハ、肉眼ニテ是
ヲ視ルト確ニ於テハ異ナル所ナケレ圧其物象ヲ放
大ニスルハ殊ニ著キモノナリ。

望遠鏡ノ功用ハ、照明力ト放大力トノ二ツニ關スル
ナリ。而シテ先ヅ照明力ニ就テ言ハンニ、物鏡ハ吾人
ノ瞳子ヨリモ大ナルガ故ニ、其受クル所ノ光線モ亦
是ニ準ジテ多カルベキ理ナリ。故ニ物鏡ノ面瞳子ノ

ナル者アリ是ヲ合星ト云フ合星ハ互ニ其公重心ヲ周リテ運動スル者ナリ.

第十課 望遠鏡

二百年以來天文學ノ大ニ進步セシハ專ヲ望遠鏡ノ功ニ賴ルナリ.望遠鏡ハ遠隔セル物象ヲ見ルニ於テ極メテ緊要ノ器械ニシテ、今ヨリ二百年前ニ和蘭人メチウスMetius ト云フ人始テ是ヲ製出セリ.

然ルニ此器械ヲシテ天文學ノ實用ニ適セシメタルハ蓋有名ナルガリレオGalileo氏ガメチウス氏ノ發明アリヲ聞キテ、亦此器械ヲ創製シタルヲ以テ始トナス.其後ニ至リ此器械ノ構造、漸テ改正シ、テ精巧トナリ.其功用モ亦愈々增加シ以テ今日ノ進步ヲ來タシタリ.

望遠鏡ハ、數個ノ鑒ヲ裝置シテ是ヲ製シタル者ナリ.其緊要ナル部

ルニハ三年半ヲ發ヤスナリ。或ル説ニ據レニ、一等星ハ、其光線ノ我

地球ニ達スルニ二十五年半ヲ要シ、二等星ハ、二十八年ヲ要シ、三等星

ハ四十三年ヲ要ス。此ノ如ク其距離、次第ニ遼遠トナルニ從ヒ、三千

五百年ヲ經ザレバ其光線、我地球ニ達セザル者アリト云フ。

恆星ハ其布置排列絕エテ變易セザルガ如シト雖モ其實ハ無數ノ

衆星、盡ク皆靜止スルコト無クシテ、自ラ運動スル者ナリ。就中、地球

ニ最モ近キ恆星ノ運動ハ、既ニ測量スルコトヲ得タリト云フ其運

動ハ、一秒時ニ平均五十四哩ノ速力ヲ以テ運行ス。此速力ハ地球ノ、

太陽ヲ周ル速力ニ三倍スルナリ。我太陽モ亦他ノ恆星ト同ジク運

動スルハ固ヨリ論ヲ待タズ。而シテ太陽運動スレバ、太陽系全體モ、

亦是ト共ニ位置ヲ變ゼザル可ラズ。又肉眼ニテハ、一個ノ星ト見ユ

レモ望遠鏡ヲ用ヒテ足ヲ觀測スレバ、二個トナリ。或ハ三個、四個ト

三十五

八、地球ヲ距ルコト絶遠ナルヲ以テ、地球ヨリ是ヲ望ムニ、只一ノ光點ヲ見ルノミニテ、視力ノ強キ望遠鏡ヲ用フルモ、尚其實體ヲ知ルコト能ハズ只分光鏡 Spectroscope ヲ以テ是ヲ照ラストキハ其體質ヲ構造スル物質ノ概略ヲ辨ズルコトヲ得ベキノミ、凡ソ恆星ハ、白熱ノ光焰ニ包マレ其美麗ナルコトハ、我太陽ニモ勝ルト云ヘリ、

恆星ハ、其距離甚ダ遼遠ナルヲ以テ、從來是ヲ推算スルコト能ハザル者ト為セリ然ルニ近年觀測ノ術益進歩シテ、其距離ノ遠近ヲ測定シ得ルモノアルニ至レリ蓋光線ノ速力ハ、一秒時ニ十八萬六千哩ナリ故ニ恆星ノ遠近ノ如キモ其光線ノ我地球ニ達スル遲速ヲ以テ、是ヲ測リ、太陽ノ距離ヲ以テ恆星ヲ測ルノ標準ト爲スナリ例ヘバ恆星ノ、最モ近キ者ハ、南半球ニアル美麗ナル星ニシテ、其遠サ、太陽ト地球トノ距離ニ二十二萬四千倍ス、故ニ其光ノ地球ニ達ス

地球ヨリ恆星ヲ望ムニ第一ニ人ノ目ニ入ル者ハ其光輝ノ大小ナ
リ.故ニ恆星ノ種類ヲ分ツニハ光輝ノ大小ヲ以テスルヲ常トス.其
最モ大ナル者ヲ一等星ト云ヒ是ニ次グ者ヲ二等星ト云フ.三等四
等皆是ニ準ズ.而シテ肉眼ニテ見ルベキ最小ノ星ハ、六等星ナリ.此
諸星ガ天ノ半球上ニ現ル、數ハ凡ソ三千ニシテ、全球上ノ恆星ハ、
其數是ニ幾倍スルヲ知ラズト云フ.然レ𪜈望遠鏡ヲ以テ觀測スル
トキハ肉眼ニテ見ルベカラザル許多ノ恆星簇ヤトシテ目ニ入リ
來ルベシ.故ニ望遠鏡ノ視力ノ大ナルニ從テ、恆星ノ數益增加スル
ハ、必然ノ事ナリ.

無數ノ恆星ハ悉ク皆太陽ニシテ、自己ニ光輝ヲ發シ、且其周圍ニハ、
各多少ノ遊星ヲ有シ、其遊星ニハ動植物ノ生ズルコト猶我太陽系
ニ於ケル地球ノ如キ者モアルナラント云ヘリ.然レ𪜈是等ノ恆星

リ其外、古跡廢寺ヲ與復修繕セシモノ少カラズ。

光圀退老シテ後常陸國大田鄉ノ西山ニ隱居セリ其家ハ茅葺ニテ、垣ヲ設ケズ只尋常ノ一民家ニ過ギズ自ヲ西山隱士ト稱シタリシガ世ノ人ハ是ヲ西山中納言ト呼ベリ近臣數人ヲ使ヒシカド老衰、事ニ堪ヘザル者ノミナリキ常ニ粗食ヲ食ヒ澣衣ヲ着悠然トシテ世ヲ送レリ年七十四ニシテ、遂ニ西山ニ斃ゼラレ是ヨリ先キ、壽藏ヲ常陸國瑞龍山ニ造リ、石ヲ建テ梅里先生墓ト題シ、自ヲ文ヲ作リテ其背ニ刻セシメタリト云ヘリ。

方外 世ステ人ト同ジ。

浣衣 センタクシタル衣類

壽藏 死ナヌ先キニ造ル墓ヲ壽藏ト云フナリ。

第九課 恆星ノ話

三十二

閼其賢ヲ聞キ聘シテ師ト爲シ、自ヲ弟子ノ禮ヲ執リテ終始怠ラズ。

水戸ノ文學是ヨリ益振フ。其卒スルニ及ビ祠堂ヲ駒込ノ別莊ニ造リテ、厚ク祭祀シ、又其遺文三十卷ヲ編輯シテ門人源光圀輯ト記セリ。光圀又其石碑ニ明徵君子朱子墓ト題ス。其名士ヲ尊ブコト概ネ此類ナリ。

光圀嘗テ嘆息シテ云ヘルヤウ、我邦ノ古碑ハ奈須國造ノ碑ヨリ古キハナク、忠義ハ楠正成ヨリ忠義ナルハナシトテ、ヤガテ國造ノ碑ヲ修覆シテ、守塚人ヲ置キ、又攝津湊川ニ、楠正成ノ石碑ヲ建テ、嗚呼忠臣楠子之墓ト題シ、其碑陰ニハ朱之瑜ノ贊ヲ刻ス。其近隣ニ田地ヲ買ヒ、是ヲ廣嚴寺ノ僧ニ附ケテ、永ク香火ノ料トナシタリ。又寺社奉行ヲ置キテ、封內ニアル寺社ノ制ヲ定メ、淫祠ヲ毀ツコト三千餘、寺院ヲ毀ツコト九百餘、破戒ノ僧ヲ諭シテ庶民トナス者數百人ナ

三十一

ギテ、徳川氏ニ川ヒ
ヲレシモ皆僧官ニ
任シタリ.光圀是ヲ
嘆シテ道ヲ學ブ者
ハ、君臣皆儒ナリ何
ゾ是ヲ方外ノ徒ト
ナサントト云ヘリ.是
ニ於テ儒者皆髪ヲ
蓄フル事トナレリ.
明人朱之瑜ハ號ヲ
舜水ト云フ支那ノ浙江ノ人ニテ、其家世々明朝ニ仕ヘシガ、今ノ清
朝ガ支那ヲ統一スルニ及ビ其祿ヲ食ムヲ恥ヂテ長崎ニ來レリ光

徳川光圀

ヲ撰ブ、是ヨリ光圀ハ、正史ニ據リテ皇統ヲ明ニシ、臣道ヲ正シクス

ルヲ以テ已ノ任トナス、此書ハ本紀七十三卷列傳百七十三卷凡テ

二百四十六卷ナリ、其中神功皇后ヲ后妃ニ列シ、大友皇子ヲ本紀ニ

揭ゲ、南朝ヲ正統トナス、如キハ皆光圀ノ卓見ニ出ヅル者ナリトゾ、

父賴房ノ薨ズル時、其近臣殉死セントスル者數人アリシガ、光圀自

ヲ其家ニ往キ百方訓戒シテ、是ヲ止メタリ、其頃ノ大名ハ、死スル時

ニ殉死人ノ多キヲ誇ルノ風アリシカバ、德川氏天下ニ令シテ、遂ニ

是ヲ禁ズルニ至リシハ、光圀ノ首唱ニ由ルナリ、又光圀其儒臣ニ命

シテ、髮ヲ蓄ヘシメ是ヲ士人ニ列セリ、蓋シ足利氏ノ季世ヨリ、武人ハ、

皆文ヲ學バザリシカバ、僧徒ヲシテ文字ノ事ヲ掌ラシメタリ、天下

太平トナルモ、其風猶改マラズシテ、儒者ハ依然トシテ髮ヲ蓄フル

コト無ク、世ノ人モ、亦是ヲ方外ノ徒ト爲セリ、林道春ヨリ、數世相繼

二十九

光圀ハ幼時、水戸ノ八三木之次ト云ヘル者ノ家ニ養ハレシガ其奉

養ハ甚ダ薄カリキ、四歳ノ時群兒ト戲レ居タリシニ、一僧是ヲ見テ、

此兒常人ニ異ナリ、何ゾ城中ニ居ラシメズシテ此ニ在ルヤト云ヘ

リ、又或ル時父賴房ニ從ヒテ罪人ヲ斬ルヲ見タリシガ其夜賴房ハ、

光圀ヲ試ミント思ヒ、汝ヨク日中斬ル所ノ首ヲ提ゲ來ルカト云ヒ

ケレバ光圀直ニ刑場ニ至リ死骸ヲ捜シテ首ヲ得タリ、サレド首重

クシテ提グルコト能ハザリシカバ其髮ヲ握リ、少シモ恐ル、色ナ

クシテ引キ來リシトゾ時ニ年僅ニ七歳ナリ。

賴房ハ多クノ子アリシカド、未ダ嗣子ヲ定メズ將軍家光命ジテ諸

子ノ中ヨリ、嗣子ヲ擇バシム、光圀時ニ年七歳ニシテ、擇バレテ江戸

ニ至リ、嗣子トナル十八歳ノ時、史記ノ伯夷傳ヲ讀ミテ、歴史ヲ修ム

ルノ志ヲ立テ、小石川ノ邸中ニ彰考館ヲ置キ、儒臣ト共ニ大日本史

二十八

個ノ眼鏡トヨリ成レルナリ。而シテ其顯微鏡ノ放大力ハ二個ノ凸

鑿ノ有スル放大力ヲ乘シタル者ニ同シ。例ヘバ物鏡ノ放大力ハ性

體ノ直徑ヲシデ五倍ノ大サニ至ヲシメ、眼鏡ハ是ヲ十倍ノ大サニ

至ラシムルトキハ、其顯微鏡ノ放大力ハ、物體ノ直徑ヲシテ五十倍

トナヲシム故ニ其物體ノ面積ハ二千五百倍ノ大サニ至ル可シ。

凸鑿 ナカダカノ目ガネニレテ英 レンズ lens ト云フ。

第八課　德川光圀ノ傳

德川光圀ハ幼名ヲ千代松ト云フ號ヲ日新齋トモ云ヒ、常山人或ハ

梅里トモ云フ、德川中納言賴房ノ第三子ニテ家康ノ孫ニ當レリ頼

房薨ズルニ及ビ、ソノ封ヲ襲ギテ、常陸二十八萬石ヲ食ミ、從三位參

議右近衞權中將ニ拜ス退老シテ後更ニ權中納言ニ拜セリ。

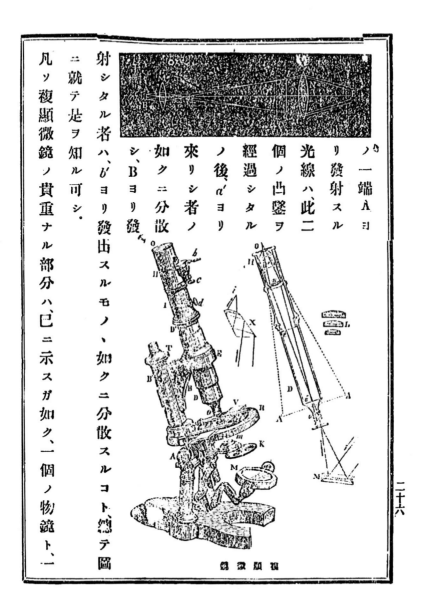

複顯微鏡

ノ一端Aヨリ發射スル光線ハ此二個ノ凸鏡ヲ經過シタルノ後、a'ヨリ來リシ者ノ如クニ分散シ、Bヨリ發射シタル者ハ、b'ヨリ發出スルモノ、如クニ分散スルコト總テ圖ニ就テ足ヲ知ル可シ.

凡ノ複顯微鏡ノ貴重ナル部分ハ巳ニ示スガ如ク、一個ノ物鏡ト、一

其光線分散シ以テ眼中ニ入ル者ナリ而シテ眼ニ見ユル所ノ物體

ハ分散セル光線ヲ延長シテ其光線ノ交會セル所ニアル肖像ノ大

サトナルナリ即チ上圖ヲ見テ其理ヲ悟ル可シ。

複顯微鏡ニ於テハ其放大力ノ度單顯微鏡ニ比スレバ遙ニ大ナリ

トス.而シテ複顯微鏡ニハ其種類甚ダ多クシテ構造頗ル異ナリト

雖モ其理法ハ二個ノ條件ニ過ギズ第一顯微鏡ヲ以テ見ントスル

所ノ物體ハ次ノ圖ニ示ス如ク、Mナル凸鑑ノ主燒點ニ近ヅキタル

處ニアリテ、主燒點以外ニアルベシ此凸鑑ハ、物體ニ對スルガ故ニ

是ヲ物鏡ト云フ第二、Mナル物鏡ニ由テ、ABナル細小ノ物體ハ其

物鏡ヲ經過シテ、aбノ處ニ物體ノ肖像ヲ作ルベシ而シテ此肖像

ハ眼鏡ト名ヅクル第二ノ凸鑑Nヲ經過シテ、眼中ニ入ルナリ.光線、

此眼鏡ヲ經過シテ後ノ作用ハ單顯微鏡ニ異ナラズ是ニ由リ、物體

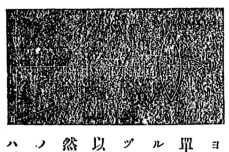

第七課　顯微鏡

顯微鏡ハ光學ノ一器械ニシテ、極メテ細小ナル物體ヲ放大シテ、觀
察スルノ用ニ供スル者ナリ。而シテ顯微鏡ニハ單顯微鏡ト複顯微
鏡トノ別アリ。單顯微鏡ハ通常ノ所謂蟲眼鏡ニシテ、貝一ノ凸鑒
ヨリ成ル者ナリ．

單顯微鏡ヲ用ヒテ細小ナ
ル物體ヲ觀察センニハ、先
ヅ其物體ヲ凸鑒ノ主燒點
以内ニ置カンコトヲ要ス．
然ルトキハ其物體ノ諸部
ノ各點ヨリ進ム所ノ光線
ハ、凸鑒ヲ經過シ屈折シテ

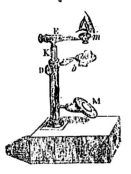

單顯微鏡

府內ニハ、維也納大學校アリテ頗ル美麗ナリ、此學校ハ、千三百六十
五年ノ創立ニシテ、目今三千人ノ學生、百三十人ノ教授アリ、此外ニ
モ、亦宏壯ナル諸藝學校アリ、此學校ハ、一千餘人ノ學生、四十五人ノ
教授及講師アリ、其教授スル所ハ、應用理學ノ全科ノミナラズ、商業
ノ法律及諸規則ト、大工業ノ基礎トナルベキ諸科學ノ理法トヲモ
教授セリ．

維也納ハ、頗ル商業ニ宜シキ地ナリ、此都府ハ、歐羅巴ノ東部ト西部
トノ間ナル、ダニューブ河ノ邊ニ建チテ、東部ノ貨物ト、西部ノ貨物
トシ変易スルノ地トナレルノミナラズ、又歐羅巴全洲ヲ盡ク縱横
ニ亙リタル、鐵道線路ノ中央ニ建チテ、磽确ナル北西部ト睿睬ナル
南東部トヲ連絡スルノ地トナレリ．

ル島ヤニ跨リテ、イト美麗ナリ維也納ノ地ハ、上古ハ都テ森林ナリ

シガ、此遊園ハ其一部分ノ殘レルナレバ、今モ尙欝蒼タル老樹ドモ

アリテ、灌木叢及納涼ノ亭ヲ掩ヒテ高ク雲間ニ聳エタリ此遊園ノ

邊ハ頗ル物靜ナレバ、此地ヲ逍遙スル人ハ、大都會ノ中央ニ在ルコ

トヲ忘レテ、人家ヨリ數百哩モ隔レル地ニ在ルヤウニ思フナリ。

維也納ノ家屋ハ、都テ華麗ニシテ爽快ナリ殊ニ近年新築ノ家屋ハ、

佛蘭西ノ樣式ヲウツシテ出窓ヲ設ケ蛇腹ト柱トニハ色々ノ飾リ

ヲ付ケ又壁ノ凹メル處ニ背像ヲ居ュナドシテ高尙美麗ヲムネト

スル者多シ但シ維也納ハ美麗宏壯ノ都府ナレドモ、人身ノ健康ノ爲

ニハ宜シカラザルベシ其證如何ト云フニ、每年死スル者、倫敦ニ於

テハ、一千人ゴトニ二十二人ノ比例ナレドモ、維也納ニ於テハ、夫ヨリ

ハ二倍ニモ過ギテ、一千人ゴトニ四十九人ノ比例ナレバナリ。

ノ寺院ニシテ、此寺

院ハ、日耳曼ゴシック Gothic 風ノ建物ノ模

範トモ云フベキモノニシテ、十字形ニ

建築シ、其尖塔ノ高サハ四百六十五尺

アリ、彼英國ニテハ

サリスベリー Salis-

bury 寺ノ尖塔ヲ、最モ高キ塔トスレド、此尖塔ニ比スレバ、尚低キコト、六十尺餘ナリ、

又ブラーテル Prater ト云フ遊園ハ、ダニューブ河ノ分支ニ因テ成レ

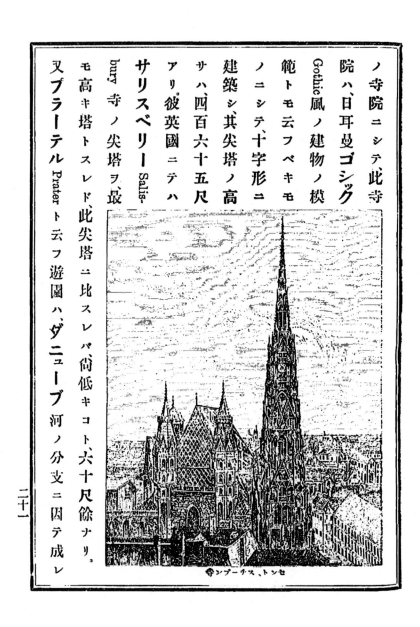

セント、スチーブン寺

街道アルハ貝巴汀 Baden 大公國ノ首府ナルカールスルーヘ Carlsruhe

ノ都府ノミニシテ外ニハ未ダ見ザル所ナリ。

維也納ノ地ノ榮エ行ク有樣ハ倫敦巴黎及其他ノ都府トハ異ナリ。

倫敦巴黎ノ二府ニ於テハ百年以來人口ハ府ノ中央ヨリ西ノ方ヘ

ノミ增殖シ搢紳富豪ハ年ヲ逐ヒテ西ノ方ニ移ラントスル有樣ナ

リ起レ何故ゾトイフニ歐羅巴ニ於テハ平均三日ノ中二日ハ西風

ノ吹クニヨリ西ノ方ニハ殊ニ新鮮ナル空氣ヲ得ベキト又歐羅巴

大都府中ニ於テ最モ景色好キハ西ノ方ニ在ルトニ因ルナリ。然ル

ニ維也納ニ於テハ其舊府ハ中央ニ在リテ中央ヲモテ最モ風雅ナ

ル地トシ商業及快樂ノ淵藪タルノミナラズ皇帝及皇族ノ宮殿舊

華族ノ邸宅幷ニ官衙モ盡ク此ニ在リ。

維也納ニハ美麗ナル家屋多シ其最モ舊キ者ハセントズチーブン

トモ、イフ其街道ハ狹隘ニシテ屈曲スレ圧功ニ石ヲ敷キ並ベテ其

屋宇モ亦頗ル高シ新府ハ府内ノ外部ニ在ル故ニ亦外坊トモイヒ

テ三十六個ニ分レ其家屋ハ皆近年建築セルモノナリ又舊府ト新

府トノ間ニ空地アリテ、環ノ狀ヲ爲シテ舊府ヲ繞レリ其空地ハ廣

キ所モ狹キ所モアリテ、一樣ナラズ此空地ニハ新舊府ノ通路ヲ開

キ遊步場ヲ設ケ金合歡及栗樹ヲ植エタリ此空地ハ往昔城壘ノ胸

壁ノ在リシ所ナルが千八百五十七年胸壁ヲ崩シテ空地トナセリ。

維也納ノ街道ハ外坊ニ至リテ廣クシテ直キノミナラズ、日光モ遮

レズシテ、照リ渡レリ。サテ府内ノ諸街道ハ、都テ中央ノ一點ニ在

ルセント、スチーブン St. Stephen ト云ヘル宏壯ノ寺院ヲ指シテ集レ

ルコト、恰モ巨大ナル車輪ノ輻ノ盡ク轂ニ集リ巨大ナル蛛網ノ絲

ノ、盡ク中心ニ集レルニ似タリ。歐羅巴ノ他ノ都府ニシテ此ノ如キ

十九

碟刑 <ruby>ハリツ<rt></rt></ruby>ケノ刑。

禍心 謀叛ナドヲ起サ ントスル心ナリ。

第六課　維也納

維也納ハ王國、大公國、公國等ノ團結シテ成レル墺地利帝國ノ首府
ナリ、近頃墺地利ヲ稱シテ、墺地利匈牙利國トイフハ近年匈牙利人
ガ、墺地利政府ニ迫リテ其國ノ獨立ヲ認メシメタルト、墺地利ノ帝
タル者必ズ匈牙利ノ首府ナルペストPestニ行キテ其國風ニ從ヒ、
匈牙利王ノ位ニ即カザルヲ得ザルトニ因ルナリ維也納ハ平原ノ
上ニアリテ、丘岡四方ニ繞リ、ウヰエンWienトイヘル汚穢ナル小河其
地ヲ流レ行キテ、ダニューブDanube河ノ支流ニ入ル。是レ此都府ヲ維
也納ト名ツクル所以ナリ。

維也納ハ舊府新府ト分レ舊府ハ府内ノ中央ニアレバ亦是ヲ内邑

是ヲ宗旨證文ト云フ此時ヨリ横文ノ書籍ヲ舶來スル事モ亦禁ゼ

ヲレシカバ諸種ノ學術ヲ講究スルノ道全ク遮蔽セラレタリ.

已ニシテ小西行長ノ遺臣蘆澤某、九州ニ潜伏シ、肥前肥後ノ耶蘇宗

徒ヲ煽動シテ、兵ヲ擧ゲ、天草四郎ヲ推シテ、是ガ主將トナス、幕府西

國ノ諸六名ニ命ジテ、是ヲ討タシメ、板倉内膳正重昌ヲシテ其軍ヲ

監セシメ、尋デ松平伊豆守信綱ヲ遣リテ、全軍ノ總督トナシタリ、賊、

遂ニ破レ悉ク誅セラル、世ノ人是ヲ天草ノ亂ト云フ信綱、長崎ニ往

キ更ニ耶蘇教ノ禁ヲ嚴ニシ、外國船ノ入港ヲ停メシガ、只和蘭ハ戰

功アリシヲ以テ通商ヲ許シ、海外諸國ノ事ヲ報ゼシメ、且支那朝鮮

ハ其通商ヲ禁ゼザリシトゾ、抑モ此一擧ハ耶蘇教ノ跡ヲ我邦ニ絶

チ併セテ日本ト歐洲諸國トノ通商ヲモ斷絶スルニ至リタルモノ

ナリ.

十七

定ムルニ及ビテ忽チ耶蘇教ノ禁ヲ海內ニ布キ教徒ヲシテ三十日
ヲ限リテ退去シ再ビ來ルコト無ラシメ獨リ長崎ニ在ルモノ二十名
餘ヲ捕ヘテ之ヲ磔刑ニ處シタリシガ、未ダ全ク其跡ヲ絕ツニ至ラ
ザリキ。

是ヲ以テ秀吉ノ薨ズルニ及ビ耶蘇宗ノ教徒漸ク長崎、大坂京都ニ
說教シ、畿內又其舊ニ復スルノ勢アリ關原ノ戰後海外通商ノ道漸
ク開ケ教徒ノ我邦ニ至ル者益多ク爲ニ再ビ隆盛ヲ致セリ已ニシ
テ德川家康其教徒ノ禍心ヲ包藏スルヲ疑ヒ命シテ是ヲ本國ニ歸
シ又其改宗者ヲ諭シテ佛教ヲ奉ゼシメ從ハザル者ハ是ヲ流刑ニ
處ス其後家光ノ將軍トナルニ及ビ更ニ耶蘇教ノ禁ヲ嚴ニシ或ハ
火刑ニ處シ或ハ斬首磔刑ニ處スル等教徒ヲ待ツコト甚ダ嚴酷ナ
リキ。且其宗ニ入ラザル者ハ起請文ヲ作リ隔年其國主ニ獻ゼシム。

多ノ人翕然トシテ是ニ應ズ、中ニモ小倉、柳川、大村ニテハ、寺院堂塔
ヲ建テ、其教ヲ唱ヘ四方ヲ煽動セリ。山陽ニテハ、山口廣島ニ多ク、
南海ニテハ、和歌山ヲ盛ナリトス。京都、大坂堺、伏見ニモ、宗徒漸ク增
シ、遂ニ關東諸州マデ波及スルニ至レリ。信長終始傳教師ヲ優待シ、
曾テ是ニ宅地等ヲ與ヘタルコトアリシガ、間モナク弑虐ニ遇ヒタ
レバ其眞意ノ在ル所ハ知ル可ラズト雖モ、生ヲ畢フルマデ優遇ノ
意ヲ易ヘタルコトナキモノ、如シ。

已ニシテ羽柴秀吉信長ニ代ハルニ及ビ、其接遇ハ舊ニ仍リシト雖
モ、其徒或ハ外國ノ帝王ト密謀ヲ通ズルモノアリシカバ、其教ノ國
家ニ害アルコトヲ知リ、是ヲ禁絕セント欲シタレバ、教徒既ニ四國
ニ蔓延シタレバ猝ニ是ヲ禁ズルトキハ或ハ九州ノ諸將ト團結シ
テ聊ク撰ヒ難キヲ慮リ毫モ禁絕ノ色ヲ示サズ天正十五年九州ヲ

來リテ薩摩鹿兒島ニ着シ國主ニ謁ス國主深ク是ヲ信ゼシカバ、令

シテ國人ノ耶蘇教ニ入ルコトヲ許シタリ是レ耶蘇教ノ我邦ニ傳

播スルノ始ニシテ後奈良天皇ノ天文十八年ナリ.

其後西洋人ノ我國ニ來ル者ハ、変易ヲ營ミテ利ヲ謀ルノ外多クハ

耶蘇傳教師ノ徒ニシテ其識見卓絶學問博洽ナリシカバ、國主城主

ノ輩、其教ヲ奉ズル者多シ足利義昭ニ至リ耶蘇教徒ヲ九州ヨリ召

シ見ル教徒因テ其教ヲ弘メンコトヲ請ヒシカバ義昭京都ニ於テ

方四町ノ地ヲ與フ是ニ於テ教徒、一寺ヲ建テ是ヲ永祿寺ト號セシ

ガ、後又改メテ南蠻寺ト稱セリ.織田信長モ亦近江ニ於テ五百貫ノ

地ヲ與ヘ又伊吹山ニテ方五十町ノ地ヲ給セリ.教徒是ニ本國ノ草

木ヲ植エ以テ藥園ト爲ス.是レ耶蘇教寺院建立ノ始ナリ.

是ヨリ耶蘇宗徒漸ク增加シ、九州ニテハ長崎、大村、柳川、天草、小倉博

肉眼ヲ以テ月面ヲ見レバ其光處ト暗處トアルコトヲ辨ズ可シ更

二望遠鏡ヲ以テ是ヲ窺フニ其暗處ハ平野ニシテ其光處ハ山脉及

山地ナリ其中ニ亦許多ノ大火山アレド今ハ皆噴火スルコト無シ．

又其平野モ舊時ハ海底ヲ成シ、者ニテ其水モ今ハ既ニ消盡シ絕エ

テ月面ニ水痕アルヲ見ズ且空氣モ今ハ全ク消盡セシ者ニ似タリ．

是ヲ要スルニ月ニハ、上古各種ノ有生物ヲ居住セシメシガ、今日ハ、

其地勢一變シテ以テ有生物ヲ養育スルコト能ハザルニ至リタル

者ナラン．

第五課　耶蘇教ノ禁

耶蘇教ノ我邦ニ入リシハ、今ヨリ三百三十餘年前ニアリ．其時葡萄

牙ノ宣教師 フランソワー、ザヴェエー Francis, Xavier ト云フ人印度ヨリ

十三

月ノ地球ヲ周リテ、一回運行スルノ時限ハ二十七日七時餘ナリ、而

シテ月ノ自轉ヲ爲スハ諸遊星及太陽ト異ナル所ナシ、但シ其自轉

ノ時間ト地球ヲ運行スルノ時間ト正ニ同時限ニシテ同一ノ半面、

當ニ太陽ニ向フヲ以テ吾等ハ常ニ月ノ半面ヲ見ルコトヲ得ルモ、

他ノ半面ハ是ヲ見ルコト能ハズ然レ𪜉月ノ樞軸ハ、一度三十二分

ヲ以テ其軌道ノ面ニ傾倚スルニ由リ其公轉ノ際時トシテハ其南

極ノ一部ヲ現ハシ又時トシテハ其北極ノ一部ヲ現ハスコトアリ。

月ノ軌道ハ橢圓形ヲ盡シ地球ヲ燒點トナシテ以テ其周圍ヲ運行

スル者ナリ地球ノ軌道モ亦橢圓形ヲ盡シ太陽ヲ燒點トナシテ其

周圍ヲ廻轉スル者トス故ニ月ハ地球ノ周圍ヲ運行スルノミナヲ

ズ、地球ト共ニ太陽ノ周圍ヲ廻轉スル者ナルガ故ニ其運行ハ甚ダ

錯雜セガ者ナリ。

大ナルガ如シ然レ圧其實ハ直徑僅ニ二千百五十餘哩ノ小球ナル

ノミ故ニ四十九ノ月ヲ集メテ一塊トナシ始テ僅ニ我地球ノ大サ

ニ比スベシ而シテ太陽ノ大サハ百二十六萬ノ地球ヲ合ハセタル

者ニ同ジキニ由リ月ノ日ニ比シテ極メテ小ナルコト推シテ知ル

可シ.

月ノ大ナルガ如クニ見ユルハ月ノ地球ヲ距ルコト近キガ故ナリ.

即チ月ノ軌道ハ橢圓形ヲ爲シ地球ヲ距ルコト平均シテ二十三萬

八千七百九十餘哩ナリトス而シテ月ノ軌道ハ橢圓形ナルヲ以テ、

月ノ或ハ地球ニ近ヅクコトアリ或ハ地球ニ遠カルコトアリ故ニ

地球ニ遠カルトキハ二十五萬餘哩アレ圧、地球ニ近ヅクトキハ二十

二萬餘哩ナリ此ノ如ク地球ヲ距ルノ遠近アルニ由リ是ヲ平均シ

テ二十三萬餘哩トスルナリ.

十一

モ、陰ニ徳川氏ノ命ヲ奉ゼザル者アリキ。

家茂ハ諸大名ノ制スベカラザルヲ察シ、遂ニ政事ハ悉ク寛永以前

ノ舊ニ復スベシト令シタリ。寛永以前ハ家光ノ前ニテ諸大名ヲ

友邦トセシ時ヲ云フナリ。慶喜其後ヲ繼グニ及ビ、深ク天下ノ形勢

ヲ察シ將軍職ヲ辭シテ、大政ヲ朝廷ニ返上セシカバ、天皇ハ始テ萬

機ヲ親ラシ給フ事トナレリ。時ニ慶應三年十月ナリ。家康ノ幕府ヲ

開キシヨリ是ニ至リ二百六十五年ニシテ世ヲ累ヌルコト十五代

ナリ。

譜第大名 徳川氏ノモト家來ニテ大名トナリタルモノ。

萬機 スベテノ政事ヲ云フ。

第四課　月ノ話

我地球ニ屬スル衞星即チ月ハ夜間是ヲ見レバ恆星及遊星ヨリモ

モアリテ、爲ニ通商交易ノ道シ妨ゲシ事少シトセズ、サレバ徳川氏
ノ政事ハ家光ニ至リテ百事確定セシカド、又一方ニハ海運ト通商
トヲ阻過シタルノ實ナキニアラズ、是レ惟家光ノ爲ニ惜ムベキノ
ミナラズ我邦文化ノ爲ニ嘆クベキ事ドモナリ。

其後吉宗ニ至リテ、法律ヲ確定セシカド、祕シテ人民ニハ示サヽリ
キ、是ヲ御定目百箇條ト云フ、此法律ヲ定メシ後ハ、時ニ或ハ新令ヲ
施ス事ナキニアラネド、百事概ネ此法律ヲ遵奉セリ、其後太平久シ

ク打チ續キテ、士民トモニ游惰ニ流レシガ天保弘化ノ頃ヨリ世間
何トナク騷シクシテ、人々安キ心ナシ、時ニ大鹽平八郎ノ亂アリ、亞
米利加船渡來ノ事アリ櫻田坂下門ノ變アリテ、大ニ天下ノ人心ヲ
攪動セリ、是ヨリ次第ニ處士ハ攘夷ヲ唱ヘテ幕府ノ姑息ヲ謗リ朝
廷モ、亦幕府ノ處置ヲ憤ラセ給ヒテ兎角ニ和セザリシカバ諸大名

レ異議ナク是ニ服從セリ是ヨリ以前ニハ諸大名ノ江戸ニ至ル時、

老中、是ヲ品川又ハ千住ニ迎ヘ友邦ヲ以テ接セシカド此時ヨリ諸

大名江戸ニ至レバ先ヅ老中ノ宅ニ至リテ其起居ヲ訪問シ然ル後

始テ其屋敷ニ普ク事トナレリ又將軍ノ延見スル時ニモ老中ノ送

迎スル事ヲ歴セリ又外樣大名ハ毎年四月變代シテ國ニ就キ譜第

大名ハ六月ニ變代シテ國ニ就キ關東ノ諸大名ハ半年變代ニテ國

ニ就クノ制トナレリ德川氏ノ諸大名ヲ制スルコト家光ニ至リテ

大ニ備レリト云フベシ.

家光ハ米五百石積以上ノ船ヲ造ル事ヲ禁シ、且天草ノ亂後ハ耶蘇

教ノ禁殊ニ嚴シク葡萄牙人ノ通商ヲモ禁シタリ貝和蘭支那朝鮮

ノミハ舊ノ如ク是ヲ許シ、モ變易賣買ハ長崎ノ一港ニ限ルコト

トシ其他耶蘇教信徒ノ刑セラルヽモアリ又本國ニ放逐セラルヽ

八

北陸ノ三道ニ命シテ、一里ゴトニ堠ヲ築キ其堠上ニ榎ヲ植ヱシム、

是ヲ一里塚ト云フ皆是レ旅人ノ便利ヲ謀ルナリ。秀忠ハ、政事ヲ行

フ上ニ就キ總テ父ノ遺訓ヲ守リテ節儉ヲ尚ビタレバ、毎年ノ國用

ハ、十年以前ノ租税ヲ用フル割合ニテ、金銀ハ常ニ府庫ニ充滿セリ。

斯ル富實ハ前後ニ當テ見ザル所ナリト云ヘリ。

五公五民（五割ノ租税ヲ領主ニ納ムルヲ云フ）

堠土ヲツミアゲテ里程ノシルシトシタルモノナリ。

第三課　德川氏ノ政治　二

家光、其後ヲ繼グニ及ビ諸大名ノ制シ難キヲ憂ヘ悉ク是ヲ江戶城

ニ召ス。至レバ俄ニ病ト稱シテ逢ハザリシガ、時恰モ寒天ナレバ、日

慕マデ食ヲ諸大名ニ與ヘズ。ヤガテ諸大名ヲ見ルニ及ビ今ヨリ德

川家ニ對シテ君臣ノ禮ヲ盡スベキ事ヲ命セリ。諸大名皆其威ニ恐

二老中ト改メ、近習出頭人ハ若年寄ト改ム、此ノ二役ハ殊ニ威權ノ重

キ者ニテ、世々其制ヲ改メズ、家康、又供御ノ地ト公卿以下ノ食邑ト

ヲ京師ノ四邊ニ定メ、且公家ノ法度ト武家ノ法度トヲ制定セリ、又

諸大名ヲ國郡ニ封ズルニハ皆豐臣氏ノ舊ニ從ヒテ、幾千石幾萬石

ト稱ス、且租税ノ法ヲ五公五民ニ改メシカバ、民皆其業ニ安ス、時ニ

二秀賴長シテ政事ヲ復セン事ヲ冀ヒ、再ビ大坂城ニ據リテ兵ヲ舉

グシカバ家康兵ヲ出ダシテ是ヲ攻メ破り、遂ニ豐臣氏ヲ亡ス、是ニ

至リ、天下ノ人心益德川氏ニ歸服セリ．

秀忠繼ギテ將軍トナルニ及ビ、九州中國北國ノ諸大名ニ毎年江戸

ニ來リテ越年セシ事ヲ命シ、ヤガテ又諸大名ノ家族ヲ江戸ニ移サ

シハ是ニヨリ、諸大名ハ皆屋敷ヲ江戸ニ建テ幕府ノ令スル所ヲ受

ケテ、一々是ヲ其領内ニ布ク、秀忠又諸國ノ驛法ヲ定メ、且東海東山、

六

第二課　德川氏ノ政治　一

豐臣秀吉薨シテ後天下ノ政事ハ概ネ德川家康ノ意ニ出デタレバ、

豐臣氏ノ舊臣等ハ是ヲ嫉ミ、遂ニ兵ヲ舉ゲテ關原ニ戰ヒシニ家康

擊チテ是ヲ破リシカバ天下靡然トシテ德川氏ニ服スサレド家康

ハ、秀賴ノ幼キガ爲ニ其罪ヲ問ハズ此時ニ當リ德川氏ノ威權、益熾

ニシテ、七道ノ將士皆江戶ニ會シ其孥ヲ留メテ質トナシ秀賴獨攝

津河內、和泉ノ三國ヲ食メリ其後家康ハ遂ニ征夷大將軍ニ拜セ

レテ天下ノ政事ヲ總轄スル事トハナレリ、

家康既ニ幕府ヲ江戶ニ開クニ及ビテ年寄役ヲ以テ全國ノ政事ヲ

扱ハシム年寄ノ下ニ近習出頭人アリテ又政事ニ預ル年寄役ハ後

五

クノ米麥ヲ作ルニ由リ、自然ニ其價低落スルニ至ルベシ斯ル場合

ニハ、其利益農夫ニ歸セズシテ消費者ニ歸スルナリ。

然レモ各國皆同一ノ物ノミシ産スルニアラズ、自ラ其國ニ適シタ

ル固有ノ産物製品アリ是ニ於テ萬國變易ノ要起ル例ヘバ熱帶地

方ハ、砂糖珈琲ノ産出ニ富ムト雖モ是等ノ産物ハ、人ノ勤勞ヲ要ス

ルコト少クシテ造化大ニ其力ヲ費ヤス者ナリ故ニ其地方ノ人民

ハ是ニ由テ失利ヲ占ムルコト能ハズ、貝繦ニ是ヲ耕作シタル勤勞

ヲ償フコトヲ得ベキノミ而シテ其産出ノ甚多キガ爲ニ其價低廉

ナルニ由リ、世界一般ノ人民、大ニ其利ニ浴スルヲ得ベシ是等ノ例

ハ枚擧ニ遑アラザレド要スルニ一國内ノ商賣ニテモ萬國ノ變易

ニテモ造化ノ力ヲ用フルコト多クシテ人ノ勤勞ヲ要スルコト少

キトキハ、其利勤勞者ニ歸セズシテ、消費者ニアルコト殊ニ明白ナ

ニテハ人ヲ雇ヒテ是ヲ汲マシメザル可ラズ是ニ於テ其人ノ勤勞

ニ償フベキ賃金ヲ要スルニ至ルナリ但シ水ハ各人ノ必要トスル

物ナレバ若シ天然水ニ價アラントニハ巨萬ノ富ト雖モ遂ニハ水ノ

爲ニ消費シ盡スニ至ラン故ニ此塲合ニテモ水ニ價ヲ生ジタルニ

ハアラズ、只是ヲ運送スル勤勞ニ對シテ多少ノ價ヲ要スル者ナル

ノミ、

今一歩進ミテ商賣上ニ就テ是ヲ論ズ可シ彼ノ大根芋ノ如キハ是ヲ

買フニ高價ノ金ヲ要スルコト無シ是コレヲ作ルニ勤勞甚ダ少キ

ニ由ルナシ然ルニ米麥ノ價ハ、大根芋ニ比スレバ甚ダ高價ナル

者ナリ是レ米麥ヲ作ルニハ多クノ勤勞ヲ要スルニ由ルナリ然レ

ハ米麥モ常ニ市塲ニ高價ヲ占ムルコト能ハズ米麥高價ナルトキ

ハ従來不毛ノ地ナリトシテ顧ミザリシ處ヲモ漸次ニ開墾シテ多

三

然レモ空氣中ヨリ、酸素ノミヲ分離セントスルトキハ、多少ノ勤勞ヲ要ス、若シ他人ヲシテ此勤勞ヲ收ヲシムレバ則チ幾許ノ賃金ヲ給セザルベカラズ、故ニ空氣中ノ酸素、其物ハ固ヨリ市價ヲ有セズト雖モ、是ヲ分離スルニ要スル勤勞ニ向ヒテ多少ノ價ヲ生ズルニ至ルモノナリ．

又太陽ノ光ハ、一日モ闕クベカラザル物ナレモ是ニ向ヒテ少許ノ價ヲモ要スルコトナシ、是レ造化ノ是ヲ供給スルヲ以テ多クシテ、各人自由ニ是ヲ得ベケレバナリ、然ルニ瓦斯燈石油蠟燭ノ如キハ其光輝遂ニ太陽ニ及バザレモ、各人是ヲ得ントスレバ、必ズ多少ノ勤勞ヲ要ス、是レ他ナシ、即チ是等ノ物品ヲ製スルガ爲ニ多少ノ勤勞ヲ費ヤシタルニ由リ、是ニ準シテ價ヲ生シタル者ト知ル可シ．

水モ亦別ニ價ヲ有スルコト無シ、然レモ河水井水ヲ直ニ得難キ家

第一課　天然ノ利源

人ノ必要トスル物品ニハ造化ノ直ニ供給スルモノアリ造化ト人

工夫ノ力相合シテ成ルモノアリ造化ノ直ニ供給スル物ハ其量多

クシテ、且必要ナレモ、変易ノ物品トナリテ、市價ヲ生ズルハ八八ノ勤

勞ヲ加ヘタルニ由ルノミ而シテ其市價ハ一定ノ者ニアラズ勤勞

ノ強弱熟練ノ如何需用ノ多少等ニ由テ大ニ變更スル者ナリ.

各人皆必要トスル物ニテモ、自由ニ是ヲ得ベキトキハ市價ヲ生ズ

ルコト無シ例ヘバ空氣ノ如キハ二分時間モ是ヲ闕クトキハ人命ヲ

害スルコトアル可シ其必要ノ如クナレモ嘗テ市價ヲ生ジタル

コトヲ聞カズ是レ空氣ヲ得ルニハ、一ノ勤勞ヲモ要セザレバナリ.

（二章）

二

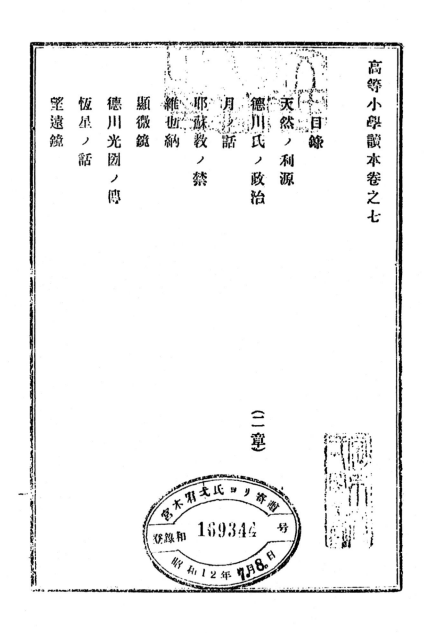

高等小學讀本卷之七

(二章)

高等小學讀本

小學校教科用書

文部省編輯局

高等小學讀本

七

高等小學讀本

七

박효경

한양사이버대학교 일본어학과 부교수

일본 릿교대학교 일본문학과 일본어학 전공(석사·박사)

저서 『環流する東アジアの近代新語譯語』(공저, 關西大學アジア文化研究センター, 2014), 『한국인을 위한 알기 쉬운 현대일본어학』(공저, 인문사, 2014), 『처음부터 다시 배우는 두근두근 일본어』1·2(공저, 시사일본어사, 2016, 2018), 『해 봐! 하루 10분 왕초보 일본어』(시사일본어사, 2019) 등

성윤아

상명대학교 융합공과대학 한일문화콘텐츠전공 교수

상명대학교 한일문화연구소 소장

도쿄대학대학원 인문사회계연구과 일본문화연구전공(석사·박사)

저서 『역사로 풀어보는 일본: 일본어 일본문학 일본문화』(공저, 제이앤씨출판사, 2010), 『일본어 작문 무작정 따라하기』(공저, 길벗이지톡, 2010), 『근대 일본의 '조선붐'』(공저, 역락, 2013), 『近代朝鮮語会和書に関する研究: 明治期朝鮮語会話書の特徴と近代日本語の樣相』(제이앤씨출판사, 2014), 『近代朝鮮語会話: 資料解題』(가연, 2014), 『일본 대중문화의 이해』(공저, 역락, 2015) 등

역서 『두뇌혁명』(세경북스, 1998), 『과학기술입국의 길』(한국경제신문사, 1998),

『언어와 문화를 잇는 일본어교육』(공역, 2012), 『곁에 두고 읽는 탈무드』(홍익출판사, 2015), 『고등소학독본』 권1·권2·권6(공역, 2015) 등

권희주

건국대학교 KU중국연구원 조교수

고려대학교 일반대학원 일어일문학과 일본문화 전공 박사

저역서 『근대 일본의 '조선붐'』(공저, 역락, 2013), 『후쿠자와 유키치의 젠더론』(공역, 보고사, 2014), 『근대 국어교과서를 읽는다』(공저, 경진출판, 2014), 『일본 대중문화의 이해』(공저, 역락, 2015), 『읽는 만큼 보이는 일본』(공저, 역락, 2019), 『사랑의 여러 빛깔』(공역, 무블출판사, 2020) 등

이현진

일본 쓰쿠바대학대학원 인간종합과학연구과 학교교육학 전공(석사·박사)

저서 『나의 하루 1줄 일본어쓰기수첩』(시대인), 『new스타일일본어』 1·2(공저, 동양북스), 『新スラスラ일본어작문』 1·2(공저, 제이앤씨)』 등

상명대학교 한일문화연구소 번역총서 07

고등소학독본 7

1판 1쇄 인쇄__2022년 01월 20일
1판 1쇄 발행__2022년 01월 30일

© 박효경·성윤아·권희주·이현진, 2022

옮긴이__박효경·성윤아·권희주·이현진
발행인__양정섭

펴낸곳__경진출판
　　　　등록__제2010-000004호
　　　　이메일__mykyungjin@daum.net
　　　　사업장주소__서울특별시 금천구 시흥대로 57길(시흥동) 영광빌딩 203호
　　　　전화__070-7550-7776　팩스__02-806-7282

값 21,000원

ISBN 978-89-5996-843-5 94370
　　　978-89-5996-492-5 94370(세트)